Initiation aux affaires

Initiation aux affaires

Barbara J. Rolland
Edith O'Connor
University of Wisconsin—Eau Claire

Revised printing

John Wiley & Sons
New York   Chichester   Brisbane   Toronto   Singapore

Library of Congress Cataloging in Publication Data:

Rolland, Barbara.
   Initiation aux affaires.

   Text in French; pref. in English.
   Includes index.
   1. French language—Business French.   2. French
language—Text-books for foreign speakers—English.
I. O'Connor, Edith.   II. Title.
PC2120.C6R64   1985   448.3'42102465   85-7241
ISBN 0-471-87133-8

Printed in the United States of America

10   9   8   7   6   5   4   3   2

Preface

French has long been considered the language of love, literature, and high-level diplomatic negotiation—all important components of western culture. Today, however, as a result of the economic strength and industrial growth that France has exhibited in the past quarter century, French is also recognized as one of the primary languages of the international business world.

Initiation aux affaires is designed for students of French who are looking toward international employment. It is not expected that either teacher or students have a strong background in international business: this is, rather, an introduction to French commerce—« *les affaires* ». It offers a look at the business customs and institutions of France through the conversations and reading passages that are found in each lesson. The unifying theme of the lessons—an American couple establishing a branch of a computer company in France—and the organization of the chapters are explained in detail in "A word to the Student." The language of business is made clear not only through careful French-English vocabularies but also through additional exercises that test understanding. Grammar review exercises also provide opportunity to practice this new vocabulary while reviewing structures and forms frequently needed in French business correspondence. And since language is first of all oral communication, the oral exercises in the text and the accompanying tape program provide necessary practice in speaking and listening.

The twelve lessons and the office simulation can be readily covered in one term by students with two years of French. It is the wish of the authors that those who experience this text be encouraged to go beyond this *Initiation aux affaires* and to explore further the limitless possibilities and opportunities of international business.

Table des matières

A Word to the Student

Eric and Anne Porter are a young couple in their early 30's who live in Minneapolis, Minnesota. Eric, an electrical engineer, holds the position of vice-president in charge of marketing in a growing computer company, "The Micro-Mac Computer Company." Anne also works for this company as an accountant. The firm manufactures a variety of hardware, from micro-computers to large computer systems; it also produces and sells software for its computer.

At a recent board meeting, it was decided to open an agency in France. This agency, to be located in Melun, just south of Paris, will sell both hardware and software to French businesses, while also installing and servicing the equipment sold there. Eric Porter has been asked to go to France to set up Micro-Mac France. Anne will accompany him and help to establish the bookkeeping system of the enterprise. Both speak French fluently, and both have visited France before.

As an electrical engineer, Eric has several times assisted in the installation of computer systems sold in France. He has worked extensively with French people who have come to the United States for training in the Micro-Mac computer. Neither Eric nor Anne, however, is familiar with the problems involved in establishing a business in France. With only limited time available now, they have much to learn. These problems, and their solutions, are the subject of *Initiation aux affaires*.

Conversation et Texte à lire

The Porters and their concerns are introduced to you primarily through the conversation that begins each lesson. Although the language of these dialogs is the natural, everyday, spoken French, the topics which the Porters and their friends discuss are essential for establishing a new business. Through these conversations, you will better understand the French business world. These dialogs, intended for class presentation, provide you with an opportunity to use the language of business orally as well as in writing.

The *Texte à lire* then develops the subject of the lesson in a more formal presentation. Where maps, charts, drawings, or business forms illustrate the reading passage, you might well study those before beginning the *Texte à lire*; they contain information that will make the reading passage easier to understand and remember. New technical vocabulary found in the *Texte à lire* is defined first in the chapter vocabulary and later in the end vocabulary. After reading the passage carefully, write the answers to the *Questions d'étude* and the *Exercice de vocabulaire* that follow.

Revision de grammaire

Because you will be writing many letters, compositions, and reports in business French, each lesson also contains a brief review of a frequently used grammar point. Explanations are provided in English, along with French examples (using business vocabulary) and a variety of written exercises. These exercises also give you added practice in the use of the vocabulary of business French. The English-French vocabulary found in the appendix contains the technical vocabulary necessary to complete the translation exercises contained in each lesson.

Exercices de composition et Exercices oraux

These exercises require an understanding of the material contained in the *Texte à lire* and the *Conversation*. Written questions may ask you to write letters, to complete forms, or even to write a speech! The oral exercises often require role playing. Both, however, are intended to be practical—to provide you with additional opportunity to use your new vocabulary and your new expertise in realistic situations.

Office Simulation

Like the *Exercices de composition* and the *Exercices oraux* described above, the *Office Simulation* at the end of the book requires you to make practical use of what you have studied in theory. It is intended to serve as a review of the many topics studied in *Initiation aux affaires*. Working in groups of three, you and your classmates take on the roles of boss, secretary, and sales representative. Although each is asked to fulfill individual assignments suitable for his or her role, it is frequently necessary to work together to complete the assignments. Roles are to be rotated until each person has been boss, secretary, and sales representative.

The world of international business is an exciting and profitable place to live and work today, and to the French student preparing to enter it, "bonne chance!" It is also a changing world, however, and the language, equipment, and processes described in *Initiation aux affaires* are changing with it. It is important, then, that you consider this first course to be just that: an introduction to business. Articles in French magazines and newspapers are essential reading for any serious student who wishes to stay *au courant* and knowledgeable about business in France today.

Chapitre

1

Les Affaires

Avant de se lancer dans le monde des affaires français, Anne et Eric Porter se sont rendus au Consulat de France pour se renseigner sur les conditions commerciales et industrielles en France. Puisqu'ils envisagent l'établissement d'une agence en France de leur compagnie d'ordinateurs, ils veulent mieux comprendre la situation économique française actuelle.

Eric s'enquiert des prévisions du marché et il se renseigne sur les centres industriels principaux et sur les exportations et les importations d'importance. Le Consul-Général, à son tour, explique aux Porter la structure des entreprises et de la production en France. Il leur assure que la nationalisation des industries françaises ne présente aucune difficulté aux compagnies étrangères, et que le moment est bien propice pour lancer leur projet.

Les Porter prennent congé du Consul-Général après une interview instructive et amicale.

CONVERSATION : AU CONSULAT DE FRANCE

Le Consul   Alors, Monsieur Porter, d'après ce que vous m'avez expliqué il me semble que vous avez bien choisi le moment et le lieu pour élargir les horizons de votre compagnie!

Eric Porter   Vous croyez donc que le climat commercial en France permet une telle expansion ?

Le Consul   Sans aucun doute ! Bien que quelques industries traditionnelles, notamment les textiles, ne fleurissent plus, il y a bien de la place pour les nouvelles entreprises électroniques.

Anne Porter	Je m'inquiète un peu au sujet de la comptabilité, puisque c'est moi qui tiendrai les livres. J'espère que vous pourrez me rassurer un peu !
Le Consul	Je ne pense pas que vous ayez trop de difficulté, Madame. Les systèmes sont bien similaires. Je vous ferai envoyer un livre qui expliquera d'une façon très claire les procédés et le vocabulaire.
	(Les Porter et le Consul se lèvent.)
Eric Porter	Vous avez été très gentil pour nous, Monsieur le Consul. Je vous remercie de votre amabilité.
Anne Porter	Nous suivrons vos bons conseils, et nous profiterons de tout ce que vous nous avez conseillé.

TEXTE À LIRE : LES AFFAIRES ET LE COMMERCE

Les Affaires

En France, comme ailleurs, « les affaires sont les affaires ». Pourtant, chaque pays possède des caractéristiques différentes et des façons d'agir qui distinguent son commerce du commerce des autres. Une connaissance de la nature et des procédés des affaires françaises est essentielle pour tous ceux qui s'intéressent au commerce international.

La majorité des gens savent que la France produit des articles de luxe : des parfums, des vêtements haute couture, des objets d'art. Ils savent aussi que le tourisme est une des principales industries françaises. Pourtant, l'image de la France est aussi celle d'une puissante nation industrielle moderne. Personne ne s'étonne si la maison de parfums Molinard annonce des hausses de revenu, ou si des milliers de touristes visitent le Centre Pompidou, mais une industrie aérospatiale en voie d'expansion est aujourd'hui aussi typique de la France contemporaine que les tours anciennes de Notre-Dame.

La France actuelle est parmi les pays les plus importants pour la production d'automobiles, de gros navires, d'acier, et des produits chimiques. Les marques Renault et Peugeot sont connues partout, la construction navale française était déjà au troisième rang mondial en 1977, et le Concorde et l'Airbus font le service quotidien entre l'Europe et les États-Unis.

La fabrication des produits électroniques également commence à occuper une place considérable dans le rendement national annuel ; et la France tient un rôle de plus en plus important dans le domaine de l'expertise: des scientifiques et des ingénieurs sont exportés continuellement vers les pays qui ont besoin de leurs services et de leurs conseils.

L'énergie nucléaire permet à la France de développer l'emploi de l'électricité. Vingt-cinq pour cent de l'énergie électrique du pays provient des centrales nucléaires qui se trouvent dans presque chaque région.

Le surprenant progrès technique et commercial de la France depuis les années 50 est dû largement à la création du Marché Commun. Le Marché Commun, appelé aussi la Communauté Économique Européenne (C.E.E.), est un système

Grande entreprise IBM par l'architecte Le Corbusier, située dans les Alpes-Maritimes.

d'organisation d'unités politiques qui a pour but la modernisation et la stabilisation de l'économie européenne par des moyens de détente et d'entr'aide.

Le Marché Commun a évolué à partir de la C.E.C.A. (la Communauté Européenne du Charbon et de l'Acier) créée en 1951, qui consistait uniquement en l'Allemagne Fédérale, la Belgique et la France. Bientôt, les Pays-Bas, le Luxembourg et l'Italie se sont joints à la C.E.C.A., et en 1957, avec le traité de Rome, deux nouvelles organisations se sont formées : l'EURATOM et le Marché Commun (la Communauté Européenne de l'Énergie Atomique et la Communauté Économique Européenne).

Depuis ce temps, les pays européens sont devenus de plus en plus conscients des avantages de cette union. En 1972, la Grande-Bretagne, l'Irlande et le Danemark ont été admis, et en 1981, la Grèce (et en 1986, l'Espagne et le Portugal).

Parmi les conséquences du Marché Commun citons la libre circulation des produits, des voyageurs et des ouvriers entre les pays membres, et un système monétaire européen. À l'avenir viendront, peut-être, les États-Unis d'Europe—c'était le rêve de ceux qui ont fait naître ce géant.

La France est toujours un pays touristique avec ses châteaux, ses plages, ses monuments historiques, mais elle est aussi un pays jeune d'esprit, vigoureux, éveillé, avec un climat très favorable aux nouvelles entreprises comme celle des ordinateurs de la Micro-Mac Computer Company.

Des compagnies étrangères voulant s'établir en France peuvent se former de différentes façons :

    a. en Société en nom collectif

    b. en Société en commandite simple

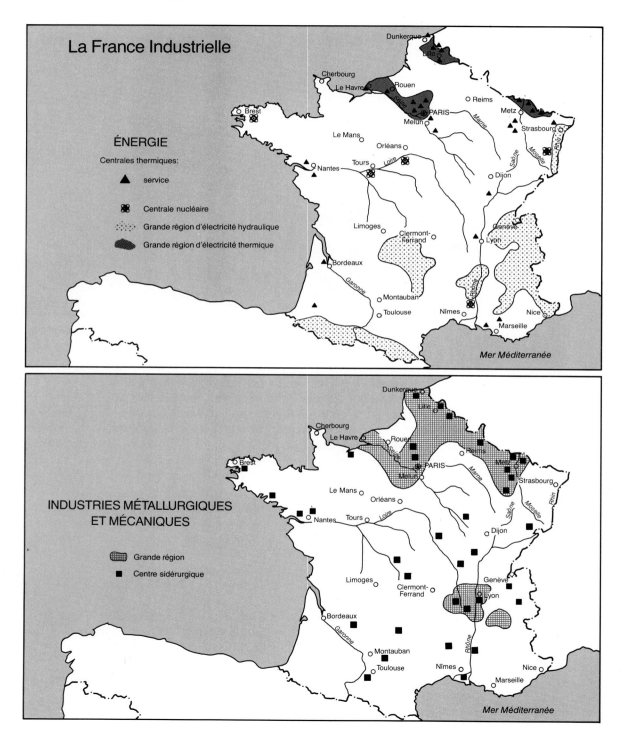

La France Industrielle

ÉNERGIE

Centrales thermiques:

▲   service

✪   Centrale nucléaire

Grande région d'électricité hydraulique

Grande région d'électricité thermique

Dunkerque
Lille
Cherbourg
Le Havre
Rouen
Reims
Metz
Brest
PARIS
Melun
Strasbourg
Le Mans
Orléans
Nantes
Tours
Loire
Dijon
Marne
Saône
Moselle
Rhin
Limoges
Clermont-Ferrand
Genève
Lyon
Bordeaux
Garonne
Rhône
Montauban
Toulouse
Nîmes
Nice
Marseille

Mer Méditerranée

INDUSTRIES MÉTALLURGIQUES ET MÉCANIQUES

▨   Grande région

■   Centre sidérurgique

Dunkerque
Lille
Cherbourg
Le Havre
Rouen
Reims
Metz
Brest
PARIS
Melun
Strasbourg
Le Mans
Orléans
Nantes
Tours
Loire
Dijon
Marne
Saône
Moselle
Rhin
Limoges
Clermont-Ferrand
Genève
Lyon
Bordeaux
Garonne
Rhône
Montauban
Toulouse
Nîmes
Nice
Marseille

Mer Méditerranée

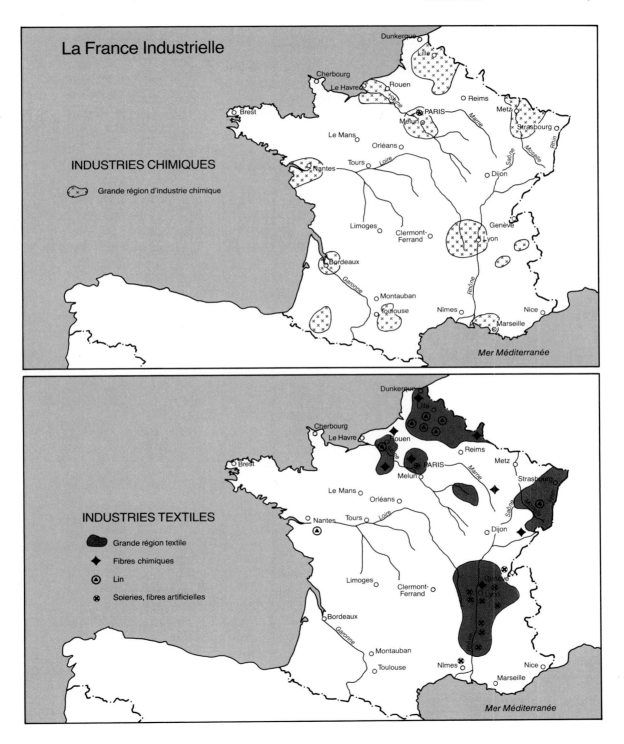

La France Industrielle

INDUSTRIES CHIMIQUES

Grande région d'industrie chimique

INDUSTRIES TEXTILES

Grande région textile

Fibres chimiques

Lin

Soieries, fibres artificielles

Mer Méditerranée

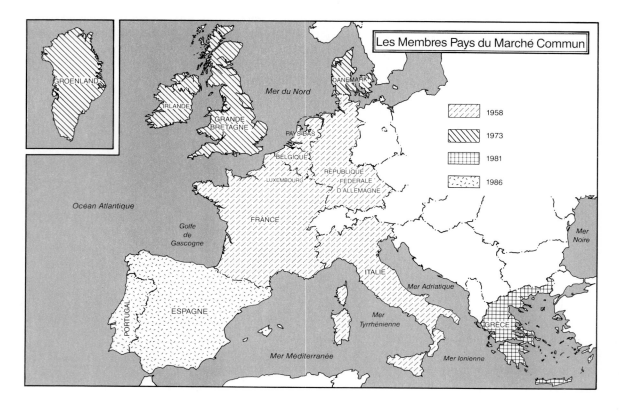

c. en Société à responsabilité limitée

d. en Société anonyme

e. en Société en commandite par actions.

Devant ce choix, les entreprises américaines optent souvent pour la Société à responsabilité limitée. Dans cette société, le nombre d'associés est limité à cinquante personnes et la responsabilité de chaque associé est limitée à sa mise de fonds.

Il existe aussi un autre type de société, *l'agence*, ou *la succursale* — le choix d'Eric Porter. Il l'a choisie parce que cette société permet à une ou deux personnes de servir comme représentants à l'étranger d'une grande maison mère.

Avant qu'Eric ne s'établisse à Melun, il a fallu que la compagnie Micro-Mac aux États-Unis prouve au gouvernement français sa légitimité. La compagnie a dû présenter, *traduits entièrement en français*, sa charte, ses statuts, et tous les documents exigés par la loi américaine. Ensuite, la compagnie s'est inscrite au Registre de Commerce en France, et a obtenu, pour Eric, une carte de commerçant.

La France Politique

Le Commerce

Le commerce consiste essentiellement en *l'achat* et *la vente* de marchandises ou de services. Ces activités s'appellent *les affaires,* et les affaires consistent en une série d'actions ou d'activités ordonnées qui dépendent l'une de l'autre.

Les affaires commencent par *le producteur*, et le producteur produit les marchandises. Ces marchandises peuvent être des *produits fabriqués* (des vêtements, des automobiles), ou des *denrées* (des choses à manger ou des provisions). Les denrées sont produites par les agriculteurs ou fermiers ; les produits fabriqués ou « produits industriels » dépendent d'une *usine* ou d'un *atelier*. Dans le domaine des produits industriels, il existe des différences très marquées : il y a de grandes industries comme celle de l'acier ou des produits chimiques et des industries nationalisées, et il y a en même temps des ateliers modestes qui produisent des objets d'art ou de précision.

Quand les marchandises sont prêtes, elles doivent être utilisées. Cette utilisation est effectuée pour la plupart au moyen des *grossistes*. Les grossistes sont des intermédiaires. Ils achètent les produits du producteur et les mettent dans *un magasin* ou *un entrepôt*. Le prix que le grossiste paie au producteur s'appelle *le prix d'usine*. Le grossiste garde ces produits au magasin ou à l'entrepôt jusqu'à ce qu'il puisse les vendre aux clients. Il a l'intention de les vendre plus cher qu'il ne les achète («à bénéfice»). Les produits agricoles, les denrées, passent aussi par les silos des grossistes avec quelques exceptions. Parfois ils sont vendus directement du fermier aux clients, dans les petits marchés ou les foires agricoles, et quelquefois ils sont vendus dans des coopératives. Les coopératives sont des groupements de producteurs qui essaient de faire gagner un bénéfice au fermier en lui évitant l'intermédiaire.

Le client du grossiste s'appelle *le détaillant*. Le détaillant peut être un particulier, un petit commerçant, ou un grand centre commercial. Le détaillant achète les produits du grossiste et les vend aux *consommateurs* dans des boutiques, des magasins, ou même des supermarchés. Le prix que le détaillant paie au grossiste s'appelle *le prix de gros* ; le prix que le consommateur paie au détaillant s'appelle *le prix de détail*. En France aujourd'hui, comme aux États-Unis, il y a une variété de détaillants, du très petit aux plus grands — du *marchand des quatre-saisons* aux petites *boutiques* aux *magasins* du quartier aux *grands magasins* (BHV, Galeries Lafayette) aux *supermarchés* (Inno, Monoprix)—jusqu' aux *hypermarchés* avec des milliers de produits sous un seul toit. L'immensité de ces marchés permet souvent que le grossiste soit éliminé et que les produits soient offerts aux consommateurs au prix de gros.

La distribution est essentielle au commerce. En France, aujourd'hui, on y voit plusieurs développements, dont deux très marqués. Il y a, premièrement, une tendance vers *la normalisation* dans la fabrication des produits. Cette tendance influe non seulement sur le marché français domestique, mais aussi sur le marché international. Avant que des produits importés puissent être distribués en France, tout *étiquetage* doit être traduit en français, et les produits eux-mêmes doivent se conformer aux standards établis par l'AFNOR (l'Association française de

Un centre commercial.

normalisation). Cela veut dire, par exemple, que les Porter doivent pouvoir garantir à leurs clients que les ordinateurs Micro-Mac se conforment aux standards de l'AFNOR et ne posent aucune difficulté en ce qui concerne le courant électrique. Puisque tout produit électronique doit marcher à 220 volts monophasé ou à 220 / 380 volts triphasé, la compagnie Micro-Mac est obligée de s'y conformer si elle désire vendre des ordinateurs en France !

Une autre tendance, celle de *la concentration*, est partout évidente. On trouve des avantages financiers à acheter en grandes quantités, et par conséquent, les succursales multiples d'une seule maison deviennent très répandues. *Les magasins populaires* sont aussi importants dans la distribution : les gens de moyens très réduits ont la possibilité de se faire aussi consommateurs. Le Monoprix et le Prisunic sont les deux magasins populaires les plus connus aujourd'hui. Les magasins libre-service — les superettes, les supermarchés, et les hypermarchés — semblent la voie du futur en France aussi bien qu'aux États-Unis.

Les hypermarchés connus, Carrefour, Euromarché, Mammouth, Radar, et d'autres sont responsables du développement d'une autre forme innovatrice: *le centre commercial*. Celui-ci ressemble au « mall » américain où l'on trouve une collection de boutiques et de magasins sous un toit.

Aujourd'hui, à peu près 70% du commerce de gros et de détail consiste en petites et moyennes entreprises dont beaucoup sont des entreprises familiales sans autre personnel que les membres de la famille. Pour elles, *le franchisage* et *la concession* sont deux développements assez récents et bienvenus. À mesure que la situation économique empire, ils deviennent de plus en plus à la mode parce qu'ils réduisent les risques personnels de l'entrepreneur. Le franchisage surtout est bien reçu ; il permet aux petits détaillants de survivre à la menace des grands magasins à succursales multiples avec leurs énormes réseaux de distribution.

Ainsi nous voyons que l'avenir du commerce français est limité seulement par l'imagination et l'énergie des marchands français.

VOCABULAIRE

à bénéfice   at a profit
l'achat *(m.)*   purchase
l'acier *(m.)*   steel
les affaires *(f. pl.)*   business
l'agence *(f.)*   branch; agency
l'atelier *(m.)*   *(here)* workshop; studio
la boutique   shop; store
la carte de commerçant   card issued by the French government authorizing individual to work legally as a merchant
la centrale nucléaire   nuclear power station
le centre commercial   shopping center; mall
la charte   charter
le commerçant   merchant
la comptabilité   accountancy
la concentration   combining of companies to achieve benefits
la concession   concession; a subsidiary business
le consommateur   consumer
la denrée   produce; articles of food
le détaillant   retailer
l'entrepôt *(m.)*   warehouse
l'entreprise *(f.)*   company; firm
l'étiquetage *(m.)*   labeling or ticketing of goods
la fabrication   manufacture
fabriqué   manufactured
la foire agricole   country fair; agricultural market
les fonds *(m. pl.)*   funds
le franchisage   franchising
le grossiste   wholesaler
les hausses de revenu *(f. pl.)*   increase in revenue
l'hypermarché *(m.)*   large supermarket with at least 2,500 sq. meters of space
le libre-service   self-service store or restaurant
le magasin   warehouse; store
le magasin populaire (magasin à prix unique)   department store featuring inexpensive goods (in U.S., Woolworth, Kresge, etc.)
la maison mère   mother company
le marchand des quatre-saisons   merchant who sells the fruits and vegetables of the season from a pushcart
la marchandise   merchandise
le marché   market
la marque   trademark; brand

la normalisation standardization of products by rules that specify quality, performance
l'ordinateur *(m.)* computer
le prix de détail retail price
le prix de gros wholesale price
le prix d'usine factory price
le procédé process; method
le producteur producer of goods
le Registre de Commerce official register of companies doing business in France
le rendement income; return
le réseau network
le silo silo for preserving fodder
la société anonyme (S.A.) corporation (Inc.)
la société en commandite par actions limited partnership with shares (**actions** shares or stock)
la société en commandite simple limited partnership
la (société) coopérative cooperative for buying or selling
la société en nom collectif general partnership
la société à responsabilité limitée limited liability company
le statut article of association of a company
la succursale branch store that maintains some autonomy; similar to **la filiale**, except that the **filiale** is completely dependent on the mother enterprise
le supermarché supermarket
l'usine *(f.)* factory
la vente sale

QUESTIONS D'ÉTUDE

1. Que veut dire « les affaires sont les affaires » en anglais ?
2. Donnez des exemples d'articles de luxe.
3. Quelles sont deux marques importantes d'automobiles françaises ?
4. Donnez un exemple de l'industrie aérospatiale de France.
5. Quelles sont quelques-unes des grandes industries de France ?
6. Pouvez-vous donner un exemple de la sorte d'expertise exportée par la France ?
7. Dans quelle partie de la France trouve-t-on des centrales nucléaires ?
8. Quelles sont les formes d'organisation préférées par les entreprises américaines qui veulent s'établir en France aussi ? Quelles sont les différences entre ces deux formes ?
9. Pourquoi l'entreprise Micro-Mac a-t-elle choisi l'agence comme sa forme préférée ?
10. Pour établir une agence en France que faut-il faire ?
11. Qu'est-ce que c'est que le Registre de Commerce ?
12. Quelle est l'importance d'une carte de commerçant ?
13. Que veut dire « le commerce » ?
14. Quelle est la différence entre les produits fabriqués et les denrées ?
15. Donnez un exemple de denrées.

16. Quelle est la différence entre une usine et un atelier ?
17. Que fait le grossiste ?
18. Donnez un synonyme pour « bénéfice ».
19. Expliquez le rôle des coopératives.
20. Que fait le détaillant ?
21. Comment un produit fabriqué aux États-Unis et vendu en France est-il différent du produit vendu aux États-Unis ?
22. Que fait l'AFNOR ?
23. Comment les produits électroniques fabriqués aux États-Unis sont-ils changés avant d'être vendus en France ?
24. Quelle est la différence entre le prix de gros et le prix de détail ?
25. Quelle est la différence entre l'hypermarché et le centre commercial ? Pouvez-vous donner un exemple de ces deux types de marché dans votre ville ?
26. Quelle est l'avantage d'un hypermarché pour le client ?
27. Pouvez-vous identifier une maison américaine qui possède des succursales ?
28. Faites une liste des plusieurs sortes de détaillants trouvées en France aujourd'hui. Essayez de donner pour chacune un équivalent américain.
29. Identifiez quelques hypermarchés très connus en France.

EXERCICE DE VOCABULAIRE

Choisissez le mot convenable pour compléter les phrases suivantes.

ordinateur	marque	grossiste	entrepôt	les affaires
détaillant	l'acier	le consommateur	coopératives	
les magasins populaires	les denrées	atelier	fabrication	
supermarché	centre commercial			

1. Dans cet _____ , il produit et vend de la poterie.
2. _____ est un exemple d'une grande industrie en France.
3. Un autre mot pour « le commerce » est _____ .
4. Le _____ vend les produits au consommateur.
5. En attendant leur vente au détaillant, les produits restent dans un _____ ou un magasin.
6. Les _____ donnent plus de bénéfice aux fermiers parce qu'elles évitent les services des intermédiaires.
7. Un _____ semble de plus en plus nécessaire dans les affaires, soit le mini-computer soit le macro-computer.
8. _____ sont souvent gardées dans un silo jusqu'à ce qu'elles soient vendues.
9. Le _____ achète les produits du producteur et les vend au détaillant.
10. On peut trouver souvent des boutiques, un supermarché, un restaurant, même un théâtre dans un _____ important.

EXERCICE DE TRADUCTION

Exprimez en anglais.

1. En France, comme ailleurs, « les affaires sont les affaires ».
2. Personne ne s'étonne si la maison de parfums Molinard annonce des hausses de revenu, ou si des milliers de touristes visitent le Centre Pompidou, mais une industrie aérospatiale en voie d'expansion est aujourd'hui aussi typique de la France contemporaine que les anciennes tours de Notre-Dame.
3. Les marques Renault et Peugeot sont connues partout.
4. La fabrication des produits électroniques également commence à occuper une place considérable dans le rendement national annuel.
5. Cette utilisation est effectuée pour la plupart au moyen des grossistes.
6. Il a l'intention de les vendre plus cher qu'il ne les achète.

REVISION DE GRAMMAIRE

Le Subjonctif

The subjunctive is used when the speaker or writer wishes to convey a personal, subjective feeling about an action. It is not a verb tense, because there is both a present and a past tense form of the subjunctive; rather, it is a "mood." There are special considerations in using the subjunctive mood:

    1. It is almost always used in a subordinate clause and not in the main or independent clause.

> **Il préfère que vous achetiez l'autre marque.**
> *He prefers that you buy the other brand.*
>
> **préfère :** present indicative (main clause)
> **achetiez :** subjunctive (subordinate clause)

    2. It is used in the dependent (subordinate) clause when the verb in the main clause expresses doubt or emotion about the action that follows.

> **Nous regrettons que les denrées soient endommagées.**
> *We regret that the food products are damaged.*
>
> **Je m'étonne que cet hypermarché n'ait pas de parking.**
> *I'm surprised that this store hasn't any parking.*
>
> **Pensez-vous que le grossiste soit arrivé ?**
> *Do you think that the wholesaler has arrived?*

Note that **penser**, **trouver**, **être sûr**, require the subjunctive only when negative or interrogative.

In all these examples, the verb in the dependent clause is in the subjunctive. Although **que** is usually present in such a clause, it is not the **que** that requires the subjunctive, but the verb in the main clause.

3. The subjunctive clause is frequently used in French to express an idea conveyed by an infinitive in English.

> **Veulent-ils que je la vende au prix de détail ?**
> *Do they want me to sell it at the retail price?*

When the subject of the verbs in both clauses is the same, however, French also requires an infinitive construction.

> **Veulent-ils la vendre au prix de détail ?**
> *Do they want to sell it at the retail price?*

In the first example, *they* is the subject of *want*, and *I* (*me*) is the subject of *sell*. In the second example, *they* is the subject of *want* and also the subject of *sell*.

4. Certain impersonal expressions always require a subjunctive clause:

Il est bon que…	Il est peu probable que…
Il est douteux que…	Il est possible que…
Il est étonnant que…	Il est rare que…
Il est important que…	Il est souhaitable que…
Il est impossible que…	Il est temps que…
Il est juste que…	Il faut que…
Il est naturel que…	Il semble que…
Il est nécessaire que…	Il vaut mieux que…

5. When the dependent clause begins with one of the following conjunctions, which suggests limitations or conditions imposed, the verb will be in the subjunctive mood:

à condition que…	*on condition that*
à moins que…	*unless*
afin que…	*in order that*
avant que…	*before*
bien que…	*although*
de crainte que…	*for fear that*
de peur que…	*for fear that*
jusqu'à ce que…	*until*
pour que…	*in order that*
pourvu que…	*provided that*
quoique…	*although*
sans que…	*without*

When the dependent clause begins with one of these conjunctions, it is possible for the verb to be in the subjunctive even though the subject of both clauses is the same:

Avant que ce produit puisse être vendu en France, il doit être amélioré.
Before this product can be sold in France, it must be improved.

6. The subjunctive is used in sentences that contain superlatives:

C'est le meilleur représentant que nous ayons.
He's the best salesman that we have.

It is also used to express doubt after verbs of searching:

Nous cherchons un modèle qui soit plus pratique et plus raisonnable.
We are looking for a model that is more practical and cheaper.

7. Although the word *that* can often be left out of English sentences when it introduces a dependent clause, **que** cannot be omitted in French.

Pensez-vous que ce produit soit fabriqué ici ?
Do you think (that) this product is manufactured here?

Formation du subjonctif

Présent du subjonctif

Most verbs (all regular as well as many irregular verbs) take the **ils** form as base, dropping the **-ent** ending.

ils parl / ent   ils choisiss / ent   ils vend / ent

To these stems (**parl-, choisiss-, vend-**) add the following endings:

je	**-e**	(que je parle, que je choisisse, que je vende)
tu	**-es**	(que tu parles, que tu choisisses, que tu vendes)
il	**-e**	(qu'il parle, qu'il choisisse, qu'il vende)
nous	**-ions**	(que nous parlions, que nous choisissions, que nous vendions)
vous	**-iez**	(que vous parliez, que vous choisissiez, que vous vendiez)
ils	**-ent**	(qu'ils parlent, qu'ils choisissent, qu'ils vendent)

The subjunctive form of irregular verbs such as **aller, avoir, être, faire, pouvoir, savoir, valoir,** and **vouloir** must be memorized, as it does not follow the regular pattern. These verbs often change the stem in the **nous** and **vous** forms of the subjunctive (as they do in the indicative):

aller : que j'aille, que nous allions

avoir : que j'aie, que nous ayons
être : que je sois, que nous soyons
faire : que je fasse, que nous fassions
pouvoir : que je puisse, que nous puissions
savoir : que je sache, que nous sachions
valoir : que je vaille, que nous valions
vouloir : que je veuille, que nous voulions

Le Passé du subjonctif

Like the *passé composé*, the past subjunctive requires both an auxiliary (**être** or **avoir**) and a past participle. In the past subjunctive, however, the auxiliary must be the present subjunctive form instead of the present indicative.

Je regrette que le prix de détail soit élevé.
I'm sorry that the retail price is high.

Pensez-vous qu'il ait vendu tous les produits ?
Do you think that he has sold all the products?

Exercices

A. Le subjonctif. *Exprimez ces verbes au subjonctif.*

EXEMPLE :   il vend → **qu'il vende**
elle est arrivée → **qu'elle soit arrivée**

1. elle va
2. ils achètent
3. j'ai écrit
4. il reprend
5. elles sont venues
6. tu réponds
7. nous mettons
8. je deviens
9. il offre
10. elle veut
11. nous avons pu
12. je finis
13. nous avons reçu
14. vous pouvez
15. ils ont
16. je vois
17. ils sont sortis
18. vous permettez
19. j'ai lu
20. nous avons envoyé

B. Le subjonctif, l'indicatif, l'infinitif. *Complétez les phrases suivantes par la forme convenable du verbe entre parenthèses. Indiquez la forme choisie.*

EXEMPLE :   (envoyer) Il a promis de _____ les marchandises immédiatement.
Il a promis d'envoyer les marchandises immédiatement. (infinitif)

Je veux qu'il _____ les marchandises immédiatement.
Je veux qu'il envoie les marchandises immédiatement. (subjonctif)

Il dit qu'il _____ les marchandises immédiatement.
Il dit qu'il envoie les marchandises immédiatement. (indicatif)

1. (offrir) Il dit qu'il nous _____ le meilleur choix.
2. (devoir) Elle _____ finir avant de partir.
3. (aller) Êtes-vous sûr qu'il _____ à Lyon ?
4. (recevoir) Je regrette que vous ne _____ pas ce que vous voulez.
5. (être) Il faut que tu _____ à l'heure.
6. (sortir) Pour _____ de cet embarras, il vous faudra beaucoup de courage.
7. (dire) Il faut qu'elle _____ tous les détails.
8. (avoir) Il refuse d'envoyer les marchandises jusqu'à ce qu'il _____ une commande écrite.
9. (vouloir) Pensez-vous qu'ils _____ venir ?
10. (travailler) Il est impossible qu'ils _____ tous les jours de la semaine.

C. *Exprimez en français.*

1. They want to sell these products at a profit.
2. They want us to sell these products at a profit.
3. Although he arrives today, I won't see him until Thursday.
4. Although he arrived Monday, I won't see him until Thursday.
5. Will you stay until I finish?
6. They are looking for a product that is cheaper but more beautiful.

QUESTIONS DE COMPOSITION

1. Au retour des Porter du Consulat de France, Eric écrit en français un résumé de tout ce qu'il a appris. Écrivez la partie qui décrit les différences parmi les diverses sortes de débouchés (*outlets*).
2. Faites un aide-mémoire qui explique les différentes étapes que suivent les produits : les produits alimentaires et les produits fabriqués. Commencez par le producteur et finissez par le consommateur. Comme exemple, pensez aux petits pois et aux pneus.
3. Récapitulez brièvement les produits les plus importants de France.

EXERCICES ORAUX

1. Soyez le professeur. Présentez à la classe l'histoire du Marché Commun. N'oubliez pas de mentionner le rôle joué par Jean Monnet et Robert Schumann. Il faut faire des recherches à la bibliothèque pour ce projet.
2. Exercice à deux : Anne et Eric Porter. Pendant leur retour à Minneapolis (après leur visite au Consulat à Chicago), Anne et Eric parlent de ce qu'ils ont appris. Anne s'inquiète toujours des problèmes de la comptabilité, pendant qu'Eric pense toujours à la grande responsabilité qu'il va tenir. Préparez et présentez un dialogue : « Dans l'avion ».
3. Exercice à plusieurs : Discutez les avantages et les désavantages des diverses sortes de débouchés : Mentionnez les épiceries, les boutiques, les superettes, les supermarchés, les grands magasins, les hypermarchés, les centres commerciaux. Pensez aux produits que vous achèteriez dans chaque débouché.

Chapitre

2

Un Aperçu de la France industrielle

Les Porter sont enfin en France. Leur vieil ami, Henri Deudon, un ancien collègue d'Eric, est venu les chercher à l'aéroport à Paris. Les Porter passeront quelques jours ici à visiter des agences et des bureaux. Ils cherchent à s'habituer rapidement à la vie des affaires française.

Après un bon dîner dans un petit restaurant tranquille, Eric, Anne, et Henri prennent le café à la terrasse. Les Porter ont saisi cette occasion pour demander des conseils à leur ami.

CONVERSATION : DES CONSEILS

Anne   Mais, écoute, Henri — Comment peut-on être sûr d'être payé ? Il doit y avoir de différents types de ventes et si je ne m'y connais pas, je me ferai voler !

Henri   Ne vous affolez pas ! Il y en a autant en France que chez vous. Il y a, par exemple, la vente au comptant. Cette méthode exige que le client verse le paiement au moment où il prend les marchandises, ou très tôt après. Comme ça on ne risque presque rien !

Eric   Ah oui. Mais très souvent de très bons clients n'ont pas de quoi payer tout de suite. Si on ne veut pas perdre des clients ne peut-on pas les laisser payer à crédit ?

Henri   Absolument ! Ça s'appelle exactement cela — la vente à crédit. On peut arranger des paiements différés ou des paiements échelonnés, ce qui s'appelle une vente à tempérament.

Eric   Il existe aussi la vente à l'essai, n'est-ce pas ? Notre voisine m'en a parlé hier ; elle vient de s'acheter une télé en ces termes. Je me demande s'il serait prudent d'offrir ces ordinateurs dans ces conditions…

Anne   Mon Dieu ! Quand je pense qu'il y a trois ans je m'amusais aux ventes aux enchères sans me douter du sérieux de mon avenir dans ce domaine !

Henri   Ne vous inquiétez pas ! Je suis sûr que vous vous débrouillerez à merveille. D'ailleurs, je passerai tous les six pour vous conseiller et vous encourager!

Les Porter et M. Deudon se quittent en se souhaitant beaucoup de succès et se donnent rendez-vous dans six mois.

TEXTE À LIRE : UN APERÇU DE LA FRANCE INDUSTRIELLE

Pour ceux comme les Porter qui prévoient de travailler en France, un aperçu de la situation industrielle française est indispensable. La France n'est plus une puissance uniquement agricole ; depuis une décennie, son développement industriel et économique dépasse celui des États-Unis et de l'Allemagne de l'Ouest. Elle prend sa place aujourd'hui parmi les puissances économiques du monde.

Ce développement rapide est dû en large partie à la variété de l'industrie française. Les Français ont su conserver et utiliser leurs vieilles industries traditionnelles tout en inaugurant des programmes de production innovateurs et modernes. Dans le nord de la France, dans la région de l'ancienne province de Picardie, le Pays noir, on trouve des mines de charbon qui fonctionnent depuis le milieu du 19e siècle. Les vieux corons sont toujours là, flanqués de crassiers et entourés de roseraies ! Également, dans le centre du pays, l'énorme industrie des pneumatiques Michelin grandit sans arrêt depuis 1891. Par contre, les avions supersoniques, les

Industrie électronique à Honfleur.

T.G.V. (train à grande vitesse), les industries de la pétrochimie, des plastiques, et des produits électroniques sont typiques du côté contemporain de l'esprit industriel.

Au cours des années il est inévitable qu'il y ait des changements. Il y a pourtant deux changements, au niveau national, qui ont eu de profondes répercussions sur l'industrie actuelle. Après la Seconde guerre mondiale, les Français ont créé la C.N.A.T. (Commission Nationale pour l'Aménagement du Territoire). Cette commission avait pour but de diminuer la prédominance de Paris dans la vie économique au moyen de la planification du développement urbain et de la décentralisation des activités économiques. Aujourd'hui cette commission a été remplacée par DATAR (la Délégation à l'Aménagement des Territoires et l'Action Régionale). DATAR est une agence inter-ministérielle dont les buts sont similaires à ceux de l'ancienne C.N.A.T. Elle cherche à disperser les entreprises étrangères, dont plus de 40% sont américaines, en province et hors de Paris. L'introduction des industries dans les provinces, où les possibilités de travail étaient autrefois limitées, a créé des marchés et des emplois pour ceux qui en manquaient auparavant.

La planification urbaine a vu naître de nouveaux réseaux de transports et de meilleurs systèmes de distribution de marchandises. Malgré quelques modifications obligatoires de temps en temps, la planification — une série de plans économiques à moyen terme — a eu une influence stabilisatrice sur l'économie française.

Depuis l'époque Louis XIV où le Premier Ministre Colbert a inauguré des méthodes industrielles révolutionnaires, l'État s'est interposé dans l'économie de la France par une politique de dirigisme consistante. En 1966, Charles de Gaulle a créé la compagnie nationale de pétrole Elf Aquitaine. Plus récemment, le régime socialiste a inauguré la restructuration de l'industrie française par la nationalisation de sept industries géantes, comprenant les groupes Thomson-Brandt (électroniques), Péchiney Ugine Kuhlmann, et Rhône Poulenc (textiles et chimie), avec aussi deux usines d'acier.

Le Personnel de l'industrie française

Le personnel de l'industrie française est très similaire à celui de l'industrie américaine. Il y a, en général, trois catégories de salariés en plus de l'administration. À la base de tout est *la main-d'œuvre*, la grande armée des ouvriers de laquelle dépend la production. Dans les grandes usines, le travail est fait par des équipes d'ouvriers. Ils travaillent huit heures d'affilée en un cycle qui permet à l'usine de fonctionner sans arrêt. Les chaînes d'assemblage assurent un travail assez simple et facile et des produits standardisés. Pourtant, cette automatisation poussée, comme à l'usine Simca à Poissy, et qui facilite la production, rend le travail très monotone. Malgré les machines modernes et les bonnes conditions de travail, les ouvriers souffrent de la fatigue. Les services fournis, comme celui de ramassage, ne dédommagent pas entièrement du bruit et de la monotonie. Dans les petites usines où il y a moins d'automatisation, la vie ouvrière est plus satisfaisante. Ces nombreuses petites industries fabriquent des pièces secondaires utilisées dans les

Les 22 Régions Économiques et Administratives de France

grande industrie. Les ouvriers dans ces petites entreprises ont l'occasion de montrer plus d'initiative et de connaître une variété de travaux.

La deuxième catégorie de salariés est constituée de *services commerciaux*. Cette catégorie importante occupe un très grand nombre d'employés dans une variété de travaux : le conditionnement, l'expédition, le contrôle des stocks, la facturation, la correspondance, et la comptabilité. C'est aussi dans cette catégorie que les femmes font une large partie du travail, surtout comme secrétaires et dactylos. Bien que les chefs de service soient généralement des hommes, ce sont des femmes et des jeunes filles qui travaillent dans les chaînes de conditionnement, le cartonnage par exemple, ou dans les industries qui demandent beaucoup de dextérité, comme celles de l'électronique. Ces « emplois de femme » ne sont pas bien payés et n'offrent pas beaucoup de possibilité d'avancement.

Les gens qui travaillent à *la recherche* comprennent la troisième catégorie. On y compte les techniciens et les cadres (les ingénieurs, les chercheurs, et les chefs de services commerciaux).

À la tête d'une entreprise il y a *la gérance*, c'est-à-dire, le conseil d'administration, qui est responsable de la direction des affaires. Ce conseil se compose d'un petit groupe avec, comme chef, le président-directeur général (le P-DG). Les directeurs techniques, financiers, et commerciaux participent aussi à la direction. En France, comme aux États-Unis, les jeunes cadres dirigeants se distinguent par leurs habits : costume sombre, chemise blanche, cravate conservatrice, et expression sérieuse !

Pour les ouvriers et les employés français, le standard de vie et les conditions de travail sont en train de changer. Il existe une législation sociale qui leur assure des avantages importants, comme les assurances médicales, les congés de maladie et de maternité, la semaine de 39 heures sans diminution de salaire, les congés payés, et les allocations familiales. L'employeur paie à peu près 50% de ces frais. Le recyclage des ouvriers dont les emplois sont périmés devient aussi la responsabilité de l'employeur. En plus, la participation aux bénéfices est obligatoire dans toute entreprise dont le nombre des employés dépasse cent personnes.

Malgré ces avantages apparents, la force ouvrière française fait face aux mêmes problèmes persistants que tous les ouvriers et les employés de l'Ouest : l'inflation, la retraite forcée, les salaires trop bas, et les longues heures de travail. Les femmes aussi cherchent des emplois plus significatifs avec des salaires plus réalistes. Le chômage pose un grand problème, surtout pour les jeunes. Il est dû, en partie, à l'arrivée des travailleurs des autres pays du Marché Commun, de la Yougoslavie, du Portugal, et de l'Afrique du Nord. En France, comme ailleurs, les syndicats essaient de répondre à ces questions. Les deux plus importants de tous les syndicats français sont la C.F.D.T. (Confédération Française et Démocratique du Travail), et la C.G.T. (Confédération Générale du Travail).

Les travailleurs français en général ont deux désirs : améliorer la qualité de vie et avoir plus de voix dans la direction de l'entreprise.

VOCABULAIRE

le cadre   those who advance in rank; (*here*) management class made up of engineers, researchers, and administrators
le cartonnage   putting in boxes
la chaîne d'assemblage (chaîne de montage)   assembly line
le charbon   coal
le chômage   unemployment
le conditionnement   packaging of the manufactured product
le contrôle des stocks   inventory
le coron   housing provided by the company for the miners
la correspondance   correspondence
le crassier   slag heap
le / la dactylo (dactylographe)   typist

le dirigisme   governmental control of business
les emplois périmés (*m. pl.*)   obsolete jobs
l'expédition (*f.*)   shipping
la facturation   billing
la gérance (l'administration)   administration
huit heures d'affilée   eight hours at a stretch
l'industrie pneumatique (*f.*)   tire industry
la main-d'œuvre   labor force
le paiement différé (paiements échelonnés)   deferred payment
le Pays noir   northern part of France where coal mines are found
le P-DG (le Président-directeur général)   President and Chairman of the Board
la planification   planning
la retraite   retirement
le salarié   salaried worker
le service de ramassage   transportation of workers
les services commerciaux (*m. pl.*)   those departments in the factory that deal with packaging, shipping, billing, accounting, etc.
les syndicats (*m. pl.*)   labor unions
le travail   work
la vente à crédit   sale on credit
la vente au comptant   cash sale
la vente aux enchères   sale by auction
la vente à l'essai   sale on approval
la vente à tempérament   deferred payment
verser un paiement   to make a payment

QUESTIONS D'ÉTUDE

1. Quel rang tient la France dans le développement industriel et économique ?
2. Comment pouvez-vous expliquer ce développement rapide ?
3. D'où vient le nom « Le Pays noir » ?
4. Décrivez les maisons des ouvriers dans cette région. Quand ces maisons ont-elles été construites ?
5. Où se trouve l'industrie pneumatique en France ?
6. Quelles industries représentent les industries contemporaines de la France ?
7. Pourquoi cherche-t-on à diminuer la prédominance de Paris dans la vie économique du pays ?
8. Comment cela se fait-il ?
9. Quels avantages les provinces retirent-elles de cette décentralisation ?
10. Pour les consommateurs, quels sont les avantages ?
11. Donnez quelques exemples de dirigisme de la part du gouvernement français.
12. Identifiez les trois catégories de salariés en France.
13. Quelles sont les heures de travail de la main-d'œuvre d'une entreprise ?
14. Un synonyme pour « chaîne d'assemblage » est « chaîne de montage ». Pourquoi les entreprises emploient-elles ce système de travail ? Quels sont les avantages et les désavantages ?

15. Le service de ramassage est-il pratique ?
16. Que fait-on dans les petites industries ?
17. Quels sont les départements qui composent les services commerciaux ?
18. Que fait-on dans le service de conditionnement ? d'expédition ? de contrôle des stocks ? de la facturation ? de la correspondance ? de la comptabilité ?
19. Dans quel département fait-on le cartonnage ?
20. Qui fait partie du cadre ? Que font-ils ?
21. Que veut dire P-DG ? Que fait-il ? Qui l'aide à diriger les affaires de l'entreprise ?
22. Identifiez les problèmes principaux des ouvriers en France.
23. Que fait-on pour ceux qui travaillent dans un emploi périmé ?
24. Que cherchent les femmes ?
25. Quelle est la cause du chômage récent en France ?
26. Comment les syndicats essaient-ils de répondre aux problèmes ? Identifiez les deux syndicats les plus importants.
27. Quels sont les buts des travailleurs contemporains ?

EXERCICE DE VOCABULAIRE

Choisissez le mot convenable pour compléter les phrases suivantes.

la gérance   la facturation   la retraite   le chômage   la vente
la vente aux enchères   le cadre   le charbon   le paiement différé
le coron   la main-d'oeuvre   planification   chaîne d'assemblage

1. Les ouvriers dans une entreprise s'appellent _____ .
2. Un synonyme pour « chaîne de montage » est _____.
3. Un exemple d'une vieille industrie de France est _____.
4. _____ aide dans la direction de l'entreprise.
5. Un autre mot pour l'administration de l'entreprise est _____.
6. Les maisons construites pour les ouvriers par la compagnie s'appellent _____ .
7. _____ est le service qui envoie les factures aux clients.
8. _____ est importante pour assurer que l'industrie française se répande dans toutes les provinces de France, — pas seulement à Paris.
9. Faire des paiements échelonnés, c'est _____ .
10. _____ est un problème bien grave aujourd'hui en France.

EXERCICE DE TRADUCTION

Exprimez en français.

1. There is much discussion today about the best age for retirement.
2. *Express* writes many articles about the P-DG's and the companies that they direct.

3. A labor union organizes strikes and demonstrations in order to help the workers with their problems.
4. Before sending the merchandise, the service of *conditionnement* must package the product.
5. When the merchandise is sold, it is sent to the customer by the shipping department.
6. The accounting department is charged with registering all the commercial operations of an enterprise in order to know the value of the company.

REVISION DE GRAMMAIRE

Les Pronoms relatifs

Relative pronouns are the pronouns that introduce adjective or noun clauses. They link (or "relate") that clause to the independent clause, the main part of the sentence.

Qui, que

L'homme qui parle est le patron.
The man who is speaking is the boss.

Le syndicat qui est responsable a beaucoup gagné.
The union that is responsible has gained a great deal.

La machine qu'il a achetée est une IBM.
The machine that he bought is an IBM.

In all these sentences, the pronoun **qui** (meaning *who*, *which*, or *that*) and the pronoun **que** (meaning *that*) join the adjective clause to the main part of the sentence. Relative clauses are adjective clauses because they tell us something about a noun.

L'homme (qui parle) est le patron.
Le syndicat (qui est responsable) a beaucoup gagné.
La machine (qu'il a achetée) est une IBM.

Notice that the antecedent of the relative pronoun comes immediately before:

l'homme   **qui**
le syndicat   **qui**
machine   **qu '**

Notice also that in the first two examples above, the pronoun **qui** acts as the subject of the verb in that relative clause:

qui parle
qui est

In the third example, however, the pronoun **qu'** (contraction of **que**) is not the subject of **a achetée** (**il** is the subject); it refers to **machine**, the direct object of **achetée**. He bought what? He bought the machine.

Qui   subject of relative clause
Que   object of relative clause verb

Whether that pronoun refers to a person or a thing is not important, only its function is important: subject or object of the verb in the relative clause.

Exercice

A. *Complétez les phrases suivantes. Employez* **qui** *ou* **que** *(qu').*

1. L'usine _____ _____ a fabriqué ces pneus se trouve près d'ici.
2. Le coron _____ tu as vu là-bas date de 1910.
3. Le grossiste, _____ se trouve à Paris, a un grand entrepôt.
4. Les denrées _____ il a achetées sont dans un silo.
5. La Belle Épine, _____ est un grand centre commercial, se trouve non loin d'Orly.
6. Le réfrigérateur _____ nous avons acheté à Mammouth est bien économique.
7. Le Concorde, _____ est un projet de l'Angleterre et de la France, fait le service quotidien entre l'Europe et les États-Unis.
8. Les pneus Michelin _____ vous avez achetés sont fabriqués à Clermont-Ferrand.

Ce qui, ce que

> **Ce qui est important est la marque.**
> *What is important is the brand.*
>
> **Dans cet hypermarché on peut trouver ce qu'on cherche.**
> *In this store one can find what one is looking for.*

These same pronouns, **qui** and **que**, are used to introduce a noun clause. In the first example, the clause **ce qui est important** is the subject of the main verb **est**; in the second, **ce qu'on cherche** is the direct object of the verb **trouver**.

> Ce qui est important   est la marque.
>   *subject*   *verb*
>
> Elle fait   ce qu'elle veut.
>   *verb*   *direct object*

Notice that when the clause is a noun clause, there is no antecedent noun for the pronoun **qui** or **que**. **Ce** is then added as an antecedent.

> **Ce qui est important est le prix.**
> *What is important is the price.*

Ce qu'il promet semble excellent.
What he is promising seems excellent.

Exercice

B. *Exprimez en français.*

1. What you are asking is impossible.
2. I don't understand what he wants.
3. This is not what you have promised.
4. What they produce is sold immediately.
5. We will buy all that you have.
6. What is sold in Monoprix is generally very reasonable in price.

Laquelle, lequel, lesquelles, lesquels

Les représentants avec *lesquels* nous dînons sont les meilleurs.
The salesmen with whom we are dining are the best.

Les commandes pour *lesquelles* j'ai tant travaillé sont urgentes.
The orders for which I worked so hard are urgent.

Cet ordinateur, sans *lequel* je ne peux rien faire, est un Micro-Mac.
This computer, without which I can do nothing, is a Micro-Mac.

When the relative pronoun follows a preposition, a special form is needed: **laquelle, lequel, lesquelles, lesquels.**
When that pronoun refers to people, however, **qui** may be used instead:

La secrétaire *avec laquelle* je parlais est Mme Devreux.
La secrétaire *avec qui* je parlais est Mme Devreux.

The prepositions **à** and **de** contract with **lequel, lesquels,** or **lesquelles,** just as **à** and **de** contract with **le** or **les** :

à + lequel → auquel   de + lequel → duquel
à + lesquels → auxquels   de + lesquels → desquels
à + lesquelles → auxquelles de + lesquelles → desquelles

Les produits *desquels* nous parlions sont fabriqués ici.
Le bâtiment *auquel* je pensais est tout près d'ici.

De can also contract with **lequel, laquelle, lesquels, lesquelles,** or **quoi** to form **dont,** when the meaning is *whose, of whom (about whom),* or *of which (about which)*:

       Le bureau *dont* il parlait est à louer.
OR **Le bureau *duquel* il parlait est à louer.**
       The office of which he was speaking is for rent.

Cette femme *dont* le père est P-DG travaille dans ce bureau.

OR Cette femme *de qui* le père est P-DG travaille dans ce bureau.

OR Cette femme *de laquelle* le père est P-DG travaille dans ce bureau.
That woman, whose father is P-DG, works in this office.

Il achète tout *ce de quoi* il a besoin de cette coopérative.

OR Il achète tout *ce dont* il a besoin de cette coopérative.
He buys everything he needs from this cooperative.

Although both forms are correct, the French prefer **dont**.

Finally, when the prepositional phrase refers to a place (*where*), **où** is often substituted:

L'usine *dans laquelle* il travaille est à Paris.
L'usine *où* il travaille est à Paris.

Exercices

C. *Complétez les phrases suivantes par le pronom convenable.*

EXEMPLE :   (*whom*) Le conférencier avec _____ je parlais est M. Reid.
Le conférencier avec *qui* je parlais est M. Reid.

1. (*which*) L'appartement dans _____ il habite est tout près.
2. (*where*) L'appartement _____ il habite est tout près.
3. (*whom*) Le représentant de _____ vous parlez est à Marseille.
4. (*whose*) Cette compagnie _____ vous connaissez le P-DG est très importante.
5. (*who*) L'avocat _____ a apporté les documents est parti.
6. (*which*) Les dossiers _____ il cherchait sont chez moi.
7. (*where*) L'atelier _____ cela est produit est en ville.
8. (*which*) La rue sur _____ est située la salle de conférence est très large.

D. *Traduisez en anglais.*

1. Le bureau dans lequel je travaille est trop petit.
2. Les sténo-dactylos qui tapent ces lettres sont parties.
3. Les exportations dont vous cherchez le propriétaire sont dans l'entrepôt.
4. La boutique dans laquelle j'achète les provisions est dans le centre commercial.
5. Son patron avec qui je parlais est un bon ami.
6. Les documents dont il parlait sont des contrats.

E. *Traduisez en français.*

1. She knows the woman of whom you are speaking.
2. The shop that he prefers is very expensive.
3. The city in which the factory is located is near Nantes.

4. The machine on which he is working belongs to the company.
5. The workers who belong to this union are Socialists.

F. *Répondez aux questions suivantes d'après le modèle en employant des pronoms relatifs :* **que, qui, ce qui, ce que, lequel, laquelle, dont, où.**

EXEMPLE :   Pour quelle entreprise travaille-t-il ?
L'entreprise pour laquelle il travaille est Micro-Mac.

1. Dans quel bureau travaillez-vous ?
2. Avec quelle maison travaillez-vous ?
3. À quelle exposition s'intéresse-t-il ?
4. De quelle société est-il P-DG ?
5. De quels produits parle-t-il ?
6. Qu'est-ce qu'il veut ?
7. Qu'est-ce qui est dans la lettre ?
8. De quoi avez-vous besoin ?

G. *Combinez les deux phrases suivantes en employant un pronom relatif.*

EXEMPLE :   Le supermarché est plus grand que la boutique. Il a souvent des facilités de parking.
Le supermarché, qui a souvent des facilités de parking, est plus grand que la boutique.

1. Il a vendu des quantités d'automobiles. Cela m'étonne beaucoup.
2. La Belle Épine est un énorme centre commercial. Elle se trouve près d'Orly.
3. Il a besoin de services spéciaux. Nous ne pouvons pas les fournir.
4. Je travaille dans un bureau. Il est très moderne.
5. Elle parle d'un catalogue. Ce catalogue a été envoyé le 12 juin.
6. Il demande des renseignements au sujet d'un ordinateur. L'ordinateur est un Micro-Mac.
7. Ils ont besoin d'un plus grand entrepôt. Cela serait très utile.
8. Son entrepôt est à Récy. Il est plein de marchandises.

QUESTIONS DE COMPOSITION

1. Décrivez le travail des services commerciaux dans une entreprise. Expliquez le travail fait par chacun et comment il est différent des autres.
2. Décrivez comment la vie d'un ouvrier dans une grande usine diffère de la vie d'un ouvrier dans une entreprise plus petite. Quels sont les avantages de chacun ?
3. Que savez-vous sur l'administration d'une entreprise ?
4. Commentez sur quelques problèmes contemporains des ouvriers français.
5. Contrastez la condition des ouvrières françaises et américaines. Quels progrès ont-elles réalisés ?

EXERCICES ORAUX

1. Allez à la bibliothèque pour vous renseigner sur les importations et les exportations actuelles en France. Identifiez les trois importations et les trois exportations les plus importantes en France aujourd'hui. Présentez à la classe les résultats.
2. Imaginez que vous êtes Eric Porter. Tâchez de convaincre vos collègues à Minneapolis de l'importance de l'expansion de Micro-Mac à l'étranger, surtout en France.
3. Votre classe représente la direction générale de la compagnie Micro-Mac. Dans une réunion de la direction générale, quelques membres envisagent des difficultés dans une telle expansion. D'autres sont enthousiastes. Discussion générale au sujet du futur de Micro-Mac.

Chapitre

3

Le Bureau

Arrivés à Melun, les Porter cherchent un lieu commercial bien situé et approprié à leur nouvelle agence. Ils trouvent un petit magasin récemment réaménagé qui répondra bien à leurs besoins. Étant débutants dans les affaires françaises, ils décident de trouver, en premier lieu, une secrétaire qui a de l'expérience et qui saura s'occuper des nombreux détails qu'entraîne l'établissement d'une nouvelle entreprise.

Ils engagent Madame Marie-Louise Devreux. Elle sera responsable de tout le travail de bureau et elle prêtera la main aussi dans le magasin. Anne commence immédiatement son travail de comptable, et Eric s'occupe des ventes et des liaisons qui lui seront utiles.

Ce matin Eric arrive à son bureau à 8h30. Madame Devreux est déjà au travail.

CONVERSATION : AU BUREAU

Eric Porter   Bonjour, madame. Vous êtes en avance ce matin !

Mme Devreux   Bonjour, monsieur ! Oui, je voulais finir de classer la correspondance d'hier.

Eric Porter   Aussitôt que vous l'aurez fini, venez dans mon bureau, s'il vous plaît, j'ai deux lettres assez importantes à dicter.

Mme Devreux   Très bien, monsieur. Le courrier est sur votre bureau, aussi bien que les magazines, mais les journaux ne sont pas encore arrivés.

Eric Porter   Où en êtes-vous avec le contrat d'hier ?

Mme Devreux   Il est fini, vous n'avez qu'à le vérifier et à le signer.

Eric Porter   Excellent ! Est-ce que j'ai des rendez-vous cet après-midi ?

Mme Devreux	Oui, trois. Monsieur Paul Lenoir de l'agence publicitaire, à deux heures et demie, Madame Yvonne Peugeot de l'imprimerie, à quatre heures, et Madame votre femme qui passera vous chercher vers six heures et demie pour aller à la réception à la mairie.
Eric Porter	Merci ! (*Allant dans son bureau.*) Appelez-moi le bureau de Bordeaux au téléphone, s'il vous plaît, je dois parler à Dupont là-bas.
Mme Devreux	Tout de suite, monsieur !

TEXTE À LIRE : LE BUREAU

Il y a autant de bureaux qu'il y a de chefs. Il y en a de grands et de petits, de simples et de complexes, de commerciaux et d'administratifs. Il y a, en somme, autant de bureaux qu'il y a d'activités qui demandent leurs services.

Malgré cette grande variété, la plupart des bureaux possèdent des éléments en commun : premièrement, *le matériel,* dont l'essentiel se compose de meubles, de machines à écrire, d'une machine à dicter, d'une machine à polycopier, d'un ou plusieurs téléphones, et aujourd'hui, souvent d'une machine de traitement de texte ou un Télétel ; deuxièmement, *le personnel,* qui consiste d'habitude en une secrétaire et des dactylographes ; troisièmement, l'ambiance ! L'ambiance d'un bureau français est aimable mais sérieuse et plutôt formaliste. On ne se sert pas de prénoms, d'habitude on s'adresse aux autres employés comme « Monsieur » ou « Madame », et la poignée de main à tout le monde, en arrivant et en partant, est de rigueur. Et les hommes et les femmes s'habillent d'une façon conservatrice, cherchant à éviter tout air fastueux.

Les heures du bureau sont soigneusement observées, étant généralement de 9h du matin à midi, et de 2h de l'après-midi à 6h ou 6h30 du soir. Autrement dit : de 9h à 12h, et de 14h à 18h ou 18h30 — dans le monde des affaires il faut être très précis !

Le bureau d'Eric Porter est simple, mais il possède le nécessaire pour les besoins actuels de l'agence naissante. Dans ce bureau, comme dans la plupart des bureaux, les responsabilités de la secrétaire, Madame Devreux, sont très diverses. Premièrement, elle doit tout préparer pour la journée avant l'arrivée du patron. Elle arrive un quart d'heure d'avance, et s'occupe tout d'abord du courrier. Elle le cherche, elle l'ouvre, et le trie avant de le placer sur le bureau du chef. Si d'autres personnes arrivent, elle leur serre la main et leur souhaite le bonjour.

Ensuite, elle s'apprête à écrire. Elle taille des crayons et les place à côté d'un bloc de sténographie. Puis, elle prépare la machine à écrire. Elle y met une feuille de papier à lettre avec en-tête et des feuilles de papier de pelure et de carbone, pour faire des copies — une feuille de papier carbone pour chaque feuille de papier pelure.

Si elle en a le temps, elle cherche à rattraper le travail du jour précédent. Les lettres de publicité à multicopier et les rapports pour la direction générale l'attendent sur la machine de traitement de texte. Il y a aussi le relevé de fin de mois de la succursale à Lyon à vérifier sur le Télétel. Tout cela doit être prêt pour la réunion de la direction générale à Minneapolis le 15 avril.

Quand Eric Porter arrive, il serre la main à toutes les personnes au bureau et puis il s'occupe du courrier. Ensuite il appelle Mme Devreux pour lui dicter des réponses, si elles ne sont pas déjà enregistrées sur les cassettes qu'il apporte toujours chez lui le soir. Souvent il ne fait que des suggestions, lui laissant la responsabilité de rédiger des réponses convenables. Quand Mme Devreux, ou une dactylographe, a fini de taper les lettres, elle les passe à Eric pour sa signature avant de les mettre à la poste.

Le classeur vertical occupe Mme Devreux quand elle n'a pas de tâches urgentes. C'est ici qu'elle classe toute la correspondance et les archives du bureau. Mais bientôt le téléphone sonne et elle doit s'en occuper. Parfois Eric fait lui-même ses communications téléphoniques, mais souvent il demande à Mme Devreux de lui trouver un numéro, ou de le mettre en relation avec un client. L'emploi efficace du téléphone est essentiel puisque aujourd'hui une grande partie des affaires sont réglées au téléphone.

À la fin de la journée, Mme Devreux met la housse sur sa machine, elle met de l'ordre sur son bureau et celui du chef, et elle s'assure que tout travail pressant est complété. Bien qu'elle arrive la première le lendemain, elle laisse le bureau toujours en bon état.

VOCABULAIRE

l'agence publicitaire *(f.)*   advertising agency
les archives *(f.)*   records
le chef   boss
classer   to file
coller   to glue, stick together
le contrat   contract
le courrier   mail
dicter   to dictate
l'en-tête *(m.)*   letterhead
la housse   cover
l'imprimerie *(f.)*   printing office
la machine de traitement de texte   word-processing machine
le papier carbone   carbon paper
le papier à lettre   letter-writing paper
le papier pelure   copying paper
la poste   mail service
rédiger   to compose
le relevé   statement; summary
le rendez-vous   appointment
tailler   sharpen
taper   to type
le / la téléphoniste   telephone operator
trier   to sort

Le Dessin

1 **l'agenda** *(m.)* **de bureau**   appointment calendar
2 **l'agrafe** *(f.)*   staple
3 **l'agrafeuse** *(f.)*   stapler
4 **le bloc de sténographie**   shorthand pad
5 **le bureau**   office; desk
6 **la chaise réglable**   adjustable chair
7 **les ciseaux** *(m.)*   scissors
8 **le classeur vertical**   upright file cabinet
9 **le clavier des machines**   keyboard   (**les touches** *(f.)*   keys)
10 **la corbeille à papier**   wastebasket
11 **le dossier**   file folder
12 **le fichier**   in box
13 **la fiche**   form
14 **la machine à calculer**   desk calculator   (**la calculatrice de poche**   pocket calculator)
15 **la machine à dicter**   dictaphone
16 **la machine à écrire électrique**   electric typewriter   (**la machine à écrire**   typewriter)
17 **la machine à polycopier**   copying machine
18 **le « scotch »**   transparent mending tape
19 **le stylo à bille**   ballpoint pen
20 **la tablette**   desk arm that pulls out
21 **le téléphone**   telephone
22 **le Télétel**   computer leased by small businesses from *les P et T*
23 **le timbre**   stamp
24 **le tiroir**   desk drawer
25 **le trombone**   paperclip

QUESTIONS D'ÉTUDE

1. Que fait la secrétaire quand elle arrive au bureau le matin ?
2. Comment doit-on trier le courrier ?
3. Pour écrire en sténo, on utilise un bloc de sténographie. Quels sont les avantages de cette façon d'écrire ?
4. Aujourd'hui, beaucoup de gens utilisent une machine à dicter avec des bandes ou des cassettes. Quels sont les avantages de cette méthode de dicter ?
5. Pourquoi est-il nécessaire de toujours faire des copies de la correspondance ?
6. Si vous n'aimez pas employer le papier pelure et le papier carbone, comment pouvez-vous faire des copies ?
7. Dans quelles occasions le chef peut-il laisser à la secrétaire la responsabilité de rédiger des réponses ?
8. Qu'est-ce qu'on garde dans un classeur vertical ? Comment les classeurs verticaux sont-ils organisés ?
9. À quoi sert le téléphone dans un bureau moderne ?

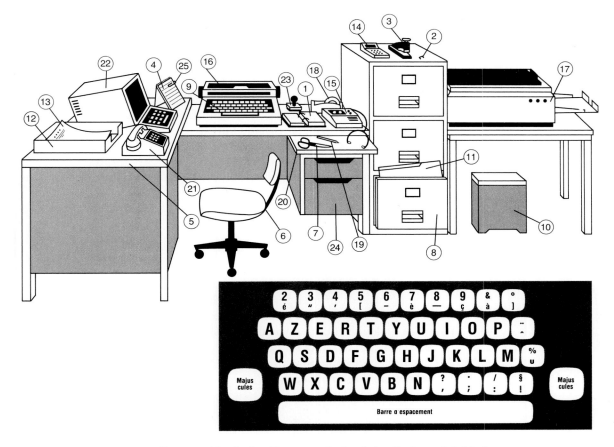

10. Pourquoi la chaise d'une secrétaire doit-elle être réglable ?
11. Qu'est-ce qu'on met dans la corbeille à papier ?
12. Qu'est-ce qu'on écrit sur l'agenda de bureau ?
13. Pourquoi les ciseaux sont-ils nécessaires ?
14. Avant de mettre une lettre à la poste, que faut-il faire ?
15. Lequel des deux donne plus de sécurité, le trombone ou l'agrafe ?
16. Comment le clavier d'une machine à écrire française est-il différent du clavier d'une machine à écrire américaine ? Pourquoi cette différence ?
17. Qu'est-ce qu'on fait avec une machine à calculer ?

EXERCICE DE VOCABULAIRE

Complétez les phrases suivantes par le mot convenable.

dossier	le classeur vertical	« scotch »	le courrier	rédiger
le tiroir	le téléphoniste	l'agenda de bureau		le stylo à bille
l'en-tête	l'agrafe	bloc de sténographie	tablette	dicter

1. Elle a laissé son dictionnaire sur la _____ de son bureau.
2. Les lettres sont toutes dans un _____.
3. Le chef peut _____ les réponses lui-même ou il peut les laisser à sa secrétaire.
4. Le papier à lettre utilisé dans un bureau doit porter _____ de l'entreprise.
5. Le _____ sert à faire des réparations ou à attacher.
6. Le _____ est fait pour permettre une écriture très rapide.
7. Cherchez les ciseaux dans _____ du bureau.
8. J'ai oublié d'écrire ce rendez-vous dans _____.
9. Un synonyme pour _____ est « composer ».
10. On fait le classement en mettant la correspondance et les archives dans _____.

EXERCICE DE TRADUCTION

1. Don't forget to put the cover on your typewriter.
2. There are too many mistakes in this letter. Put it in the wastebasket.
3. Is that appointment on your desk calendar?
4. Before you file these folders, please arrange them in alphabetical order.
5. You must look up words that you don't know in the dictionary.
6. ''Le Bic'' is a kind of ballpoint pen.
7. The calculating machine is on the desk.
8. We need more carbon paper.
9. She has a new word processor.
10. To file documents is boring.

REVISION DE GRAMMAIRE

Les Verbes au passé

Although French makes use of several past tenses to describe actions performed in the past, the two most often used in business communications are the *imparfait* and the *passé composé*.

L'Imparfait

Imparfait (''imperfect'') implies that the action described is not complete, as a ''perfect'' action is. This tense is used, therefore, in talking about actions which were repeated numerous times in the past or which continued over a period of time. Words often associated with it are **tous les jours** (*every day*), **souvent** (*often*), **toujours** (*always*), **fréquemment** (*frequently*), **quelquefois** (*sometimes*), **de temps en temps** (*from time to time*), **chaque année** (*each year*), **d'habitude** (*ordinarily*), **en ce temps-là** (*at that time*), and **tous les dimanches** (*every Sunday*). It describes what people were doing at a particular time, not what they did (as a completed action).

> **Il parlait à un monsieur très bien habillé quand je l'ai vu.**
> *He was speaking with a well-dressed man when I saw him.*

The *imparfait* is also used when talking about mental activities or conditions, since these actions seldom are single, completed actions:

> **Je voulais trouver un autre emploi.**
> *I wanted to find another job.*

Here are some verbs most often used in the *imparfait*:

aimer	*to like*	penser	*to think*
avoir	*to have*	préférer	*to prefer*
croire	*to believe*	pouvoir	*to be able*
désirer	*to want*	regretter	*to regret*
espérer	*to hope*	savoir	*to know*
être	*to be*	vouloir	*to want, to wish*

The *imparfait* is frequently used with the *passé composé* in descriptions of the past. The *imparfait* describes the setting or the continuous actions or conditions, while the *passé composé* reports the actions that occurred against that background.

> **Le prix était raisonnable, mais elle ne l'a pas acheté.**
> *The price was reasonable, but she didn't buy it.*

Notice that English translations of ''was'' or ''were'' or ''used to'' imply the *imparfait*.

Formation de l'imparfait

To form the *imparfait*, begin with the **nous** form of the present tense : **nous parl / ons** ; **nous finiss / ons** ; **nous entend / ons**. To the stem, add the *imparfait* endings : **-ais, -ais, -ait, -ions, -iez, -aient**.

L'Imparfait de *finir*

je	finiss- + -ais	je finissais	*I was finishing*
tu	finiss- + -ais	tu finissais	*you were finishing*
il	finiss- + -ait	il finissait	*he was finishing*
nous	finiss- + -ions	nous finissions	*we were finishing*
vous	finiss- + -iez	vous finissiez	*you were finishing*
ils	finiss- + -aient	ils finissaient	*they were finishing*

Endings are the same for all regular as well as irregular verbs.

Le Passé composé

The *passé composé* (as the name suggests) expresses actions that occurred in the past, and is composed of two parts: the auxiliary and the past participle. The action described by the *passé composé* is usually a single completed action.

> **Elle a mis le contrat dans un dossier.**
> *She put the contract in a folder.*

Although we have said that verbs denoting mental activity or feelings are usually expressed in the *imparfait*, the *passé composé* should be used to indicate that the action was indeed one specific action or that it ended at a specific time:

> **En étudiant le relevé, le chef a mieux compris.**
> *By studying the statement, the boss understood better.*

> **La vente aux enchères a continué jusqu'à neuf heures.**
> *The auction continued until nine o'clock.*

A sequence of actions in the past is generally expressed by the *passé composé*:

> **Elle s'est rendue au bureau à neuf heures moins le quart. Elle a trié le courrier, et puis son chef est arrivé.**

Formation du passé composé

1. The auxiliary may be either **être** or **avoir**, depending on the main verb: Reflexive verbs and most intransitive verbs of motion require **être** (all others are used with **avoir**).

aller	allé	Je suis allé	*I went*
arriver	arrivé	Elle est arrivée	*She arrived*
descendre	descendu	Nous sommes descendus	*We went down*
devenir	devenu	Tu es devenu	*You became*
entrer	entré	Elles sont entrées	*They entered*
monter	monté	Vous êtes monté	*You climbed*
mourir	mort	Elle est morte	*She died*
naître	né	Il est né	*He was born*
partir	parti	Vous êtes parties	*You left*
passer	passé	Je suis passé	*I passed*
rentrer	rentré	Ils sont rentrés	*They came home*
rester	resté	Tu es resté	*You remained*
retourner	retourné	Il est retourné	*He returned*
revenir	revenu	Je suis revenue	*I came back*
sortir	sorti	Elles sont sorties	*They went out*
tomber	tombé	Je suis tombé	*I fell down*
venir	venu	Elle est venue	*She came*

Notice that all intransitive verbs of motion requiring **être** as auxiliary also show agreement between the past participle and the subject (**Elles sont sorties**). If any of these are used as transitive verbs, however (with a direct object), then **avoir** instead of **être** is the auxiliary, and there is no agreement between subject and past participle.

Elle a passé toute la journée à taper ses lettres.
She spent all day typing her letters.

Elle a sorti une feuille de papier.
She took out a sheet of paper.

Accord du participe passé

In addition to verbs that take **être** as auxiliary, those verbs that take **avoir** as auxiliary also show agreement when there is a preceding direct object; the past participle agrees with the preceding direct object:

Elle a tapé les lettres aussi vite que possible. (no agreement)
She typed the letters as quickly as possible.

Elle les a tapées aussi vite que possible.
She typed them as quickly as possible.

Les (representing **les lettres**) is a preceding direct object, and the past participle (**tapé**) must reflect the feminine plural quality of the direct object.

Note: When the preceding direct object is an indefinite pronoun, the past participle does not agree.

J'ai tapé les lettres.	Je les ai tapées.
J'ai tapé des lettres.	J'en ai tapé.
Il a signé les contrats.	Il les a signés.
Il a signé deux contrats.	Il en a signé deux.

Exercices

A. *Écrivez ces verbes au passé : l'imparfait et le passé composé.*

EXEMPLE: elle envoie   **elle envoyait, elle a envoyé**
           elle va   **elle allait, elle est allée**

1. les représentants viennent
2. il se fait
3. son chef écrit
4. le grossiste annonce
5. il s'étend
6. nous devons
7. elles s'appellent
8. je sors
9. vous vendez
10. la secrétaire part

B. *Répondez aux questions suivantes.*

EXEMPLE :   Que faisait-elle quand le téléphone a sonné ?
            Quand le téléphone a sonné, elle tapait des lettres.

1. Que faisait-elle quand le chef est arrivé ?
2. Que faisait-elle quand le chef l'a appelée ?
3. Que faisiez-vous quand le représentant a téléphoné ?
4. Que faisaient-elles quand la nouvelle machine à écrire est arrivée ?
5. Que faisiez-vous quand il a commencé à dicter ?

C. Qu'avez-vous fait ? *Complétez les phrases d'après l'exemple. Employez le passé composé.*

EXEMPLE :   Avec les ciseaux _____.
            Avec les ciseaux j'ai coupé les coupons.

1. Avec les dossiers _____.
2. Avec le bloc de sténographie _____.
3. Avec le trombone _____.
4. Avec la machine à calculer _____.
5. Avec le timbre _____.
6. Avec la housse _____.
7. Avec le stylo à bille _____.
8. Avec la machine à écrire _____.
9. Avec l'agrafe _____.
10. Avec le « scotch » _____.
11. Avec le correcteur pour stencil _____.
12. Avec la machine à photocopier _____.

D. *Écrivez en français.*

1. The boss arrived at the office at eight-thirty.
2. Madame Devreux was already there.
3. She was sorting the mail and putting it on his desk.
4. He knew that she ordinarily arrived at eight-thirty also, and he was surprised to find her at work.
5. They had much work to do.
6. They finished the correspondence and then they began to organize the new project.
7. When they left the office at six o'clock, they were both very tired.

E. *Remplacez les objets directs par des pronoms. Faites l'accord du participe passé s'il y a lieu.*

EXEMPLE :   J'ai tapé les lettres.
Je les ai tapées.

1. Le patron a dicté les lettres.
2. Elle a rédigé cette réponse.
3. L'employé a classé les documents.
4. Avez-vous taillé les crayons ?
5. Elle a sorti la feuille de papier.
6. La secrétaire a trié la correspondance.

Accord des verbes pronominaux

The agreement of the past participle of reflexive verbs depends on whether the reflexive pronoun is functioning as a direct or an indirect object.

> **Elle a écrit la lettre au client.**
> **Elle l'a écrite au client.**
>
> **Elle s'est écrit cet aide-mémoire.**
> *She wrote this memorandum to herself.*

In the last example, s' (the reflexive pronoun) functions as an indirect object, **cet aide-mémoire** is the direct object. There is no agreement.

> **Elle s'est mise à travailler.**
> *She set to work. (She put herself to work.)*

In this example, s' is the direct object, and the past participle **mis** must agree with that preceding direct object.

Exercice

F. *Écrivez ce texte au passé en choisissant le temps du passé qui convient, ou le passé composé ou l'imparfait.*

Aujourd'hui, je fais tout de travers. J'arrive au bureau en retard parce qu'il pleut dehors. Le patron est déjà dans son bureau et il me demande de venir tout de suite pour écrire des lettres. Il parle si vite que je fais beaucoup de fautes, et quand je mets la correspondance sur son bureau, il y a encore des erreurs. La machine à photocopier ne marche plus et ma chaise réglable est mal réglée. Les dossiers que je classe tombent en désordre au plancher. J'oublie un rendez-vous important et le patron est vraiment fâché. Quelle journée affreuse!

QUESTIONS DE COMPOSITION

1. Pensez un instant à la secrétaire la plus parfaite que vous connaissez. Quelles sont les qualités auxquelles elle doit son succès ? Quelle sorte de tempérament doit-elle posséder ? Pensez-vous qu'un homme peut posséder ces mêmes qualités ? Préfériez-vous une femme ou un homme comme secrétaire ?
2. Décrivez la journée d'une secrétaire dans une grande entreprise. Que fait-elle ?
3. Qu'est-ce qu'il faut savoir pour être une bonne secrétaire ?

EXERCICES ORAUX

1. Exercice à deux. Comme chef, vous expliquez à la nouvelle secrétaire ses devoirs et ses responsabilités. Comme nouvelle secrétaire, demandez au chef une explication en détail sur la correspondance du bureau.
2. La machine à écrire électrique ne marche plus. Téléphonez à IBM France et insistez pour qu'ils envoient immédiatement quelqu'un pour réparer la machine. Soyez ferme!
3. Considérez une journée typique dans un bureau américain. Comment les salutations, les demandes de services, les commentaires seraient-ils différents dans un bureau français ?

Chapitre —————————

4 Les Intermédiaires

Leurs projets bien en marche et des liaisons d'affaires déjà établies dans la région Melun-Paris, les Porter se trouvent de plus en plus occupés et obligés de travailler de 15 à 18 heures d'affilée. Dans ce dialogue, nous trouvons les Porter au moment où ils reconnaissent la nécessité d'augmenter leur personnel. Ils décident, ensuite, d'engager un représentant qui s'occupera d'élargir le secteur de ventes et de liaisons. Il aura son bureau à l'agence, mais il passera la plupart de son temps en tournée hors de la région de Melun.

Pour le moment, Eric continuera à être responsable de l'installation et de l'entretien des nouveaux ordinateurs. Quand le volume des affaires le justifiera, la compagnie du Minnesota lui enverra un technicien qui s'en chargera. Pour recruter un représentant, les Porter ont fait paraître des annonces dans deux journaux parisiens et un magazine professionnel. Ils en attendent maintenant des réponses.

CONVERSATION : LE CHEF

C'est dimanche soir. Eric rentre très tard à la maison, 9h30 passée. Il est complètement épuisé.

Anne   Mon chéri, tu travailles si dur, je m'inquiète pour ta santé.

Eric   C'est vrai, il y a énormément de travail, et il n'y a que nous deux et une secrétaire… je joue tous les rôles sauf celui de comptable ! Et ça, c'est toi.

Anne   Lundi, tu as été commis-voyageur, tu es descendu à Bordeaux avec une sélection de software…

Eric   Et mardi j'ai agi en courtier : j'ai arrangé une réunion entre ce fabricant de chocolat de Dijon et moi-même ! Mais sans résultat…

Anne Si ! Il t'a donné des échantillons délicieux que tu m'as passés !

Eric Mercredi, j'ai été représentant ; j'ai répondu au téléphone jusqu'à 5^h du soir et puis je suis sorti voir des clients à Versailles.

Anne Jeudi tu as circulé toute la journée en ville, quelle chance ! Tu étais placier !

Eric Je suis même rentré à la maison à midi, quel luxe !

Anne Mais tu es resté ce soir-là au bureau jusqu'à minuit…

Eric Qui est-ce que j'ai été vendredi ?

Anne Un agent commercial, peut-être ?

Eric Tu sais, il nous faut du personnel…il faut y penser…il y a bien trop de travail.

Anne C'est vrai ! Même samedi tu es sorti, tu as fait le commissionnaire — tu es allé à l'entrepôt pour arranger des livraisons.

Eric Mais dimanche j'ai mené une vraie vie de chef !

Anne Comment ça ?

Eric J'ai passé toute la journée au bureau à m'occuper du courrier !

Anne Eric, j'ai une idée… Eric ?
(Eric s'est endormi dans son fauteuil.)

TEXTE À LIRE : DES FRÈRES CHÔMEURS

Il y a deux ans, à peu près, Raoul Damas, 47 ans, et son frère cadet, Francis, 32 ans, vivaient d'indemnités de chômage. La situation économique avait mis un terme à la fonction de directeur administratif d'une fabrique de matériel laitier que Raoul avait tenue pendant 11 ans, et à celle de Francis qui avait travaillé 7 ans en tant que directeur commercial d'une société qui vendait des machines agricoles américaines. Aujourd'hui ils dirigent à Caen leur propre entreprise prospère, sous la marque de «Trait-Bien». En plein pays de belles vaches, en 18 mois, ils ont imaginé, bâti, et lancé une société fabriquant des trayeuses efficaces mais simplifiées et à la portée du fermier moyen.

Neveux d'un fermier prospère, chez qui ils ont passé les étés de leur enfance, ils se sont lancés tout naturellement dans les occupations liées à l'agriculture. Ayant vu traire, matin et soir, une cinquantaine de grosses vaches noires et blanches, ils gardaient le souvenir de cette corvée onéreuse et essentielle. Conscients aussi de la situation agricole—la diminution de la population active dans l'agriculture et l'importance considérable de machines et de méthodes modernes—ils ont toujours eu leurs idées à eux au sujet de la production des produits laitiers.

Le licenciement économique des deux frères est arrivé au moment où ils pensaient sérieusement à tenter leur chance dans le monde industriel. Pendant deux mois ils se sont remonté le moral l'un à l'autre en discutant ce projet encore vague.

Puis une coïncidence opportune : sur la zone industrielle de Caen, bilan déposé, une chaudronnerie fabriquant notamment des éléments de machines agricoles se meurt, abandonnant un brevet pour la fabrication des outils laitiers.

Dans l'espace d'un mois, grâce à un travail acharné, les deux frères ont réussi à construire—sur papier— toute leur entreprise : étude de marché, bilan prévisionnel sur trois ans, etc. Ensuite ils sont allés à Paris négocier la reprise du brevet avec les dirigeants de l'industrie qui le tenait.

Il ne restait maintenant que le montage financier à établir pour que le rêve devienne réalité. Il avait été prévu que le capital de cette nouvelle société anonyme comprendrait trois parts : les économies personnelles des deux frères, une prise de participation de la Société de développement régional (S.d.r.), et la contribution des intéressés sous forme de souscription à des actions. Résultat : succès !

Au début du printemps, ils ont loué des stands dans des foires agricoles et des salons professionnels. En trois mois, le carnet de commandes est rempli, et la production démarre !

Aujourd'hui ils emploient dix salariés, et embaucheront trois personnes cet hiver. Francis court les routes avec deux représentants, et Raoul reste à Caen pour s'occuper de la technique et de la gestion. Les premiers résultats ont été bien encourageants ; les frères visent, dans deux ans, le marché international.

Conte de fées ? Non, conte de ceux qui se consacrent à leur travail !

Les Intermédiaires dans le commerce

L'intermédiaire, quelquefois appelé *le représentant*, est la personne qui assure la vente des produits aux détaillants. Les divers intermédiaires sont :

Le Commis-voyageur

Le commis-voyageur se rend chez le détaillant et lui présente les marchandises du grossiste. Sa fonction est de mettre en contact le client et le grossiste. Le commis-voyageur est l'employé d'une entreprise.

Le Placier

Le placier se limite à la clientèle de sa propre ville. Les clients lui téléphonent pour passer des commandes au lieu d'attendre sa visite.

Le Représentant

Le représentant a un bureau fixe, comme le placier, mais il voyage aussi, comme le commis-voyageur. Malgré son bureau où l'on peut toujours lui téléphoner, il a aussi une assez grande région dont il doit servir la clientèle.

Le Concessionnaire

Le concessionnaire ne travaille pas avec le grossiste. Il travaille directement avec le producteur. De celui-ci, il reçoit la concession (le droit exclusif) de vente du produit du

producteur dans sa région. Très souvent le concessionnaire est responsable du service de la réparation des produits.

Le Commissionnaire

Le commissionnaire (aussi appelé *le mandataire*) est le lien entre soit le producteur et le grossiste, soit le grossiste et le détaillant. Il travaille à son propre nom et il reçoit une commission (un pourcentage) sur les affaires qu'il conclut.

L'Agent commercial

L'agent commercial est un indépendant. Il achète ou vend pour des industriels ou des commerçants et il est payé par celui pour qui il travaille.

Le Courtier

Le courtier met l'acheteur et le vendeur en rapport. Si une vente ou un achat en résulte, il recevra un pourcentage sur les affaires conclues.

VOCABULAIRE

à la portée   within the reach
l'agent commercial *(m.)*   independent salesperson
le bilan déposé   insolvent; petition of bankruptcy filed
le bilan prévisionnel   projected balance sheet
le brevet   patent
le carnet de commandes   order book
la chaudronnerie   metal works
chômeur *(adj.)*   unemployed
le commis-voyageur   salesperson who travels, visiting clients of the wholesaler
le commissionnaire (le mandataire)   salesperson who receives a commission for sales which he helps to arrange
le comptable   accountant
le concessionnaire   salesperson who has the exclusive right to sell a particular product
la corvée   unpleasant job
le courtier   salesperson who brings together a buyer and a seller
démarrer   to start; to put in motion
l'échantillon *(m.)*   sample
l'économie *(f.)*   saving
embaucher   to hire
le fabricant   manufacturer
la fabrique   factory
la gestion   direction; management
l'indemnité *(f.)* **de chômage**   unemployment insurance
l'intermédiaire *(m.)*   salesperson
lancer   to launch
le licenciement   laying off (job)
la livraison   delivery
mettre terme à   to put an end to

le montage financier   financial mounting
le placier   salesperson who works out of his office
les produits laitiers *(m.)*   dairy products
prospère *(adj.)*   prosperous
le représentant   salesperson who works from an office but also travels; a general name for all salespeople
le salon professionnel   professional exposition
la souscription   subscription
traire   to milk
la trayeuse   milking machine

QUESTIONS D'ÉTUDE

1. Expliquez en français ce que veut dire « les indemnités de chômage ».
2. Avant que la situation économique ait mis terme à sa fonction, que faisait Raoul Damas ? Que faisait son frère ?
3. Que font-ils aujourd'hui ?
4. Pourquoi Caen est-il un choix raisonnable pour une société fabriquant des trayeuses mécaniques ?
5. Qu'est-ce qu'une trayeuse mécanique ?
6. Quel avantage les trayeuses « Trait-Bien » offrent-elles au fermier ?
7. Pouvez-vous identifier une marque américaine de trayeuses ?
8. Pourquoi les machines et les méthodes modernes sont-elles surtout importantes aujourd'hui ?
9. Quand on est licencié, comment peut-on vivre ?
10. Pourquoi la mort d'une chaudronnerie s'est-elle montrée une coïncidence heureuse ?
11. Pour ceux qui désirent construire une nouvelle entreprise, où faut-il commencer ?
12. Pourquoi les deux frères s'occupaient-ils du brevet ? Quelle en est l'importance ?
13. D'où venait le capital de cette nouvelle entreprise ?
14. Comment les frères ont-ils essayé de vendre leur produit ?
15. Combien de temps a-t-il fallu avant que la production ne démarre ?
16. Combien de salariés auront-ils au printemps ?
17. Quelle division du travail a été faite par les deux frères ?
18. Comment pensent-ils élargir les horizons de cette nouvelle entreprise ?

EXERCICE DE VOCABULAIRE

Complétez les phrases suivantes par le mot convenable.

société anonyme   embaucher   licenciement   bilan déposé
brevet   capital   louer   carnet de commandes   démarrer
indemnité   marque   gestion   représentants
commis-voyageur

1. Un autre mot pour _____ est « commencer ».
2. « Trait-Bien » est la _____ d'une trayeuse mécanique.
3. Le _____ accordé à Raoul et Francis leur a assuré l'exploitation exclusive de leur produit.
4. Aujourd'hui Raoul s'occupe de la _____ de l'entreprise et Francis est _____.
5. Toutes les commandes reçues sont notées dans un _____.
6. Si l'on n'a pas assez d'argent à cause d'un licenciement économique, on peut recevoir une _____ de chômage.
7. Quand on ne veut pas acheter un bâtiment ou un bureau, on peut en _____ un.
8. Quand un employé a été congédié, on peut parler de son _____.
9. Le contraire de congédier est _____.
10. Un commerçant qui ne peut plus faire face à ses engagements doit se déclarer _____.

REVISION DE GRAMMAIRE

Le conditionnel

S'il veut vendre des autos, il devra obtenir une concession.
If he wants to sell cars, he will have to obtain a concession.

S'ils offraient un meilleur prix, je l'achèterais.
If they offered a better price, I would buy it.

S'ils avaient participé à cette exposition, ils auraient vendu plus de machines.
If they had participated in this showing, they would have sold more machines.

Si vous voulez cet ordinateur, téléphonez au placier.
If you want this computer, telephone the sales representative.

Si le commis-voyageur est parti, nous enverrons un télégramme.
If the salesman has left, we will send a telegram.

The sentences above are *conditional sentences* because there is some doubt as to whether or not the action in the main clause will actually happen. That action is conditional upon (depends upon) the action of the **si** (*if*) clause. Thus, in the first example above, he will have to obtain a concession only if he wants to sell cars.

Conditional sentences follow a definite pattern of verb tenses both in French and in English. The five patterns above must be memorized and used whenever the **si** clause indicates a conditional sentence:

Si *Clause*	*Main Clause*
Présent	*Futur*
Imparfait	*Conditionnel*

Plus-que-parfait   *Conditionnel passé*
Présent   *Impératif*
Passé composé   *Futur*

Exercices

A. *Complétez les phrases suivantes par la forme convenable du verbe.*

EXEMPLE :   (être) Si vous travaillez sur une chaîne d'assemblage, vous _____ bien payé mais vous vous ennuierez aussi.

Si vous travaillez sur une chaîne d'assemblage, vous serez bien payé mais vous vous ennuierez aussi.

1. (pouvoir) Si vous voulez, vous _____ facilement le faire.
2. (vendre) Il le _____ aujourd'hui s'il avait un client.
3. (arriver) Si le représentant _____ le 15 juin, je lui aurais expliqué le problème.
4. (utiliser) Le relevé serait correct si vous _____ l'ordinateur.
5. (calculer) S'il _____ mieux ses dépenses, il aurait moins de difficulté.
6. (recevoir) Si vous aviez expédié ces marchandises promptement, je les _____ .
7. (revendre) Si le mandataire avait reçu ces denrées, il les _____ immédiatement.
8. (faire) Si vous vendez ces marchandises à perte, vous ne _____ pas de bénéfice.
9. (écrire) Si vous _____ cette commande, vous auriez reçu les marchandises tout de suite.
10. (classer) Vous pourriez le trouver si vous le _____ .
11. (accepter) Il _____ les marchandises si vous aviez envoyé aussi une lettre.
12. (vouloir) Si vous _____ , la secrétaire fera la réservation.
13. (lire) Si vous _____ la lettre du client, vous saurez la réponse.
14. (téléphoner) _____ -nous tout de suite si vous recevez l'information demain.
15. (passer) Si je _____ une commande au grossiste aujourd'hui, l'expédierait-il tout de suite ?

B. *Répondez aux questions suivantes.*

EXEMPLE: Si le patron le demande, travaillerez-vous le dimanche ?
Oui, s'il le demande, je travaillerai le dimanche.

1. Si le grossiste l'envoie, l'accepteront-ils ?
2. Si vous avez fini, resterez-vous ici ?
3. L'auriez-vous payé si vous aviez su toute l'histoire ?
4. L'aurait-il fait s'il avait entendu la nouvelle plus tôt ?
5. Si vous aviez l'argent, l'achèteriez-vous ?
6. S'il pouvait trouver un autre emploi, resterait-il ici ?
7. S'il a quitté la compagnie, embaucheront-ils un autre représentant ?
8. L'expédierez-vous si le client le veut ?

C. *Écrivez en français.*

1. I am working.	7. I will have worked.
2. I used to work.	8. I would have worked.
3. I have worked.	9. . . . that I work. (*présent du subjonctif*)
4. I had worked.	10. . . . that I worked. (*passé du subjonctif*)
5. I will work.	11. I worked. (*passé simple*)
6. I would work.	

D. *Écrivez en français.*

1. If we finish before noon, we will leave.
2. She will type the letters if he dictates them.
3. They will file the documents if they have time.
4. If she wanted to go, she would call.
5. If you had a job, you would have more money.
6. They would have been happier if they had been able to sell the merchandise.

E. *Écrivez le temps demandé.*

EXEMPLE :   (*passé composé*)   il part
                             il est parti

1. (*passé composé*) elles sortent	5. (*imparfait*) nous voulons
2. (*futur*) j'achète	6. (*conditionnel*) je peux
3. (*futur*) il vient	7. (*passé du conditionnel*) ils reçoivent
4. (*plus-que-parfait*) je vois	8. (*imparfait*) vous classez

Quand, lorsque, dès que, aussitôt que, au moment où, pendant que, tandis que

Quand la dactylo viendra, je veux lui parler.
When the typist comes, I want to talk with her.

Aussitôt que vous finirez, apportez-la-moi.
As soon as you finish, bring it to me.

Dès que les marchandises arriveront, dites-le-moi.
The moment the merchandise arrives, tell me.

Clauses beginning with the conjunctions **quand, lorsque, dès que, aussitôt que, pendant que, au moment que, tandis que** require a future-tense verb when the action in the main clause has not yet taken place. Notice that in English, the present tense is used. If the action in the main clause has already occurred, however, or if it is a habitual action expressed in the present tense, the verb of the dependent clause will vary:

Lorsque vous trouverez la faute, corrigez-la.
When you find the mistake, correct it.

Lorsqu'il a trouvé la faute, il l'a corrigée.
When he found the mistake, he corrected it.

Aussitôt qu'elle arrivera, faites-la entrer.
As soon as she arrives, have her come in.

Aussitôt qu'elle est arrivée, elle est entrée.
As soon as she arrived, she came in.

Exercices

F. *Complétez les phrases suivantes par le temps convenable du verbe.*

EXEMPLE :   (arriver)   Il téléphonera au bureau aussitôt qu'il _____.
    Il téléphonera au bureau aussitôt qu'il arrivera.

1. (accepter) Le client _____ l'offre aussitôt qu'il l'aura étudiée.
2. (ouvrir) Quand vous _____ des lettres, il faut les dater tout de suite.
3. (dactylographier) Quand la secrétaire _____ des lettres, elle les soumet à son chef pour signature.
4. (se rendre) Quand elle _____ au bureau, elle aura beaucoup de choses à faire avant l'arrivée du chef.
5. (vouloir) Lorsque son chef _____ communiquer avec des collègues, il se servira du téléphone interne.
6. (arriver) Dès qu'elle _____ au bureau, elle cherche le courrier.
7. (faire) Quand la secrétaire _____ des réservations de chambres d'hôtel, elle donnera tous les renseignements nécessaires.
8. (s'occuper) Lorsque le chef _____ des affaires urgentes, la secrétaire se charge des communications téléphoniques.
9. (partir) Le représentant est arrivé au moment où le client _____.
10. (attendre) Tandis que le client _____, la secrétaire tapait des lettres pour le patron.

G. *Complétez les phrases suivantes.*

EXEMPLE: Il regardait l'étalage (*display*) pendant que _____.
    Il regardait l'étalage pendant que son ami cherchait le propriétaire.

1. Aussitôt que les marchandises arriveront, _____.
2. Quand il a reçu l'envoi, il _____.
3. Si vous avez fini tout le travail, _____.
4. Ils auraient acheté cette machine si _____.
5. Alors que M. Pontin ne sera pas content avec ce produit, _____ .
6. Si les représentants ne font pas un plus grand effort, _____.
7. Nous enverrons un chèque dès que _____.
8. J'irai à Lyon si _____.

H. *Identifiez le temps et l'infinitif des verbes en italique dans les phrases suivantes.*

EXEMPLE: *Pourriez*-vous m'indiquer le montant exact de la pension et des taxes ?
Pourriez: conditionnel
pouvoir: infinitif

1. Nous *souhaiterions* une pension de famille plutôt qu'un petit hôtel.
2. *Auriez*-vous l'obligeance de m'indiquer les villas à louer dans les environs ?
3. Je vous *avais demandé*, il y a trois jours, de bien vouloir me retenir une chambre pour la nuit du 3 juin prochain.
4. En me rendant à Marseille, j'*ai pu* constater que la voiture *fonctionnait* très mal.

La Ponctuation

The correct use of punctuation marks is essential if your reader is to understand your communication as you, the writer, wish it to be understood. A misplaced comma, for example, can change the meaning of your ideas or create in the mind of the reader a picture of one who is careless or uninformed. Although French rules are similar to those in English, a few reminders may prove helpful.

La Virgule *(comma)*

1. A comma is used in the following cases:
   a. To separate words or terms in a series of more than two:

   Le directeur veut voir les réceptionnistes, les sténo-dactylos et les secrétaires toute de suite.
   The director wants to see the receptionists, the typists, and the secretaries immediately.

   Pourriez-vous me dire la différence entre un concessionnaire, un agent commercial et un courtier ?
   Could you please tell me the difference between a concessionary (dealer), an independent sales rep, and a courtier?

   Il n'a reçu ni les machines à écrire, ni les machines à calculer, ni les machines de traitement de texte.
   He has not received the typewriters, the calculating machines, nor the word processors.

   Note: If there had been only two in the series of direct objects in the last example, the commas would not have been used.
   b. To separate a relative clause (introduced by a relative pronoun) from the rest of the sentence when the relative clause is nonrestrictive and it can be left out without altering the sense of the main part of the sentence:

   Cet envoi, qui est d'ailleurs assez important, doit être envoyé par avion.
   This shipment, which is, by the way, rather important, must be sent by air mail.

> La maison Commère, de laquelle nous avons reçu plusieurs commandes ré-cemment, a téléphoné pour demander une visite par un de nos représen-tants.
> *The firm Commere, from whom we have received several orders recently, telephoned to request a visit from one of our salespeople.*

If the clause is restrictive, however, and is necessary in the understanding of the main part of the sentence, it must not be set off by commas. In English, we not only do not set off the restrictive clause by commas, but we also use the relative pronoun ''that'' instead of ''which.''

> Les échantillons que vous avez demandés ont été envoyés.
> *The samples that you asked for have been sent.*

2. A comma is not used:
   a. To separate a verb from either a direct or indirect object:

> Il a dicté une lettre à tous les représentants.
> *He dictated a letter to all the salespeople.*

   b. When it would separate a subordinate clause that is needed to complete the sense of the verb:

> Le patron est sûr qu'ils viennent.
> *The boss is sure that they are coming.*

3. A comma may be used (optional) to separate an introductory phrase or clause from the rest of the sentence.

> Dans un mois, il reviendra vous voir.
> Dans un mois il reviendra vous voir.
> *In one month, he will come back to see you.*

Le Point-virgule *(semicolon)*

1. A semicolon is used to separate two independent clauses that are closely re-lated but are not joined by *and*.

> À huit heures, elle a commencé son travail ; elle devrait être prête quand le patron arrivera.
> *At eight o'clock, she began her work; she would have to be ready when the boss arrived.*

2. It marks the end of a phrase or group of words that are part of a series.

> Vous trouverez ci-joint:
> 1ᵉ 1 curriculum vitae;

2ᵉ 1 photocopie du diplôme de l'École de Commerce;
3ᵉ 1 copie du certificat de la Société Raimond.

Le Point *(period)*

1. As in English, the period marks the end of a sentence.
2. The period is used to indicate thousands.

39,000 (English) → **39.000** (French)
As a decimal point, however, French uses a comma instead of a period.

1 mètre = 39,37 inches
1 meter = 39.37 inches

Les Deux-points *(colon)*

1. A colon is used before a direct quotation.

Il nous a juré: « Je reviendrai ! »
He swore to us: ''I will come back!''

2. It signals an enumeration.

Ils ont commandé trois machines : une machine à écrire, une machine à calculer, et un ordinateur.
They ordered three machines: a typewriter, a calculating machine, and a computer.

3. It tells the reader that an explanation, an analysis, or a consequence will follow.

Elle ne pouvait rien faire : la machine ne marchait plus.
She could do nothing: the machine no longer worked.

Le Point d'exclamation, le point d'interrogation, les points de suspension, les parenthèses
(exclamation mark, question mark, ellipsis, parentheses)

The use of these marks of punctuation in business correspondence or reports follows closely their use in English.

Exercice

I. *Insérez la ponctuation nécessaire dans les phrases suivantes.*

EXEMPLE : Je vous ai promis « Je vous verserai un paiement important ! »
Je vous ai promis : « Je vous verserai un paiement important ! »

1. Il a dicté trois lettres une lettre au directeur une lettre à son représentant et une lettre à un client

2. À mon avis il doit être licencié il insulte tous les clients et refuse de faire son travail
3. Le client qui avait passé plusieurs commandes assez importantes il y a deux ans ne voulait plus voir notre représentant
4. Savez-vous ce qu'ils cherchent
5. Le représentant qui vous a rendu visite est maintenant avec une autre maison la Société Raimond
6. Il a passé toute la matinée à dicter

QUESTIONS DE COMPOSITION

1. Écrivez un résumé de cette histoire de deux frères.
2. Décrivez vos propres ambitions industrielles.
3. Quelles démarches feriez-vous pour assurer la publicité pour votre nouvelle entreprise ?
4. Pourquoi la diminution d'activité dans le domaine d'agriculture exige-t-elle des méthodes et des machines plus avancées ?

EXERCICES ORAUX

1. Eric Porter, Rotarian à Minneapolis, a été invité à faire une présentation sur Micro-Mac à la réunion des Rotarians de Melun. Vous êtes Eric Porter. Dictez sur une cassette le discours que vous allez prononcer et donnez-la à Mme Devreux (autre membre de la classe !) pour qu'elle le tape.
2. Exercice à plusieurs.
   Après le discours, les membres de Rotary se présentent à E. Porter. Ils lui souhaitent la bienvenue à Melun et ils lui posent des questions plus détaillées. Chaque membre pose un minimum de deux questions et partage avec M. Porter les informations sur sa propre vie professionnelle.

Chapitre _____

5

La Lettre commerciale

_____

Pendant qu'Eric interviewe des candidats pour le poste de représentant, Anne s'occupe du courrier de la nouvelle agence. Bien qu'ils aient une secrétaire compétente, il est nécessaire qu'Anne s'occupe aussi de la correspondance de temps en temps. Elle découvre que les lettres d'affaires françaises diffèrent beaucoup des lettres d'affaires américaines. Il y a, par exemple, le plan d'une lettre sur la page, qui diffère du plan américain ; il y a des formules de politesse obligatoires, qui n'existent pas aux États-Unis ; il y a les en-têtes qui doivent se conformer à la loi française—sans parler des tournures de phrase traditionnelles, et la diplomatie inhérente à toute communication française !

Pour se faire aider à composer une lettre d'affaires, Anne s'est adressée à son amie française, Madeleine Lepage. Madeleine est chef des services dans une grande fabrique de chocolat et elle comprend très bien les complexités épistolaires françaises.

CONVERSATION : UNE LETTRE D'AFFAIRES

Anne Je suis furieuse ! Je veux leur dire que les colis étaient en très mauvais état, que je ne les veux pas, et que je veux les renvoyer tout de suite !

Madeleine Mais, il ne faut pas parler si brutalement, Annie ! Dites plutôt, « Je suis désolée de constater que plusieurs des colis sont en mauvais état. Je regrette d'être obligée de vous les rendre et je vous serais bien reconnaissante si vous pouviez nous envoyer des remplacements. »

Anne Mais moi, je suis vraiment fâchée ! Si ma lettre est arrangée de cette façon, ils ne le sauront pas !

Madeleine Précisément, Annie ! On ne peut pas se permettre des émotions trop vives dans une lettre d'affaires. Vous risquez de le regretter plus tard, et vous pourriez bien rompre définitivement des relations importantes. D'ailleurs, les Français ont l'habitude d'écrire de cette manière ; ils comprendront très bien combien vous êtes mécontente.

Anne   Je voudrais leur dire aussi que le projet qu'ils nous proposent est horriblement cher et que nos ingénieurs aux États-Unis ne voudront pas le faire. Je ne peux pas le dire carrément comme ça ?

Madeleine   Soyez un peu plus douce ! Voyons… si vous disiez « Votre estimation représente beaucoup d'argent. Puisque la situation économique actuelle est bien incertaine, nous hésitons à accepter votre proposition sans l'avoir étudiée de plus près… »

Anne   Madeleine, vous êtes vraiment diplomate ! Je crois que je vous ferai inspectrice de toutes mes lettres d'affaires !

TEXTE À LIRE : LA LETTRE COMMERCIALE

Les lettres commerciales américaines, si elles sont écrites personnellement en réponse aux demandes précises des informations, ou si elles sont produites en masse par un ordinateur, cherchent à établir entre *l'expéditeur* et *le destinataire* une ambiance amicale et personnelle. La simplicité de langage et de forme sont de grande importance. Même la disposition de la lettre sur la page cherche à simplifier —simplifier la tâche de la secrétaire qui la tape et celle du lecteur qui la lit !

Dans les lettres commerciales américaines, il n'y a pas de forme fixe et traditionnelle qui doive être suivie. Du moment que l'expéditeur se fait comprendre, il peut suivre ses goûts personnels. Ceci est le cas même avec *l'en-tête* imprimé sur le papier à lettres : s'il comprend le nom, l'adresse, et, facultatif, le numéro de téléphone de l'expéditeur, il est acceptable. Par l'emploi des noms de famille, ou même des prénoms, et d'un langage souvent simpliste, l'auteur de la lettre cherche à créer une relation intime où il n'en existait aucune !

Par contre, les lettres commerciales françaises sont très traditionnelles et restreintes. Par loi française et belge, l'en-tête normalisé comprend certaines informations essentielles à une lettre d'affaires, comme le numéro du Registre de Commerce. Bien que des expressions d'émotion ou de sentiment (« je suis désolé » ou « nous regrettons vivement ») soient utilisées fréquemment dans les lettres commerciales, l'emploi des noms de famille, surtout des prénoms, est considéré une maladresse. La convenance demande aussi l'usage de certaines formules de politesse dont les Américains n'ont pas l'habitude et qui leur posent des difficultés de traduction.

On écrit des lettres pour communiquer des désirs ou des sentiments aux autres. Les lettres personnelles varient selon les personnes qui les écrivent, mais les lettres d'affaires suivent des modèles assez rigides. Les éléments d'une lettre d'affaires française sont la politesse, le ton et la précision.

Les Français cherchent à être polis en tout. Cette qualité est surtout évidente dans *la suscription*, *l'appellation*, ou *le titre de civilité*, et dans *la formule finale*.

Le corps de la lettre doit aussi exprimer un ton poli, bien qu'il contienne parfois des informations pénibles. Les suscriptions comprennent :

Cher Monsieur (Madame, Mademoiselle),... si l'expéditeur est en relation un peu intime avec le destinataire ;
Monsieur (Madame, Mademoiselle), pour une personne pas connue à l'expéditeur ;
Messieurs pour une entreprise commerciale.

Le corps de la lettre est la partie de la lettre qui renferme la communication essentielle. C'est ici que le ton de la lettre est determiné. Tout doit être exprimé avec la plus grande politesse possible. On ne dit pas, par exemple, « Ce que vous venez de m'envoyer est de mauvaise qualité ». On dit plutôt « L'envoi que nous venons de recevoir est de qualité inférieure à celle de votre envoi précédent ». On cherche toujours à éviter la brusquerie. Les sentiments personnels sont indiqués dans des phrases comme :

Nous sommes heureux de... ;
Nous sommes désolés de... ;
Nous regrettons de devoir...

Les demandes de service sont particulièrement délicates, et elles sont souvent exprimées au conditionnel :

Nous vous serions bien reconnaissants de...
Nous vous serions obligés de...

La formule finale consiste en plusieurs types de phrases assez figées qui doivent être toujours comprises dans la lettre d'affaires. Parmi ces formules, on trouve souvent :

Je vous prie d'agréer, Monsieur, mes meilleurs sentiments ;
Je vous prie de croire à ma haute considération ;
Veuillez agréer, Messieurs, mes sentiments les plus respectueux ;
Nous vous prions de bien vouloir agréer, Monsieur le Directeur, l'expression de nos sentiments distingués.

Le choix de la formule dépend de la position, ou qualité, du destinataire et du but de la communication.

Il arrive souvent que la lettre soit si longue qu'il n'y ait pas suffisamment de place en bas de la page pour mettre la formule finale. Si la longueur de la lettre ne permet pas un minimum d'un pouce pour la marge d'en bas, il faut faire une deuxième page. Cette deuxième page, pourtant, ne peut pas porter uniquement la formule finale ! Il faut au moins un paragraphe supplémentaire. En plus, il faut que le dernier mot de la page précédente soit complet, que la marge d'en

Papier à lettre commercial avec en-tête.

haut soit d'un pouce et demi, et que la deuxième page soit numérotée au centre ou à droite ! On ne se lance pas dans la correspondance commerciale sans préparation !

La précision est souhaitable en toutes choses mais plus particulièrement dans les lettres commerciales. Elle est essentielle pour assurer la rapidité dans les affaires. Il faut utiliser les mots exacts, les informations correctes, les détails nécessaires, et rien de plus.

Les Parties de la lettre commerciale

1. L'En-tête (la raison sociale)

La lettre commerciale d'une entreprise doit être écrite sur un papier à lettres d'un format commercial (21 x 29,7), avec *l'en-tête normalisé* en haut. Cet en-tête se trouvera soit au centre de la page, soit à gauche. Parmi les indications qui figureront ici, les plus importantes sont l'adresse, le numéro de téléphone, le CCP (Centre de Chèques Postaux), et le numéro d'immatriculation au Registre de Commerce (RC). L'adresse est celle du siège social de l'entreprise. Une société anonyme (S.A.) doit signaler aussi le montant du capital.

Les renseignements supplémentaires peuvent faire partie de l'en-tête aussi : une explication ou mention des produits ou services offerts, les heures quand le bureau est ouvert, etc.

EXEMPLE :

BERNARD MORAN
NOTAIRE

Vandeléville
39113 Favières
Reçoit de 9 h. à 12 h. et sur Rendez-vous
RC 340 9673
CCP NANCY 154-81 J
Tél. (8) 541-13-16

2. Le Nom et l'adresse du destinataire (la vedette)

Avec l'en-tête normalisé où l'adresse de l'expéditeur figure traditionnellement en haut et à gauche, le nom et l'adresse du destinataire se trouveront au-dessus de la date, en haut et à droite.

EXEMPLE :

Madame Richard LAMONT
34, rue Château d'Eau
36500 Ste-Anne

Vandeléville, le 30 juin 1984

Il faut dire, cependant, qu'aujourd'hui la disposition de la lettre sur la page commence à changer. On trouve souvent la raison sociale au centre de la page (en haut) et la vedette à gauche.

EXEMPLE :   Vandeléville, le 30 juin 1984

Madame Richard LAMONT
34, rue Château d'Eau
36500 Ste-Anne

3. La Date

Toute lettre doit être datée. On met la date en haut et à droite du premier feuillet. N'oubliez pas le nom de la ville.

EXEMPLE :   Paris, le 3 octobre 1983

4. Les Références

V/Réf : (votre référence)
N/Réf : (notre référence)

Les références sont les initiales ou les chiffres qui peuvent aider le destinataire à identifier le sujet de la lettre. On donne souvent les initiales de la personne qui a écrit une autre lettre à ce sujet ou les chiffres qui indiquent le compte ou une commande ou facture spéciale.

EXEMPLE :   V/Réf : LP/CO
N/Réf : RC/NR

5. La Suscription (l'appellation)

Comme la vedette, la situation de la suscription peut varier selon l'intention de l'expéditeur. Une lettre écrite dans un bureau traditionnel peut avoir l'appellation à 10 espaces de la marge gauche:

EXEMPLE :   Monsieur,

De plus en plus, cependant, la suscription commence à la marge gauche :

EXEMPLE :   Monsieur,

En écrivant à quelqu'un qui porte un titre important, on met souvent ce titre à droite sous la date :

EXEMPLE :   Vandeléville, le 30 juin 1982

À Monsieur le Directeur
des Services Hypothèques

Monsieur le Directeur,

Remarquez que les abréviations ne sont jamais permises dans la suscription : Monsieur, Madame, Mademoiselle, et le titre sont toujours suivis d'une virgule. Pour montrer plus de respect à la personne à qui on s'adresse, on laisse plus d'espace entre la raison sociale et la suscription.

6. La Rubrique

Comme les références, la rubrique aide le lecteur à identifier le sujet de la lettre. Elle est souvent soulignée pour attirer l'attention du destinataire.

EXEMPLE : *Concerne : Abonnement à l'Express*

EXEMPLE : *Objet : Notre offre du 3 juin 1984*

7. Le Corps de la lettre

Il est de grande importance que la lettre soit bien placée sur la page et que les marges soient respectées. Si le corps de la lettre occupe bien le centre de la page, le lecteur reçoit l'impression d'un correspondant soigneux et bien informé. En plus, la lettre est plus lisible.

Les bonnes marges rendent une lettre élégante et permettent aussi au destinataire d'y faire des annotations—une nécessité pour une lettre commerciale. Pour une lettre dactylographiée, la marge à gauche devrait être de 4,5 à 5 cm, et la marge à droite de 2 cm.

Quand on change de sujet, on commence d'habitude par un alinéa, en observant un retrait de 1 à 1,5 cm. Si la lettre est écrite à interligne double, on ferait bien de sauter deux lignes. De plus en plus les lettres sont écrites « à l'américaine » — c'est-à-dire, sans retrait à la première ligne d'un nouveau paragraphe. En tout cas, l'essentiel est de rendre la lettre plus agréable à lire en marquant nettement la transition d'un paragraphe à un autre.

En parlant d'autres personnes, il est toujours sage d'écrire *Monsieur*, *Madame*, *Mademoiselle*, plutôt que les formes abrégées.

8. La Formule de politesse (la formule finale)

Même si la formule de politesse semble un peu artificielle aux Américains, qui terminent leurs lettres si brusquement avec « Yours truly », cette formule est nécessaire dans les lettres commerciales françaises. Ces phrases sont variées selon la déférence qu'on veut montrer au destinataire. Ce qui est essentiel, cependant, est la répétition dans la formule finale des mots qui ont servi pour suscription.

EXEMPLE : Messieurs, (*suscription*)

Recevez, Messieurs, l'assurance de mes sentiments distingués. (*formule de politesse*)

EXEMPLE : Madame, (*suscription*)

Veuillez agréer, Madame, mes respectueux hommages. (*formule de politesse*)

9. La Signature

Une lettre commerciale doit toujours porter le nom et le prénom (ou initiale du prénom) tapés au-dessous de la signature.

EXEMPLE :

Gérard DENON

10. Les Pièces jointes (P. J.)

Les pièces jointes peuvent être un catalogue, des listes de prix courants, des échantillons, un chèque, une facture, etc.

EXEMPLE :   P.J.: conditions de vente

Le papier ou document doit être joint à votre lettre par une agrafe ou de la colle : les épingles et les trombones sont interdits par les P et T. Les billets de banque sont aussi interdits dans les lettres commerciales. En écrivant une lettre à quelqu'un pour lui demander des renseignements, il est toujours pratique de joindre une enveloppe timbrée portant votre nom et adresse. Si vous écrivez une telle lettre à une personne ou à un établissement dans un autre pays, il est recommandé de joindre un ou plusieurs coupons internationaux de réponse (achetez-les au bureau de poste).

L'Enveloppe

Il reste à mettre la lettre dans l'enveloppe et à la mettre à la poste. Les lettres rectangulaires, à deux plis, deviennent de plus en plus acceptables. Sur la face de l'enveloppe se mettent les timbres, l'adresse du destinataire, et toutes autres instructions nécessaires.

L'adresse, écrite au centre, comprend premièrement le nom du destinataire. En-dessous, s'il y a lieu, la profession du destinataire. Ensuite le numéro de la maison et le nom de la rue. Finalement, les numéros de code postal et le nom de la ville. Par exemple :

> Madame Marguerite Blanchard
> Conseillère de gestion
> 20, rue du Pic
> 63100 Clermont-Ferrand

L'adresse d'une lettre destinée à l'étranger aura, en dernier, le nom du pays.

Des instructions qui apparaissent sur la face de l'enveloppe, citons les plus communes:

1. **Poste restante** remplace le numéro de la maison et le nom de la rue s'ils sont inconnus de l'expéditeur. Le destinataire est alors obligé de passer à la poste centrale de la ville pour réclamer sa lettre.
2. **Aux bons soins de** est utilisé si le destinataire reçoit son courrier à une adresse qui n'est pas la sienne. L'abréviation est « a.b.s.de ». L'abréviation anglaise « c/o » est aussi permissible ainsi que la préposition « Chez… ».
3. **Prière de faire suivre** est la phrase inscrite en bas, à gauche, si l'expéditeur n'est pas sûr que le destinataire soit à l'adresse indiquée et désire que la lettre soit remise à la poste avec la nouvelle adresse indiquée.
4. **Personnel** apparaît en haut, à gauche, si l'expéditeur ne veut pas que la lettre soit ouverte par quelqu'un d'autre que le destinataire.

Au verso de l'enveloppe, en haut, au centre, se place l'adresse de l'expéditeur. Cette adresse doit comprendre les mêmes informations que celle du destinataire.

BERNARD **POISSON**   JEAN-MARIE **PLESSY**   GÉRARD **SCHMITT**

NOTAIRES ASSOCIÉS
SOCIÉTÉ TITULAIRE D'UN OFFICE NOTARIAL

28, RUE DE CHATEAUDUN
PARIS (9ᵉ)

ADRESSE POSTALE
75442 PARIS CEDEX 09

C. C. P. PARIS 170-18
TÉL.   285.71-20
TÉLEX : 640796 F

GS/325/DM

Madame Monique PEYRAT
360 East - 50th Street

NEW-YORK N.Y. 10022

U. S. A.

PARIS, LE 7 Juillet 1981

Madame,

Comme suite à votre lettre du Ier Juillet dernier, je vous précise que les formalités consécutives à la liquidation de la communauté ayant existé entre Monsieur PEYRAT et vous-même, sont terminées.

Je tiens à votre disposition la copie authentique de cette liquidation qui constitue votre titre de propriété de l'appartement sis à PARIS, I2 Villa Stendhal.

Je vous serais très obligé de bien vouloir m'indiquer si vous désirez que je vous l'envoie, ou si vous préférez le retirer à l'Etude, lors de votre prochain passage à Paris.

Veuillez agréer, Madame, l'expression de mes sentiments distingués.

Gérard SCHMITT

Lettre commerciale.

Lettre-Plan

1   BLOUET, S.A.
Société Anonyme au Capital de 70 000 000 Francs
CCP PARIS 8340-96
RC Seine 5540677
Siège Social : 34, rue du Parc
75001 PARIS
TÉLÉPHONE 583-16-31

2   Bush & Sons, Inc.
1835 River Street
Beloit, WI 53929

3   Paris, le 9 novembre 1983

4   V/Réf. : MN/CP
N/Réf. : RG/DS

5   Messieurs,

6   *Concerne : hausse du prix des pneus antidérapants*

7   Nous vous remercions de votre commande du 23 octobre. Nous sommes en mesure de vous la livrer au mois de décembre. Pourtant, nous sommes contraints de vous faire savoir que les prix de notre catalogue d'été, sur lesquels vous avez basé votre commande, ne sont plus valables.

       La décision a été prise par la direction d'affecter d'un coefficient de hausse de 7 % tous les prix indiqués avant le 1er septembre. Nous regrettons vivement la nécessité de cette mesure, mais les conditions économiques la rendent fort compréhensible.

       Nous serions heureux de savoir si vous acceptez les nouveaux prix et si vous confirmez cet ordre. Au reçu de votre réponse nous effectuerons la livraison au plus vite.

8   Veuillez agréer, Messieurs, mes meilleurs sentiments.

Mc. Wahoy

9   Pierre McMAHON

10   P.J. Nouveau catalogue d'automne

Les Parties de la lettre commerciale

1) l'en-tête normalisé	6) la rubrique
2) la vedette	7) le corps de la lettre
3) la date	8) la formule de politesse
4) les références	9) la signature
5) la suscription	10) les pièces jointes (P.J.)

Exemple : Abonnement à un journal

16, rue St-Denis
93210 La Plaine St-Denis

Marie-Claire
Services d'abonnement
51, rue Pierre-Charron
75380 Paris

La Plaine St-Denis
Le 12 october 1983

Messieurs,

Je souhaiterais m'abonner pour un an au journal *Marie-Claire*. Veuillez trouver ci-joint un chèque de 72 F correspondant au montant de l'abonnement annuel.

Veuillez agréer, Messieurs, mes sincères salutations.

Jacqueline Renaud

P.J. Chèque de 72 F

Exemple : Réservation des chambres

16, rue St-Denis
93210 La Plaine St-Denis

Hôtel du Helder
5, rue Helder
75000 Paris

La Plaine St-Denis
Le 20 octobre 1983

Monsieur,

Devant me rendre à Paris du 6 au 10 novembre, je vous serais reconnaissant de bien vouloir me retenir une chambre dans votre établissement.

Je préfère une chambre avec salle de bains ou douche. Ma femme m'accompagnera durant cette visite, donc, nous voulons un lit à deux places. Pourriez-vous m'indiquer le prix exact et le montant des arrhes que je devrai vous verser ?

Dans l'attente de votre réponse, je vous prie de croire, Monsieur, à l'assurance de mes sentiments distingués.

Marcel Renaud

VOCABULAIRE

l'abonnement *(m.)*   subscription
s'abonner   to subscribe
affecter   to assume; to put into effect
l'alinéa *(m.)*   indentation for new paragraph
antidérapant *(adj.)*   non-skid
les arrhes *(f. pl.)*   deposit
aux bons soins de (c/o)   in care of
le catalogue   catalog
le CCP (Centre de Chèques Postaux)   postal center that has checking accounts (c.c.p.: compte courant postal)
ci-joint   attached; enclosed
le corps   the body of the letter
le coupon international de réponse   coupon purchased in post offices throughout the world. It is sent to persons from whom a reply is desired, to be redeemed for stamps or postage.
le destinataire   the addressee
l'en-tête *(m.)* ou **la raison sociale**   letterhead or name and address of the sender
les épingles *(f. pl.)*   pins
l'expéditeur *(m.)*   sender
l'expédition *(f.)*   mailing, sending; expediting
la formule finale ou **la formule de politesse**   complimentary closing of letter
l'immatriculation *(f.)*   registration; enrollment
livrer   to deliver
la marge   margin
le montant   total
numéroté *(adj.)*   numbered
l'offre *(f.)*   offer
les P et T (Postes et Télécommunications) ou **les P.T.T. (Postes, Télégraphes, Téléphones)**   national organization in France responsible for the post, telegram, and telephone system (Chapter 6 describes this organization in greater detail)
personnel *(adj.)*   personal
les pièces jointes (P.J.) *(f.)*   papers attached or enclosed. In English, ''enclosure'' (*Enc.*)
la poste restante   general delivery
le pouce   one inch
prière de faire suivre   please forward
la référence   information referring the reader to other correspondence or a specific file or account
le Registre de Commerce (RC)   official registry of business enterprises in France
la rubrique   information (usually underlined) that tells the reader at a glance the object of a letter. In English, ''regarding'' (*Re.*:)
le siège social   headquarters or main office of a business
la suscription ou **l'appellation** *(f.)*   salutation of letter
valable *(adj.)*   of value
la vedette   name and address of the person to whom the letter is sent

QUESTIONS D'ÉTUDE

1. Pourquoi Anne est-elle si fâchée ? Qu'est-ce qu'elle veut faire ?
2. Pourquoi Madeleine lui propose-t-elle une autre façon de répondre ?
3. Quelle différence existe-t-il entre la façon française et la façon américaine d'écrire les lettres d'affaires ?
4. Quelles sont les qualités les plus importantes dans une lettre commerciale française ?
5. Où la politesse se montre-t-elle ?
6. Donnez un synonyme pour la suscription. Quel est l'équivalent anglais ?
7. Quelle est la différence en ponctuation dans une lettre commerciale française et une lettre américaine ?
8. En anglais, on cherche toujours à employer le nom du destinataire dans la suscription. Que fait-on en français ?
9. Quelle est la différence entre la suscription française et la suscription américaine ?
10. Comment peut-on dire qu'il y a plus de sentiments personnels dans une lettre commerciale française ?
11. Qu'est-ce qui détermine le choix de formule finale ?
12. S'il vous faut deux pages pour tout dire dans une lettre commerciale, que faut-il faire ?
13. Que veut dire « la précision » en parlant des lettres commerciales ?
14. Qu'est-ce qu'un en-tête normalisé ?
15. Quels sont les renseignements qui doivent être donnés dans l'en-tête français ? Qu'est-ce qu'on peut y donner de supplémentaire ?
16. Où se trouve le siège social de Blouet S.A. ?
17. Quel est le numéro de son c.c.p. ? Où se trouve-t-il ?
18. Quel est son numéro d'immatriculation dans le Registre de Commerce ?
19. Comment la disposition sur la page d'une lettre commerciale française peut-elle changer ? Quelles différences voyez-vous entre le format d'une lettre commerciale française et celui d'une lettre américaine ?
20. Dans une lettre américaine, on écrit la date souvent comme « 6-24-82 ». Qu'est-ce que cela veut dire ? Quelle différence y a-t-il dans l'ordre en comparaison avec la façon française d'écrire les dates ?
21. Que veulent dire « V/Réf. : MN/CP » et « N/Réf. : RG/DS » ?
22. Donnez un synonyme pour « concerne ».
23. La formule de politesse peut varier, mais un élément reste toujours le même : lequel ?
24. Que veut dire « P.J. » ?
25. Si vous envoyez une lettre à votre représentant qui voyage, comment pouvez-vous assurer que la lettre sera gardée au bureau de poste jusqu'à son arrivée ?
26. En écrivant une lettre à votre secrétaire qui est en vacances et qui est logée chez des amis à Nantes, comment pouvez-vous assurer la livraison de la lettre ?

27. Pour envoyer une lettre à votre représentant qui a un itinéraire assez complexe, comment pouvez-vous assurer que votre lettre suivra le représentant si la lettre arrive après son départ d'une ville ?
28. Si vous écrivez une lettre à un ami à l'entreprise et vous ne voulez pas que la secrétaire l'ouvre, qu'est-ce que vous écrivez sur l'enveloppe ?
29. Où faut-il écrire l'adresse de l'expéditeur sur l'enveloppe ?

EXERCICE DE VOCABULAIRE

Complétez les phrases suivantes par le mot convenable.

> formule de politesse   le siège social   en-tête normalisé
> le destinataire   Registre de Commerce   la suscription   CCP
> l'expéditeur   pièces jointes   la rubrique   Prière de faire suivre
> références   la signature   virgule

1. Toutes les entreprises de France doivent être enregistrées dans le _____.
2. Celui qui écrit la lettre est _____ ; celui à qui la lettre est envoyée est
   _____.
3. Si _____ n'est pas lisible, il est essentiel que le nom soit tapé au-dessous.
4. L'adresse où se trouve le bureau principal de l'entreprise est _____.
5. Il faut ponctuer la suscription avec une _____.
6. ''Faire suivre s.v.p.'' veut dire _____.
7. Dans les lettres américaines, la _____ écrite le plus souvent est « Yours truly ».
8. _____ veut dire « Centre de Chèques Postaux » ; « c.c.p. » veut dire « compte courant postal ».
9. D'après la loi française, il est interdit de joindre des _____ par une épingle ou un trombone.
10. On met « concerne » ou « objet » devant _____.

REVISION DE GRAMMAIRE

La Voix passive

VOIX ACTIVE	**Le fournisseur a envoyé les marchandises.** *The supplier has sent the merchandise.*
VOIX PASSIVE	**Les marchandises ont été envoyées par le fournisseur.** *The merchandise has been sent by the supplier.*
VOIX ACTIVE	**Ma secrétaire prendra le rendez-vous.** *My secretary will make the appointment.*
VOIX PASSIVE	**Le rendez-vous sera pris par ma secrétaire.** *The appointment will be made by my secretary.*

Although good writers generally prefer to use the active voice when possible, there are many situations in which the passive voice is required. When the person performing the action is not known or is not important, for example, the passive voice expresses the idea well.

> **Ce produit est vendu dans le pays entier.**
> *This product is sold throughout the country.*

We know that the product is sold by someone, but who sells it is really not important.

Formation

The passive voice has two parts: **être** + *past participle*.

PRÉSENT:	**Les marchandises sont envoyées par avion.** *The merchandise is being sent by plane.*
IMPARFAIT:	**Les marchandises étaient envoyées par avion.** *The merchandise was being sent by plane.*
PASSÉ COMPOSÉ:	**Les marchandises ont été envoyées par avion.** *The merchandise has been sent by plane.*
FUTUR:	**Les marchandises seront envoyées par avion.** *The merchandise will be sent by plane.*
SUBJONCTIF:	**Nous regrettons que les marchandises aient été envoyées par avion.** *We regret that the merchandise has been sent by plane.*

Notice that the past participle must agree with the subject:

les marchandises…envoyées

Exercices

A. *Écrivez en français.*

1. The letter is being written.
2. The letter has been written.
3. The letter was being written.
4. The letter will be written.
5. The letter would be written.
6. The letter will have been written.
7. The letter would have been written.
8. The letter had been written.
9. It is possible that the letter may be written. (subjunctive)
10. It is possible that the letter has been written. (subjunctive)

B. *Changez les phrases suivantes de la voix active à la voix passive.*

EXEMPLE :   Monsieur Revoir a reçu la lettre.
La lettre a été reçue par Monsieur Revoir.

1. Marie Dupont a écrit cette lettre de publicité.
2. Notre représentant nous passera sa commande.
3. Le détaillant leur fera une bonne offre.
4. Le grossiste lui a expédié les marchandises tout de suite.
5. Ma sténodactylo a pris ces lettres en sténo.
6. Le directeur a préparé la publicité lui-même.
7. Son représentant enverra un télégramme au bureau.
8. Un jeune employé classe les dossiers tous les jours.
9. Sa secrétaire a réservé une chambre pour le 6 août.
10. Elle a pris un rendez-vous pour 10 h. du matin.

L'Agent

In the sentences of *Exercice B*, a specific person was mentioned as the subject performing the action: **Marie Dupont, Notre représentant, Le détaillant.** When the sentence was rewritten in the passive voice, this subject (the agent) was expressed as « par Marie Dupont », « par notre représentant ». All of the verbs in these sentences are strong action verbs, however. When the verb describes a feeling or emotion, **de** is used in place of **par**:

Ce patron est aimé de ses employés.
This boss is liked by his employees.

Cette machine à écrire est bien appréciée des sténodactylos.
This typewriter is very much appreciated by the typists.

De is also used with verbs describing or expressing a condition:

La lettre était couverte de taches.
The letter was covered with stains.

On comme agent

When the person performing the action is not known, the indefinite pronoun **on** is often used with the active form of the verb in order to avoid using the passive voice.

PASSIVE   Tous les livres ont été vendus.
ACTIVE   **On a vendu tous les livres.**

Exercice

C. *Changez les phrases suivantes de la voix passive à la voix active. Employez* **on** *comme sujet.*

1. La brochure sera envoyée.
2. Tous les articles ont été achetés.
3. Ce bureau a été loué.
4. Le travail sera fini.
5. Les lettres sont tapées sur une machine à écrire électrique.
6. Le bâtiment était modernisé.

Le Pronom réfléchi (le verbe pronominal)

Les machines à écrire se vendent ici.
Typewriters are sold here.

Les salariés forment trois groupes.
Salaried workers are made up of three groups.

Cela ne se dit pas dans une lettre d'affaires.
That is not said in a business letter.

To express actions that are habitual, or when the person who performs the action need not be mentioned, the reflexive form of the verb (*le verbe pronominal*) is often used in place of the passive voice.

Exercices

D. *Exprimez ces phrases en employant un verbe pronominal.*

EXEMPLE :   On ne dit pas cela dans une lettre d'affaires.
Cela ne se dit pas dans une lettre d'affaires.

1. On ne fait pas cela ici.
2. On finit le travail toujours à 3 h.
3. On utilise le micro-ordinateur pour ce travail.
4. Autrefois on employait la machine à écrire pour cela.
5. Le bureau sera ouvert à 8 h. 30.
6. On ne met pas deux points après la suscription.

E. *Exprimez en français.*

1. When will this order be sent?
2. My secretary was injured in an accident.
3. The package was being wrapped when I saw it.
4. The statement had already been prepared.
5. The letters would be typed if she had a typewriter.

QUESTIONS DE COMPOSITION

1. Vous avez l'intention d'aller à Nantes le 16 septembre pour passer trois jours de vacances. Écrivez une lettre à l'Hôtel de l'Union, 65, rue St-Pierre, 44000 NANTES. Vous désirez une chambre calme, avec douche ou salle de bains, et sur cour, de préférence. Demandez le montant des arrhes que vous devez verser.

2. Vous voulez vous abonner à *l'Express*. Le tarif aux abonnés qui habitent aux États-Unis est $38 (U.S.) pour 26 semaines, selon la carte d'abonnement dans un exemplaire récent. Demandez un abonnement pour 26 semaines, les exemplaires envoyés chez vous. Vous envoyez un chèque de $38. L'adresse :

> *L'Express*
> Service Abonnements
> 31, cours des Juilliottes
> 94704 Maisons-Alfort Cédex
> France

EXERCICES ORAUX

1. Un Français et une Américaine comparent et défendent leurs propres styles de lettres commerciales.

2. Comme professeur, expliquez à votre classe les parties d'une lettre commerciale et leurs fonctions. Utilisez le tableau noir.

3. Exercice à deux. Téléphonez à l'Hôtel de l'Union à Nantes pour confirmer votre chambre pour le 16 au 19 septembre. L'hôtelier s'est trompé sur la date et il ne lui reste plus de chambres pour le 16. Vous êtes obligés de vous mettre d'accord sur une autre date.

4. Dictez sur une cassette une lettre à la Chambre de Commerce d'Angers. Vous allez passer des vacances dans la vallée de la Loire et vous vous intéressez aux endroits touristiques d'Angers. Demandez des brochures et des prix.

Chapitre

6

Les Postes et télécommunications

Les Porter apprécient les services bancaires des Postes et Télécommunications parce qu'ils y ont déjà ouvert un compte de chèque personnel. Ils prennent connaissance maintenant des services de communication des P et T.

Pour Anne et Eric, le téléphone devient de plus en plus nécessaire. Anne, alors, se présente au bureau de poste pour en faire la demande. Parmi les formulaires à remplir, elle trouve une lettre spéciale qui l'invite à demander le Minitel chez eux. Le Minitel est un petit ordinateur avec accès à un grand service informatique et un centre serveur. Installé à la résidence particulière, il remplace l'annuaire ordinaire. Un service similaire, le Télétel, est offert pour les bureaux. Il est possible que ces services rendent l'annuaire désuet à l'avenir.

Le système téléphonique français est similaire à celui des États-Unis, et ne pose guère de difficultés pour Anne. Mais le jour arrive où elle se trouve à l'aéroport d'Orly, dans une cabine téléphonique pour la première fois. Elle essaie de téléphoner à Eric à Melun, pour qu'il vienne la chercher à un hôtel à Paris.

CONVERSATION : DANS UNE CABINE TÉLÉPHONIQUE

Il est 9h. du matin. Anne Porter arrive de Genève. Elle est à l'aéroport d'Orly, dans une cabine téléphonique.

Anne	(Elle regarde le téléphone et elle se lit le mode d'emploi.) Alors, je décroche le combiné… et je mets les pièces ici… Ah ! Je les vois dans la glissière… !
Dame qui attend	Je peux vous aider, madame ?
Anne	Merci ! Je ne pense pas. Je veux simplement appeler mon mari à Melun.

Dame   Bien !

Anne   (*Elle continue à se parler.*) Alors, j'ai mis les pièces et j'entends la tonalité…
Maintenant, je compose le numéro : 15.323.52.53… mais, je n'entends rien !

Dame   Il faut appuyer sur le bouton, madame ! Appuyez sur le bouton avant de composer le numéro !

Anne   Ah, oui ! (*Elle appuie sur le bouton et puis elle refait le numéro*)… Ah, bon ! Je l'entends sonner… Âllo ! Âllo ! C'est toi, Eric ? C'est moi ! Mais, Anne, bien sûr ! Je viens d'arriver il y a un quart d'heure… Comment ? Tu viens ici cet après-midi ? Mais c'est parfait. Alors, écoute, je descends à l'Hôtel… Âllo ! Âllo !… Mais on m'a coupé la communication !

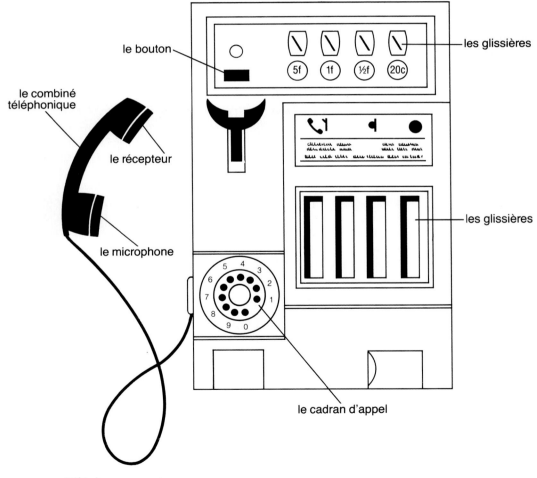

Téléphone payant.

Dame	Mais, voyez, madame, le petit signal ! Vous auriez dû mettre plus d'argent. Maintenant, c'est fini, il faut recommencer.
Anne	Mais que c'est embêtant ! Je n'ai plus de monnaie... je dois aller en chercher !
Dame	Si j'étais à votre place, madame, je lui enverrais un télégramme ! C'est bien plus facile et moins énervant, surtout si vous avez le téléphone chez vous.
Anne	Quelle bonne idée ! Vous croyez bien qu'il le recevra ce matin ?
Dame	Sans aucun doute ! Le télégramme, c'est rapide et sûr. Il l'aura dans l'heure !

TEXTE À LIRE : LES POSTES ET TÉLÉCOMMUNICATIONS

Le 18e siècle a vu d'innombrables changements dans des institutions nationales et plus particulièrement dans celle de la poste royale. En 1793, la poste royale est devenue un monopole de l'État. Au 19e siècle, le télégraphe et, plus tard, le téléphone ont été mis, aussi, sous le contrôle de ce même monopole. Aujourd'hui, au 20e siècle, l'ordinateur a sa place dans les foyers français comme partie intégrante de cet énorme réseau de communication. Ce système, connu autrefois comme les « P.T.T. » (Postes, Télégraphes, Téléphones), est connu aujourd'hui sous le nom des « P et T » (Postes et Télécommunications) et il offre une variété de services publics.

La poste est responsable surtout de l'expédition des lettres, des imprimés et des paquets. Grâce au triage automatique, l'expédition du courrier français est rapide et précise.

Comme service des Centres de Chèques Postaux, la poste se charge aussi de l'expédition des chèques, des virements postaux, et des mandats-poste. Ceux qui ont des comptes aux Centres de Chèques Postaux peuvent utiliser gratuitement ses services qui sont pareils à ceux d'une banque commerciale : des recouvrements, des factures, des traites, des abonnements — pour citer les plus utilisés.

En plus, des millions de Français se servent de la poste comme caisse d'épargne. L'argent ainsi économisé rapporte de l'intérêt à l'épargnant qui est libre de l'investir comme bon lui semble—très souvent en portefeuilles de valeurs mobilières.

L'expédition et la réception des télégrammes font partie aussi des services de télécommunication. Pour envoyer un télégramme on peut se présenter en personne à un guichet de bureau de poste ou, si on est abonné, c'est-à-dire, si on a un téléphone, on peut téléphoner directement au bureau de poste. De même pour la livraison : pour ceux qui sont abonnés, le télégramme peut être livré de cette façon ; pour ceux qui n'ont pas de téléphone, le message peut être livré à domicile par un télégraphiste. Les télégrammes sont transmis entre postes par télex. Le texte est payé par mot ; si on n'a pas de téléphone, le télégramme est payé au bureau de poste, au moment de l'envoi, mais si on est abonné au téléphone, le montant est porté sur le compte téléphonique.

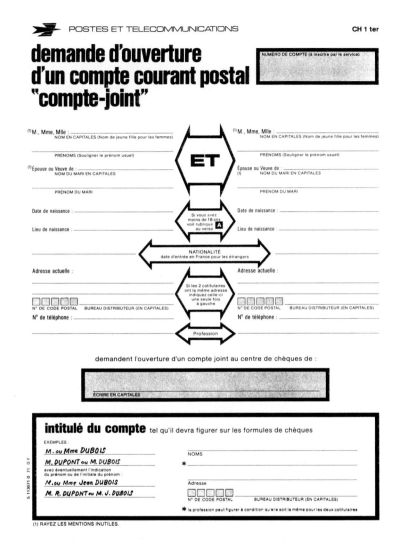

Demande d'ouverture d'un compte courant postal "compte-joint."

De tous les services de télécommunication, le téléphone est celui qui a grandi le plus. La quantité de nouvelles lignes, le service télex aux bureaux et le télex public aux bureaux de poste auquel on peut s'abonner, et les terminaux d'ordinateurs à temps partagé ont augmenté très rapidement. Il est, par conséquent, difficile de répondre à la demande des usagers. L'installation d'un appareil

Nº 1411 bis   **DEMANDE DE MANDAT-LETTRE (I)**

DESTINATAIRE : ....

....

c/c Nº .... à .... MONTANT : ....

8 110827 3

EXPÉDITEUR : ....

....

....

(I) REMARQUES IMPORTANTES AU VERSO.   AVIS D'ÉMISSION Nº ....

MANDAT-CARTE

Nº 1406

COUPON
remis au destinataire

Nº d'émission :

A REMPLIR PAR L'EXPÉDITEUR

MONTANT du mandat
(en chiffres)

MANDAT de la somme de
(en lettres)

EXPÉDITEUR (Nom et adresse)

payable à
(Pour une femme, mettre « Madame » ou « Mademoiselle » en toutes lettres)

M .... est informé que
ce mandat est payable au bureau
de ....

M.............

à partir du .... à .... h,
Se munir du présent coupon et
d'une pièce d'identité.

DESTINATAIRE

EXPÉDITEUR

MONTANT : ....

Nº 698   **TÉLÉGRAMME**

Étiquettes

Timbre à date

Nº d'appel :
INDICATIONS DE TRANSMISSION

Ligne de numérotation

ZCZC

Nº télégraphique

Taxe principale.

Taxes accessoires

Nº de la ligne du P.V. :

Ligne pilote

Total ..

Bureau de destination   Département ou Pays

Bureau d'origine   Mots   Date   Heure   Mentions de service

Services spéciaux demandés :
(voir au verso)

Inscrire en **CAPITALES** l'adresse complète (rue, nº bloc, bâtiment, escalier, etc...), le texte et
la signature (une lettre par case ; **laisser une case blanche entre les mots**).

Nom et
adresse

TEXTE et éventuellement
signature très lisible

Pour accélérer la remise des télégrammes indiquer le cas échéant,
le numéro de téléphone (1) ou le télex du destinataire
TF _____ TLX

Pour avis en cas de non remise, indiquer le nom et l'adresse de l'expéditeur (2) :

Télégramme.

interurbain

**pour toutes les communica-
tions, l'unité de taxation dite
taxe de base = 0,50 F**

Deux modes de taxation sont en vigueur :

1. **Par impulsion périodique,** pour les communications
établies par l'abonné lui-même.
Ce mode de taxation permet d'adapter beaucoup mieux
la durée taxée à la durée réelle de la communication.
Il consiste à imputer au compteur de l'abonné une taxe
de base à des intervalles de temps (périodes) variables
suivant la distance (voir carte);

2. **Par minute indivisible avec un minimum de perception
correspondant à 3 minutes de conversation,**
selon un barème dérivé du tarif par impulsion périodique.
pour les communications établies par l'intermédiaire
d'un représentant de l'Administration : opératrice (cas des
communications spéciales) ou gérant de poste public.

téléphone moins cher

Dans les relations automatiques et semi-automatiques
vous pouvez téléphoner deux fois plus longtemps
pour le même prix :
— les nuits de 20 h à 8 h;
— les dimanches et jours fériés toute la journée.

**Communications obtenues à partir des postes d'abonnés
mis à la disposition du public : surtaxes.**

Le prix des communications perçu par les abonnés, comme les hôtels,
cafés, restaurants, etc., qui mettent, d'une manière habituelle,
leur poste à la disposition de leur clientèle ou du public, est fixé
par l'arrêté n° 78-1 P du 10 janvier 1978, publié au
Bulletin officiel des Services des Prix (BOSP), n° 1.

Le prix maximal que ces abonnés sont autorisés à percevoir
est égal à :
— 140 % de la somme à verser à l'Administration des PTT
pour une communication hors circonscription;
— 0,70 F pour une communication de circonscription.

En aucun cas, ces surtaxes ne doivent être majorées,
notamment pour l'application de la TVA ou de tout autre impôt.

La perception de surtaxes abusives peut être constatée
par les services du contrôle des prix.

En outre, les abonnés mettant leur poste à la disposition du public
ou de leur clientèle et disposant d'un compteur de taxe à domicile,
peuvent obtenir gratuitement, dans les agences commerciales
des Télécommunications ou les centres d'abonnement
et d'entretien téléphoniques, un barème indiquant,
pour chaque communication, le prix à facturer.

Les Tarifs d'appels téléphoniques interurbains…

suite

international

taxation   deux modes de taxation sont en vigueur :

● la taxation par **impulsion périodique** pour les communications obtenues par voie entièrement automatique

● la taxation par **minute indivisible** avec un minimum de perception correspondant au prix de 3 minutes de conversation pour les communications établies par l'intermédiaire d'une opératrice. Pour tout renseignement s'adresser au 12.

indicatif des pays
périodicité des taxes de base
dans les relations automatiques, les pays *en caractères italiques* sont ceux accessibles par la voie automatique

pays demandé	manuel indicatif à composer après 19.33	automatique indicatif du pays	automatique une taxe de base toutes les	pays demandé	manuel indicatif à composer après 19.33	automatique indicatif du pays	automatique une taxe de base toutes les
Algérie	213	213	5,5 sec	*Irlande*	353	353	7 sec.
Allemagne (RDA)	37	37	7	*Islande*	354	354	5
Allemagne (RFA) } zone 1	49	49	11,5	*Israël (2)*	972	972	1,9
zone 2	49	49	9,5	*Italie* } zone 1	39	39	14,5
Andorre (3)	—	078	12	zone 2	39	39	9,5
Argentine	54	54	1,3	*Japon*	81	81	1,3
Australie	61	61	1,5	*Koweit*	965	965	1,9
Autriche	43	43	7	*Liban*	961	961	1,9
Belgique	32	32	11,5	*Luxembourg*	352	352	11,5
Brésil	55	55	1,3	Madagascar	261		
Bulgarie	359			*Maroc*	212	212	5,5
Cameroun	237			*Monaco (3)*	—	93	12
Canada (1)	11	1	1,9	*Norvège*	47	47	7
Canaries	34	34	5	*Pays-Bas*	31	31	11,5
Chili	56	56	1,3	*Pologne*	48	48	7
Chine (Rép. pop. de)	86			Portugal (Açores, Madère)	351		
Chypre	357	357	5	Roumanie	40		
Côte-d'Ivoire	225	225	1,9	*Royaume-Uni*	44	44	11,5
Danemark (Îles Féroé, Groenland) .	45	45	7	*Sénégal*	221	221	1,9
Égypte	20			*Suède*	46	46	7
Espagne } zone 1	34	34	9,5	*Suisse*	41	41	14,5
zone 2	34	34	7	*Tchécoslovaquie*	42	42	7
États-Unis	11	1	1,9	*Tunisie*	216	216	5,5
Éthiopie	251			URSS	71		
Finlande	358	358	7	*Yougoslavie*	38	38	7
Grèce	30	30	7				
Hongrie	36	36	7				
Inde	91						

(1) canada : *Tarif applicable aux communications automatiques établies tous les jours de 22 h à 10 h (heure française) ainsi que les dimanches et jours fériés toute la journée, une taxe de base toutes les 2,5 secondes.*

(2) israël : *Tarif applicable aux communications automatiques établies tous les jours de 20 h à 8 h (heure française) ainsi que les dimanches et jours fériés toute la journée, une taxe de base toutes les 2,5 secondes.*

(3) andorre, monaco : *Tarif réduit de moitié, applicable aux communications automatiques échangées la nuit de 20 h à 8 h et les dimanches et jours de fêtes légales toute la journée.*

et internationaux.

téléphonique dans une résidence particulière peut être l'affaire de plusieurs mois ! Pour en avoir un, il faut faire comme ont fait les Porter — se munir de beaucoup de patience et de bonne humeur et puis faire ceci :

1. faire la demande,
2. recevoir un numéro d'appel particulier,
3. recevoir un contrat d'abonnement,
4. recevoir un annuaire,
5. et payer !

Au début, on paie un dépôt de garantie et puis on attend. On reçoit finalement le téléphone, et on peut alors ou le louer ou l'acheter. Le tarif des

L'accès aux serveurs

Depuis un terminal Télétel, l'accès à un serveur s'obtient de la manière suivante :
L'utilisateur compose à partir du poste téléphonique associé au terminal Télétel le numéro téléphonique* lui permettant d'entrer en relation avec son point d'accès Télétel de rattachement.

* 613.01.55 : Paris et région parisienne.
16 (3) 613.01.55 : de Province

Après perception d'un signal caractéristique et enfoncement de la touche CONNEXION du terminal (dans le cas où celui-ci n'est pas automatique), une page d'invitation à numéroter s'affiche sur l'écran.
L'utilisateur compose alors sur la partie numérique du clavier du terminal le numéro abrégé ou le numéro Transpac du serveur auquel il souhaite accéder.

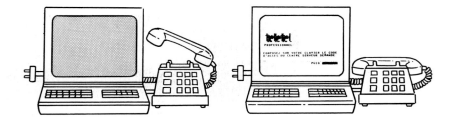

Minitel et Mode d'emploi.

communications est assez élevé et est compté en unités de trois minutes. Les jeunes Français ne peuvent pas se permettre les conversations téléphoniques interminables dont les jeunes Américains se réjouissent ! L'abonné reçoit, tous les deux mois, un relevé où il y a indiqué la taxe d'abonnement et le montant des communications pour cette période. Quelques services spéciaux existent — l'avis d'appel, la communication avec préavis, l'horloge parlante, les prévisions météorologiques (« la météo »), et le réveil le matin.

Récemment les services téléphoniques ont inauguré un nouveau programme pour remplacer l'annuaire par l'ordinateur. À l'avenir, chaque abonné aura chez lui son « électronique » qui, utilisant les programmes d'informatique disponibles, pourra le mettre, de son fauteuil, en relation avec le monde entier.

VOCABULAIRE

à temps partagé   time-sharing
l'annuaire *(m.)*   telephone directory
l'appareil téléphonique *(m.)*   telephone
appuyer sur le bouton   to press the button
avec préavis   person-to-person call; advance notice is given that the person contacted will receive a call at a certain time
avis d'appel *(m.)*   request that the person contacted return a call at a specified time
la cabine téléphonique   telephone booth
la caisse d'épargne   savings bank
le centre serveur   central computer system utilized by Minitel and Télétel
le combiné   telephone receiver
composer le numéro   to dial the number
le compte   account
décrocher   to take the receiver off the hook
le dépôt   deposit
l'électronique *(f.)*   computerized information service, including a directory of names, numbers, and services ordinarily found in the telephone directory
l'épargnant *(m.)*   one who saves money
le foyer   home
la glissière   window-guide in the pay phone
le guichet   window over a service counter
l'horloge parlante *(f.)*   time given when a particular number is dialed
les imprimés *(m. pl.)*   printed material
le mandat-poste   postal money order
le Minitel   small computer terminal rented from the *P et T* for home use
le monopole   monopoly
le numéro d'appel particulier   individual telephone number
les pièces (de monnaie) *(f. pl.)*   coins; many telephones require instead plastic pieces known as **jetons** (*tokens*).
le pneumatique   message written on light-weight paper which, in certain cities of France, is sent by *P et T* to various sections of the city by means of compressed air
le portefeuille de valeurs mobilières   portfolio of transferrable securities; stocks and bonds

les prévisions météorologiques *(f. pl.)*   weather forecasts
la réception   receiving
le recouvrement   recovery (of debts)
le réveil le matin   wake-up call
le tarif   cost; price; rate
la taxe   telephone bill (not to be confused with **impôt**, which means ''tax'' levied by the government)
la tonalité   dial tone
la traite   draft; bill
le triage automatique   automatic sorting
le virement   payment

QUESTIONS D'ÉTUDE

1. Quelles sont les trois parties qui sont représentées par l'abréviation: «P.T.T.» ?
2. Que veut dire « un monopole » ?
3. Quelles sont les responsabilités de la poste ?
4. Que fait le triage automatique ? Quels sont les avantages de ce système ?
5. Dans la plupart des villes, la poste est distribuée plusieurs fois par jour ; est-ce vrai aussi aux États-Unis ?
6. Que fait le CCP ? Quels services offre-t-il ?
7. Combien faut-il payer pour utiliser ces services ?
8. Comment peut-on envoyer un télégramme en France si l'on est abonné au service téléphonique ? Si on ne l'est pas ?
9. En envoyant des télégrammes, on cherche à abréger les phrases. Pourquoi ?
10. Pourquoi est-il difficile de garantir un service immédiat à ceux qui veulent s'abonner au téléphone ?
11. Que doit-on faire pour avoir un téléphone chez soi ?
12. Préférez-vous louer ou acheter un téléphone ? Quels sont les avantages ?
13. On calcule le coût d'un coup de téléphone par quelle unité ?
14. Comment s'appelle la liste reçue par l'abonné tous les deux mois de toutes les communications et de tous les frais du téléphone ?
15. Quels sont les services spéciaux offerts par les services téléphoniques ?
16. Les ordinateurs distribués aux abonnés sont destinés à remplacer quel livre ? Comment s'appellent-ils ?
17. Un des services les plus importants offerts par les P et T est la caisse d'é-pargne. Est-ce que cela existe aux États-Unis ?
18. Que peut-on faire avec l'argent économisé de cette façon ?

EXERCICE DE VOCABULAIRE

Complétez les phrases suivantes par le mot convenable.

cabine téléphonique   la tonalité   le triage automatique
relevé   l'annuaire   l'indicatif postal   mandat-poste

le tarif	caisse d'épargne	la météo	l'électronique
l'abonné	virement	réveil le matin	recouvrement

1. Avant de donner un coup de téléphone à un ami, il faut chercher son numéro dans _____ (ou _____).
2. _____ permet aux employés du bureau de poste de distribuer la poste plus rapidement.
3. Si vous n'êtes pas abonné aux services téléphoniques, il faut utiliser le téléphone dans une _____.
4. On peut apprendre la température par un coup de téléphone à _____.
5. Pour envoyer de l'argent par lettre, il faut acheter un _____.
6. Avant de composer le numéro, n'oubliez pas d'écouter _____.
7. Si vous devez vous lever de très bonne heure le matin vous pouvez demander au téléphone le service du _____.
8. Quand vous recevez une facture ou un relevé, vous pouvez payer par un _____ postal.
9. Beaucoup de Français gardent leur argent dans une _____ au bureau de poste.
10. Pour payer une dette, on peut demander au bureau de poste de faire un _____ de votre compte.

EXERCICE DE TRADUCTION

Exprimez en anglais.

1. Michelle utilise l'électronique au moins trois fois par semaine, pour chercher les noms des cabarets et des cinémas qui sont ouverts.
2. L'électronique offre plus de services aux abonnés que l'annuaire.
3. L'électronique peut trouver un nom même si le nom n'est pas épelé correctement.
4. Pour utiliser le petit ordinateur, on tape quelques mots sur le clavier, comme par exemple: DISCOS—RENNES. En un instant, les noms, les adresses, les numéros de téléphone apparaissent sur l'écran.
5. On peut employer le même ordinateur pour beaucoup d'autres choses : pour faire des courses ou envoyer des messages ou même régler un compte à la banque.

REVISION DE GRAMMAIRE

Les Locutions d'affaires

Business correspondence in France makes extensive use of idioms. Study the examples below and pay special attention to these constructions when you find them in business letters and reports.

Les Expressions avec *avoir*

1. avoir raison

   Le client a toujours raison.
   The client is always right.

2. avoir tort

   Malheureusement, notre représentant a tort.
   Unfortunately, our representative is wrong.

3. avoir besoin de

   Nous avons besoin d'un micro-ordinateur.
   We need a micro-computer.

4. avoir...de retard

   L'envoi a 15 jours de retard.
   The shipment is 15 days late.

5. avoir...d'avance

   J'aime mieux qu'il ait 24 heures d'avance.
   I prefer that it be 24 hours early.

6. avoir l'occasion

   Nous aurons l'occasion de passer une commande.
   We will have the opportunity to send an order.

7. avoir lieu

   L'exposition aura lieu le 22 juillet.
   The exposition will take place July 22.

8. avoir l'intention de

   Ils ont l'intention de passer par votre bureau demain.
   They intend to stop by your office tomorrow.

9. avoir le temps de

   Nous avons le temps d'envoyer le paquet par le train.
   We have time to send the package by train.

10. **avoir de longueur, de hauteur, d'épaisseur**

Le conteneur a douze mètres de longueur.
The container is 12 meters long.

L'étalage a un mètre de hauteur.
The display is one meter high.

La machine a deux mètres d'épaisseur.
The machine is two meters thick.

Exercice

A. *Exprimez en français en se servant des expressions entre parenthèses.*

1. (avoir lieu) When will the meeting take place?
2. (avoir de retard) Monsieur Loudon is 20 minutes late.
3. (avoir de longueur) The office is 4 meters long.
4. (avoir de hauteur) The Eiffel Tower is 300 meters high.
5. (avoir besoin de) Will you need my secretary?
6. (avoir raison) Who is right?
7. (avoir tort) I think that your boss is wrong.
8. (avoir le temps de) Does she have time to type this letter?
9. (avoir l'intention de) They don't intend to order a computer.
10. (avoir l'occasion de) I'll have an opportunity to see you at the bank.

Les Expressions avec *être*

1. **être en train de**

Nous sommes en train de préparer une exposition.
We are in the process of preparing an exposition.

2. **être à**

Ces machines sont à la maison Rafael.
These machines belong to the Rafael Company.

3. **être de**

Monsieur Genoud est de Melun.
Monsieur Genoud is from Melun.

4. **être d'accord avec**

Nous regrettons de ne pouvoir être d'accord avec vous.
We regret that we cannot agree with you.

Exercice

B. *Exprimez en anglais.*

1. C'est une excellente idée. Je suis tout à fait d'accord.
2. Mademoiselle LeDuc est-elle de Soufflenheim ?
3. Elle est en train d'emballer les paquets.
4. Cette responsabilité est à vous.

Les Expressions avec *devoir*

Notice the translation of the tenses of **devoir**:

PRÉSENT	**Il nous doit beaucoup d'argent.** *He owes us much money.*
	Il doit venir ici le 15 avril. *He must come here April 15.* *He is supposed to come here April 15.*
IMPARFAIT	**Vous deviez venir le 15 avril.** *You were supposed to come April 15.*
PASSÉ COMPOSÉ	**Il a dû partir dimanche.** *He had to leave Sunday.*
	Ils ont dû finir à l'avance. *They must have finished early.*
CONDITIONNEL	**Ils devraient participer.** *They ought to (should) participate.*
FUTUR	**Elle devra envoyer une facture.** *She will have to send a bill.*
PASSÉ DU CONDITIONNEL	**Nous aurions dû le faire.** *We should have done it.*
EXEMPLES :	

Le fournisseur doit alors assurer qu'il l'enverra immédiatement.
The seller must then give assurance that he will send it immediately.

Si, par votre faute, nous devions manquer des commandes importantes, nous vous tiendrions responsable.
If, because of you, we were to miss some important orders, we would hold you responsible.

Veuillez donc nous faire parvenir au moins le tiers de ce que nous avons demandé, le reste devant nous arriver aussitôt que possible.
Please send us then at least one-third of what we ordered, with the rest due to arrive as soon as possible.

Exercice

C. *Exprimez en français.*

1. This man must be very important.
2. Your salesman was supposed to bring us some samples.
3. He should have arrived today.
4. They will have to send the merchandise by train.
5. We should hire a new salesman.
6. How much money do they owe us?
7. We were to meet them at the Salon Professionnel.
8. They had to rent a new building for their warehouse.

Les Expressions avec *faire*

Pourriez-vous me faire savoir les tarifs douaniers ?
Could you inform me of the import tariff?

Nous avons le plaisir de vous faire parvenir par poste les échantillons.
We are happy to send you the samples by mail.

Nous ferons de notre mieux pour vous envoyer cet article avant le 15 juin.
We will do our best to send you this article before June 15.

Il fait son possible pour finir à l'heure.
He is doing his best to finish on time.

Il faut faire attention aux détails.
You must pay attention to the details.

Je comprends que vous ne l'avez pas fait exprès.
I understand that you didn't do it deliberately.

Exercice

D. *Exprimez en français.*

1. Do your best to finish.
2. She did it on purpose.
3. He doesn't pay attention to what I say.
4. Send the check to us immediately.
5. Could you please inform me of the date of shipment?
6. We are writing to you to let you know that the merchandise has been sent.

Les Expressions avec *manquer*

D'après cette lettre, il en manque toujours un.
According to this letter, one of them is still missing.

Avez-vous retrouvé les cartons manquants ?
Have you recovered the missing cartons?

Le client en est très content, ce qui ne manquera pas de donner souvent lieu à de grosses commandes.
The client is very happy with it, which will certainly lead to large repeated orders.

Les Expressions avec *parvenir*

Veuillez seulement nous faire parvenir la facture.
Just send us the invoice, please.

Les marchandises ne nous sont pas encore parvenues.
The merchandise has not yet arrived.

Ces colis ne m'étant point parvenus, je vous ai signalé le retard.
These packages not having arrived, I informed you of their delay.

Nous mettrons tout en œuvre pour qu'elle vous parvienne dans les meilleurs délais possibles.
We will leave no stone unturned to guarantee that it will come to you with the least possible delay.

Les Expressions avec *vouloir*

Veuillez nous répondre.
Please answer.

Nous vous prions de bien vouloir réduire notre commande.
We request that you please reduce our order.

Dès réception, veuillez nous télégraphier tous détails utiles.
Upon receipt of the material, please wire us all the necessary details.

Veuillez agréer, Monsieur, l'assurance de mes sincères sentiments.
Please accept my sincere expression. (Yours truly,)

Veuillez me faire parvenir ces reneseignements par retour du courrier.
Please send me this information by return mail.

Les Expressions avec *bien*

Nous avons bien reçu vos échantillons.
We have received your samples.

Vous avez bien voulu accorder ces privilèges.
You have kindly accorded these privileges.

C'est pourquoi je vous demande, Monsieur, de bien vouloir nous accorder les mêmes avantages.
This is why I request that you accord to us the same advantages.

Exercice

E. *Exprimez en anglais.*

1. Dans l'espoir que vous voudrez bien accéder à ma demande, je vous prie d'agréer, Monsieur, l'expression de mes sentiments distingués.
2. Souhaitant passer un week-end — du 3 au 5 juin — à Paris, je vous serais reconnaissante de bien vouloir me communiquer des renseignements.
3. Veuillez trouver ci-joints un catalogue des prix courants et une liste d'articles en vente.
4. Les documents manquant dans le dossier doivent être retrouvés.
5. Auriez-vous l'obligeance de faire parvenir cette somme aussitôt que possible ?
6. Je vous prie de bien vouloir m'envoyer les marchandises le plus vite que possible.
7. Votre lettre du 20 octobre m'est bien parvenue.
8. Ne jouissant pas du temps nécessaire pour vous rendre visite personnellement, je vous enverrai notre représentant.

La Coupure des mots

If the writer of a business letter is to maintain correct margins, special attention must be given to the division of words that appear at the end of the line. Many French dictionaries do not indicate syllabication of words. The following rules should be observed.

1. When possible, divide the word in two equal parts, and always between two syllables. Remember that one consonant placed between two vowels introduces a new syllable.

réservation	ré - ser - va - tion
usine	u - sine
bureau	bu - reau

2. Of two consonants placed between two vowels, the first belongs to the preceding syllable, and the second, to the syllable that follows.

charbon	char - bon
massif	mas - sif
carnet	car - net

3. L or r, preceded by a consonant other than l or r, forms an inseparable group with the consonant that precedes:

   bl, cl, fl, gl, pl, br, cr, dr, fr, gr, pr, tr, vr

This group begins a syllable.

entreprise	en - tre - prise
secrétaire	se - cré - taire
représentant	re - pré - sen - tant

4. **Ch**, **ph**, **gn**, **th** are inseparable groups.

acheter	a - che - ter
montagne	mon - ta- gne
téléphone	té - lé - phone

5. When three consecutive consonants occur within a word, generally the first two consonants end one syllable, while the other begins a new syllable. If two of these consonants make up one of the pairs mentioned in number 3, however, those rules will take precedence.

architecture	ar - chi - tec - ture
aggraver	ag - gra - ver
comptabilité	comp - ta - bi - li - té

In words where the division can easily be made between the prefix and the root of the word, this may be preferable.

contrat	con - trat
transport	trans - port
indemnité	in - dem - ni - té

6. When there are several consecutive vowels, it is never permissible to separate them at the end of a line.

croyons	croyons
curiosité	cu - rio - si - té
employait	em - ployait
louait	louait

7. It is never correct to divide:
   a. very short words;

   par   sans
   en

   b. proper names;

   Rolland   Durand

   c. numbers;

    339

   d. the last word on the page;

   e. a single last letter which is silent;

    facture

   f. words that contain an apostrophe (they must not be divided at that point);

    s'appelle

   g. words that begin with a single vowel (at that point);

    écrire

   h. words either directly before or after a **y** or **x** that is followed by a vowel;

anxieuse   voyage
trayeuse

Exercice

F. *Imaginez que les mots suivants viennent au bout de la ligne dans une lettre importante. Faites la coupure de ces mots.*

1. engagements	8. embaucher	15. payer
2. exclusive	9. commerçant	16. Henri
3. trayeuse	10. congédier	17. rose
4. abréviation	11. mots	18. s'il
5. licenciement	12. producteur	19. maintenant
6. chômage	13. entrepôt	20. chaudronnerie
7. administration	14. classeur	

QUESTIONS DE COMPOSITION

1. Écrivez une composition qui compare le bureau de poste et ses services en France avec celui des États-Unis.
2. Monsieur LeCleir des P et T à Melun vous a écrit, proposant l'installation d'un terminal Minitel chez vous. L'idée vous intéresse beaucoup mais vous voulez plus de renseignements. Écrivez une lettre à M. LeCleir en posant des questions et signalant votre intérêt.

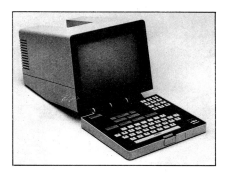

Présentation

- Dimensions : H : 180 - L : 220 - P : 280 mm.
- Poids : 5 kg.
- Commandes : marche/arrêt, potentiomètre de réglage luminosité.
- Clavier rabattable à 57 touches (à rappel magnétique) voir description détaillée.

- Ecran noir et blanc de 23 cm (9 pouces) de diagonale.
- Connexion directe à une ligne téléphonique avec conjoncteur normalisé PTT.
- Prise péri-informatique (norme TTL) permettant la connexion de divers périphériques.

Spécifications techniques

● Jeu de caractères Vidéotex

Nombre de caractères : 127
Attributs de visualisation :
- hauteur de caractère simple ou double,
- largeur de caractère simple ou double,
- positif/négatif,
- clignotement,
- incrustation,
- masquage,
- lignage,
- 8 niveaux de gris et fond d'écran.

● Format d'affichage
- 25 lignes de 40 caractères,
- définition de chaque caractère, 7 lignes de 5 points dans une matrice de 10 lignes de 8 points.

● Transmission
Modem :
- réception : 1200 bauds émission : 75 bauds (contrôle en mode écho).
- test du modem en local.

● Mode d'affichage
- caractère par caractère,
- une page de mémoire.

● Alimentation
220 volts

Le Minitel.

3. Envoyez un télégramme à votre représentant à Marseille en utilisant le formulaire donné ici. Dites que M. Moreau de la maison Dauphin à Pont-sur-Yonne a beaucoup de problèmes avec l'ordinateur que votre représentant vient d'installer chez lui. Le problème est urgent. Votre représentant doit quitter Marseille tout de suite pour aller à Pont-sur-Yonne. Il doit vous téléphoner aussi-

tôt qu'il aura fini avec les réparations pour M. Moreau. Le télégramme sera assez long, donc il faut abréger tous les mots possibles pour faire des économies.

4. Demande d'ouverture d'un compte courant postal « compte-joint » : Imaginez que vous êtes Monsieur ou Madame Porter. Vous vous êtes renseigné sur plusieurs systèmes de comptes et vous vous êtes décidé à ouvrir un compte-joint à la poste. Vous vous y présentez pour remplir tous les formulaires nécessaires. Pour vous aider, voici une petite biographie de M. et Mme Porter. Remplissez la demande d'ouverture en utilisant les informations dans la biographie.

Anne Porter est née à La Crosse, Wisconsin, U.S.A., il y a 34 ans. Ses parents, Harold et Irma Erickson, y vivent toujours. Elle a fait ses études à l'Université de Wisconsin à La Crosse et à Madison. À Madison elle a fait la connaissance de son futur mari, et deux ans après être diplômée, elle s'est mariée.

Eric Porter est né à Omaha, Nebraska, U.S.A., il y a 36 ans. Après avoir été diplômé de l'École de Commerce de Harvard, il est venu à Madison pour faire des études avancées. À Madison il a fait la connaissance d'Anne pendant un weekend de camping avec le Hoofers Club de l'université.

Les Porter sont entrés en France le 18 mars dernier. Ils se sont installés dans un bel appartement à 69, Avenue Général LeClerc, Melun, 77000. Après un délai de quatre mois, ils ont pu avoir un téléphone — indispensable aux hommes d'affaires. Leur numéro de téléphone est 431.24.90.

EXERCICES ORAUX

1. Donnez à la classe un résumé des services réservés aux services *postaux* des P et T.
2. Donnez à la classe un résumé des services réservés aux services de *télécommunication* des P et T.
3. Tracez brièvement le développement des P et T.
4. Expliquez les avantages d'avoir un terminal Minitel chez soi.
5. Faites un sondage dans votre quartier. Demandez à 10 personnes comment ils se serviraient d'un terminal Minitel chez eux s'ils en avaient un. Partagez avec la classe les résultats de vos recherches.

Chapitre

7

Les Demandes d'emploi

Eric a reçu un grand nombre de réponses à son annonce d'un poste de représentant. Il a lu toutes les lettres de demandes d'emploi et tous les « curriculum vitae » des candidats qui se sont présentés. Le moment est arrivé où il doit prendre une décision.

Il a fait venir à Melun les deux candidats qui lui semblent avoir les meilleures qualifications pour le poste. Il lui faut plus particulièrement quelqu'un qui parle couramment l'anglais. Il termine son entretien avec l'un d'eux.

CONVERSATION : UN ENTRETIEN

Eric Porter Alors, Monsieur Rochard, pour récapituler : après avoir reçu votre baccalauréat à Bordeaux, vous êtes allé à l'École Supérieure de Commerce de Paris dont vous êtes diplômé…

Alain Rochard Oui, c'est exact, avec l'exception de deux ans d'études préparatoires avant d'entrer à l'E.S.C.P.

Eric Porter J'ai lu dans votre dossier que vous avez eu quelques expériences pratiques, c'est-à-dire, que vous avez passé quelques mois dans un service où vous vous occupiez des ventes.

Alain Rochard Oui. J'ai fait un stage de six mois à Lyon, dans une entreprise similaire à la vôtre J'étais l'assistant du directeur des ventes.

Eric Porter Pourriez-vous me donner quelques détails sur votre travail pendant ce temps?

Alain Rochard J'ai été chargé de surveiller les points de vente dans la ville et dans la région.

Eric Porter	Ce qui a fait que vous vous soyez déplacé souvent et que vous ayez passé pas mal de temps en province ?
Alain Rochard	En effet, j'ai passé deux semaines sur quatre à vérifier nos débouchés sur un rayon de 150 kilomètres.
Eric Porter	Permettez-moi de vous poser une question assez personnelle : j'apprends de votre dossier que vous vous êtes récemment marié… votre femme ne fait pas d'objections à vos absences ?
Alain Rochard	Votre offre a été très explicite sur la nature du travail envisagé, et nous y avons longuement réfléchi. Ma femme m'a encouragé à me présenter.
Eric Porter	Eh bien, Monsieur Rochard, puisque nous avons déjà discuté du salaire et des avantages sociaux, il ne me reste qu'à vous remercier d'être venu aujourd'hui ! Je vous ferai savoir notre décision avant la fin de la semaine. (*Ils se lèvent et ils se serrent la main.*) Au revoir, Monsieur, au plaisir !
Alain Rochard	Au revoir, Monsieur ! Je vous remercie de votre temps et de vos considérations.

Réponse à l'offre d'emploi

Monsieur Alain Rochard
52, rue Maréchal Joffre
40150 Hossegor

Monsieur Eric Porter
Micro-Mac, S.A.
17, rue de la République
77000 Melun

Hossegor, le 20 octobre 1985

Monsieur,

J'ai lu dans le magazine hebdomadaire *L'Express* votre annonce pour le poste de représentant. Suivant le conseil de mon ancien directeur Monsieur Charles Lepellier, j'ai l'honneur de poser ma candidature.

Vous trouverez ci-joint un dossier comprenant les pièces suivantes :

1. Curriculum vitae;
2. Copies de mes diplômes;
3. Certificats de mes employeurs.

Je reste à votre entière disposition pour tout renseignement complémentaire.
Veuillez agréer, Monsieur, l'expression de mes sentiments respectueux.

Alain ROCHARD

P. J. : 5

Curriculum vitae

Nom	ROCHARD
Prénom	Alain
Date de naissance	19 avril 1961
Lieu de naissance	Bordeaux, Gironde
Domicile	52, rue Maréchal Joffre-40150 Hossegor
Nationalité	Français
Situation militaire	Service effectué
Situation de famille	Marié; sans enfants

Études et diplômes

Études Secondaires Lycée de Bordeaux
Baccalauréat C; mention « bien »

Études Supérieures Lycée Louis-le-Grand, Paris (Classes préparatoires aux Grandes Écoles)
Reçu 43ème sur 210 à l'E.S.C.P.
Diplôme de l'École Supérieure de Commerce de Paris

Expérience Professionnelle

Fin de 2ème année E.S.C.P. (été) stagiaire au service des ventes, Coopérative Poitevine, Poitiers

Stage de six mois avec Ordonopole, S.A., Lyon : adjoint au directeur des ventes

Langues étrangères Écrit et parle couramment l'anglais
Connaissance moyenne de l'espagnol

Sports et loisirs camping, ski,
opéra, échecs

Prétentions Entre 6500 et 7500 francs par mois

Références Monsieur Charles Lepellier
Directeur des Ventes d'Ordonopole, S.A., Lyon

Monsieur Roger Vibrun
Professeur à l'E.S.C.P., Paris

TEXTE À LIRE : LES DEMANDES D'EMPLOI

Les offres d'emploi et les demandes d'emploi doivent être explicites, complètes, et exactes. Si elles paraissent en forme d'annonces dans la presse (des journaux ou des magazines), elles doivent être aussi brèves que possible pour réduire les frais de publicité. Le directeur d'un établissement, par l'intermédiaire du chef du personnel, est, en principe, obligé de signaler toute place vacante au service local ou départemental de la main-d'œuvre. En plus, l'employeur s'adresse aux bureaux de placement, aux écoles professionnelles, et aux associations professionnelles.

Une *offre d'emploi* comprend les informations suivantes : a) le nom de l'employeur ou de la société cherchant un employé; b) le lieu et l'adresse de l'employeur; c) le titre et la nature de la position à remplir; d) les qualifications recherchées par l'employeur; et, e) une adresse à laquelle les candidats peuvent écrire. Elle peut mentionner aussi le salaire mensuel brut offert. Pour faire des

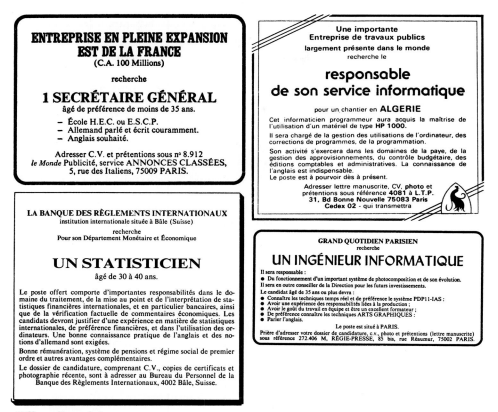

ENTREPRISE EN PLEINE EXPANSION EST DE LA FRANCE
(C.A. 100 Millions)

recherche

1 SECRÉTAIRE GÉNÉRAL
âgé de préférence de moins de 35 ans.

– École H.E.C. ou E.S.C.P.
– Allemand parlé et écrit couramment.
– Anglais souhaité.

Adresser C.V. et prétentions sous n° 8.912
le Monde Publicité, service ANNONCES CLASSÉES,
5, rue des Italiens, 75009 PARIS.

LA BANQUE DES RÈGLEMENTS INTERNATIONAUX
institution internationale située à Bâle (Suisse)

recherche
Pour son Département Monétaire et Économique

UN STATISTICIEN
âgé de 30 à 40 ans.

Le poste offert comporte d'importantes responsabilités dans le domaine du traitement, de la mise au point et de l'interprétation de statistiques financières internationales, et en particulier bancaires, ainsi que de la vérification factuelle de commentaires économiques. Les candidats devront justifier d'une expérience en matière de statistiques internationales, de préférence financières, et dans l'utilisation des ordinateurs. Une bonne connaissance pratique de l'anglais et des notions d'allemand sont exigées.

Bonne rémunération, système de pensions et régime social de premier ordre et autres avantages complémentaires.

Le dossier de candidature, comprenant C.V., copies de certificats et photographie récente, sont à adresser au Bureau du Personnel de la Banque des Règlements Internationaux, 4002 Bâle, Suisse.

Une importante
Entreprise de travaux publics
largement présente dans le monde
recherche le

**responsable
de son service informatique**

pour un chantier en **ALGERIE**

Cet informaticien programmeur aura acquis la maîtrise de l'utilisation d'un matériel de type **HP 1000**.

Il sera chargé de la gestion des utilisations de l'ordinateur, des corrections de programmes, de la programmation.

Son activité s'exercera dans les domaines de la paye, de la gestion des approvisionnements, du contrôle budgétaire, des éditions comptables et administratives. La connaissance de l'anglais est indispensable.
Le poste est à pourvoir dès à présent.

Adresser lettre manuscrite, CV, photo et prétentions sous référence **4081** à **L.T.P.**
**31, Bd Bonne Nouvelle 75083 Paris
Cedex 02** - qui transmettra

GRAND QUOTIDIEN PARISIEN
recherche

UN INGÉNIEUR INFORMATIQUE

Il sera responsable :
● Du fonctionnement d'un important système de photocomposition et de son évolution.
Il sera en outre conseiller de la Direction pour les futurs investissements.
Le candidat âgé de 35 ans ou plus devra :
● Connaître les techniques temps réel et de préférence le système PDP11-IAS ;
● Avoir une expérience des responsabilités liées à la production ;
● Avoir le goût du travail en équipe et être un excellent formateur ;
● De préférence connaître les techniques ARTS GRAPHIQUES ;
● Parler l'anglais.

Le poste est situé à PARIS.

Prière d'adresser votre dossier de candidature, c.v., photo et prétentions (lettre manuscrite) sous référence 272.406 M, RÉGIE-PRESSE, 85 bis, rue Réaumur, 75002 PARIS.

Offres d'emplois.

économies, les annonces dans la presse se servent de beaucoup d'abréviations. Les plus connues sont :

pr.	pour	a.	ans
écr.	écrivez	impte.	importante
se prés.	se présenter	ayt.	ayant
connais.	connaissant	indispens.	indispensable
C.V.	curriculum vitae	expér.	expérience
souhait.	souhaitable	sté.	société

Une *demande d'emploi* qui paraît comme annonce dans un journal ou dans un magazine comprend des informations similaires : **a)** une description de la personne qui se présente comme candidat ; **b)** ses qualifications ; **c)** ses raisons de se présenter ; **d)** sa disponibilité ; **e)** l'adresse à laquelle on peut s'adresser à son sujet. Pourtant, si la demande est une réponse à une offre d'emploi, elle prendra la forme d'une lettre. Cette lettre, qui établira le premier contact avec le futur employeur, doit donner une impression favorable. Elle doit être écrite avec goût, sur du papier blanc, avec de l'encre noire si elle est écrite à la main, et rédigée dans un style simple, correct et précis.

Le plan général de la lettre de réponse comprend six parties : la salutation ; l'entrée en matière ; le développement ; la conclusion ; la formule de politesse ; et les pièces jointes. L'entrée en matière comprend une brève description du candidat, une demande précise de l'emploi recherché, et une référence à l'annonce ou à l'offre d'emploi. Le développement contient la raison de la demande, et une mention des documents qui accompagnent la lettre (le curriculum vitae, des copies des diplômes, des certificats de travail, etc.), et des noms et des adresses des références qui peuvent donner des attestations. Les détails importants sur la vie professionnelle, les cours suivis, les stages de formation accomplis, les qualifications en langues, les postes tenus, sont réservés pour le curriculum vitae. Dans la conclusion, le candidat indique sa disponibilité et mentionne, peut-être, ses espérances de salaire. Il termine par une formule de politesse respectueuse mais sans exagération.

Les demandes d'emploi

Voici une demande d'emploi qui répond à une annonce.

Jeanne Molland
3, rue des Rosiers
63100 Clermont-Ferrand

Messieurs les Directeurs des
Établissements Vérin
110 bis, rue du Vieux Port
13001 Marseille

Clermont-Ferrand, le 14 avril 198–

Messieurs,

J'ai appris par une annonce parue hier dans le quotidien *Marseille Soir* que vous cherchez une secrétaire à votre centre de Marseille. J'ai l'honneur de poser ma candidature à ce poste.

Je suis Française-Américaine, et je suis parfaitement bilingue. En outre, j'ai passé deux ans en Allemagne, ce qui m'a permis de perfectionner ma connaissance de l'allemand. Je suis de Clermont-Ferrand et j'y ai passé mon baccalauréat en 1982. Depuis ce temps, j'ai suivi des cours en sténo-dactylographie, tout en travaillant le soir au bureau de l'Agence Martin, où mon père est directeur. Le 29 mars, j'ai achevé mes études et maintenant je suis disponible.

Vous trouverez ci-joint un curriculum vitae qui mentionne les études éffectuées et les postes occupés, accompagné des copies de mes diplômes et références. Je me crois qualifiée pour occuper la situation que vous offrez.

Si vous désirez me convoquer pour un entretien, vous pouvez me téléphoner à 396.26.83.

Veuillez agréer, Messieurs, mes salutations respectueuses.

Jeanne MOLLAND

P. J. : 6

Demandes d'emplois.

VOCABULAIRE

l'annonce *(f.)*   advertisement
l'attestation *(f.)*   recommendation
convoquer pour un entretien   to invite for an interview
le curriculum vitae   a formal statement of personal data
le débouché   outlet
la demande d'emploi   application for a job
se déplacer   to leave one's residence or job
la disponibilité   availability
l'entrée *(f.)* **en matière**   beginning; introduction
l'entretien *(m.)*   interview
la formation   professional education
l'habileté *(f.)*   competency
l'offre *(f.)* **d'emploi**   offer of employment
le poste   position; job
la prétention   expectation of salary
la publicité   publicity
le salaire mensuel brut   gross monthly salary
la situation   job
souhaitable   desirable
le stage   training course

EXERCICE DE VOCABULAIRE

Complétez les phrases suivantes par le mot convenable.

> curriculum vitae   habileté   entretien   souhaitable
> stage   attestation   annonce   salaire mensuel brut
> disponibilité   prétention   exigeant   solliciter   formation

1. Le salaire que vous espérez recevoir est votre _____.
2. Un employeur doit inviter les meilleurs candidats pour un _____.
3. Le salaire que vous recevez par mois, avant que les impôts soient déduits, est votre _____.
4. Pour trouver un employé pour un poste vacant, on met une _____ dans un journal ou une revue professionnelle.
5. Être convoqué pour un entretien est _____.
6. « _____ » est un autre nom pour « référence ».
7. Quand on parle d'une _____ on veut dire une préparation profession-nelle.
8. Une _____ en langues aide beaucoup un représentant.
9. « _____ » est abrégé « C.V. ».
10. Il cherche un autre emploi ; le sien est trop _____.

EXERCICE DE COMPRÉHENSION : LES ANNONCES

1. Voici une annonce d'un journal quotidien à Marseille. Récrivez l'annonce sans abréviations.

Impte Sté d'importation d'ordinateurs américains rech. pr son centre à Marseille PUBLICITAIRE. Bilingue français-anglais, 20–35 a., ayt. expér. agence publicité. Ecr. à 396   « Marseille Soir »   Publicité. Envoyez C.V., photo récente, prétensions.

2. Récrivez ces phrases sans abréviations :
langues étrang. indispens.
bon. rédact., connaiss. anglais, français, allemand souhait.
diplôme études supér., ayt. expér., se prés : service du personnel

REVISION DE GRAMMAIRE

Les Pronoms

Pronoms : objets directs

Nous avons reçu les marchandises.
We have received the merchandise.

Nous les avons reçues.
We have received them.

Ils ont envoyé leur commande directe.
They sent their order direct.

Ils l'ont envoyée directe.
They sent it direct.

Avez-vous vu son nouveau catalogue ?
Have you seen his new catalog?

L'avez-vous vu ?
Have you seen it?

In each of the pairs of sentences above, we are concerned only with the direct object: **les marchandises → les; leur commande →la; son nouveau catalogue → l' (le)**. To replace a direct object with a pronoun, we use the following pronouns in French:

me	*me*	nous	*us*
te	*you*	vous	*you*
le, la, l', se	*him, her, it*	les, se	*them*

The third-person pronouns (**le, la, les**) are identical with the definite articles, and they are used for either people or things.

Position des pronoms objets directs

Direct object pronouns normally precede the verb.

Je les ai envoyés le 15 octobre.
I sent them October 15.

Remember that a preceding direct object pronoun used with a verb in the *passé composé* means that the past participle must reflect that direct object: **les . . . envoyés**. It must agree both in gender and in number.

The only exception to this placement occurs when the verb is an affirmative command:

Envoyez-les-moi.
Send them to me.

BUT:

Ne me les envoyez pas.
Don't send them to me.

Vous me les envoyez.
You are sending them to me.

Me les envoyez-vous ?
Are you sending them to me?

Je ne veux pas les envoyer.
I don't want to send them.

Exercice

A. *Répondez aux questions suivantes en remplaçant les objets directs par des pronoms.*

EXEMPLE :   Lisez-vous sa lettre ?
              Oui, je la lis.

1. Lisez-vous sa commande ?
2. Dictez-vous cette lettre ?
3. Classez-vous ces documents ?
4. A-t-il fini le travail ?
5. Ont-elles vu l'usine ?
6. Avons-nous renvoyé les marchandises ?
7. N'avez-vous pas trouvé les échantillons ?
8. A-t-il nettoyé mon bureau ?
9. Pouvez-vous chercher ces formes ?
10. Ne voulez-vous pas finir ce travail ?

En : Pronom personnel invariable

Avez-vous acheté cet ordinateur ? Oui, je l'ai acheté.
Did you buy this computer? Yes, I bought it.

Avez-vous acheté un ordinateur ? Oui, j'en ai acheté un.
Did you buy a computer? Yes, I bought one.

Ont-ils reçu les cartons ? Oui, ils les ont reçus.
Did they receive the cartons? Yes, they received them.

Ont-ils reçu cinq cartons ? Oui, ils en ont reçu cinq.
Did they receive five cartons? Yes, they received five.

When the direct object expresses an amount, or when it is indefinite in nature (when it does not refer to a specific thing or person), we use **en** instead of **le, la,**

les. Since this pronoun is indefinite, the past participle remains the same and does not agree. When a specific amount is indicated, that number is usually repeated for clarity:

> **Vous avez tapé trois lettres ? Oui, j'en ai tapé trois.**
> *You typed three letters? Yes, I typed three.*

> **Il commande plusieurs ordinateurs ? Oui, il en commande plusieurs.**
> *He's ordering several computers? Yes, he's ordering several.*

Le : Pronom personnel complément

In addition to replacing direct object nouns that are masculine singular in nature, this form of **le** is also used to replace predicate adjectives.

> **Êtes-vous content de votre décision ? Oui, je le suis.**
> *Are you satisfied with your decision? Yes, I am.*

> **Sont-ils prêts à passer une commande ? Oui, ils le sont.**
> *Are they ready to place an order? Yes, they are.*

In English, this pronoun is omitted; in French, however, it must be given. Notice that it is invariable—that is, it does not change form to agree with its antecedent as does the adjective.

Le Pronom personnel réfléchi objet direct

> **Elle s'est mise à rédiger son C.V.**
> *She began to prepare her curriculum vitae.*

> **Tous les candidats se sont présentés pour l'interview.**
> *All the candidates presented themselves for the interview.*

The reflexive pronouns **me, te, se, nous, vous, se** frequently serve as direct object pronouns. These reflexive pronouns are used whenever the action of the verb is reflected back to the subject by the direct or indirect object.

> **Plusieurs de nos représentants se sont rendus à Versailles pour la foire.**
> *Several of our salespeople went (took themselves) to Versailles for the fair.*

In this sentence, **se** represents the direct object. As a preceding direct object, the past participle of the verb must agree in gender and number with the preceding direct object.

> **Elle s'est écrit un mot pour ne pas l'oublier.**
> *She wrote herself a note so that she wouldn't forget it.*

In this sentence, **s'** represents the indirect object. A preceding indirect object does not require that the past participle agree.

The reflexive pronoun is usually translated in the same way as our English reflexive pronoun: *myself, yourself, himself, herself, itself, ourselves, yourselves, themselves.* It is also used in French to express a reciprocal action.

Elles se sont retrouvées à la gare.
They met (each other) again at the station.

In such a sentence, *they* obviously did not meet themselves at the station—rather, they met *each other.* This is a reciprocal action.

Like other direct object pronouns, the reflexive pronoun always precedes the verb except for affirmative commands:

Pouvez-vous vous présenter à neuf heures pour l'interview ?
Can you be here at nine o'clock for the interview?

Présentez-vous à neuf heures pour l'interview.
Be here at nine o'clock for the interview.

Exercices

B. *Complétez les phrases suivantes par la forme convenable du verbe au passé composé.*

1. (s'endormir) Elle _____ pendant que le patron dictait.
2. (se fâcher) Je _____ quand il a changé la commande.
3. (se souvenir) _____-il _____ de ce contrat ?
4. (se débrouiller) Vous _____ bien _____ là-bas !
5. (se tromper) Je crois que vous _____, Monsieur.
6. (se plaindre) Ce client _____ de sa facture.

C. *Ecrivez à la forme négative.*

1. Amusez-vous bien !
2. Nous la comprenons très bien.
3. Allez-vous vous dépêcher ?
4. Débrouille-toi.
5. L'a-t-il commencé ce matin ?
6. Elle se fâche très facilement.
7. Se trompe-t-il ?
8. Cela s'est passé ici.

Pronoms : objets indirects

Nous avons téléphoné à cette maison.
We telephoned to that firm.

Nous lui avons téléphoné.
We telephoned it (or them).

A-t-il passé la commande à notre représentant ?
Did he give the order to our salesman?

Lui a-t-il passé la commande ?
Did he give him the order?

Je me suis dit que vous ne veniez pas.
I told myself that you weren't coming.

Il ne veut jamais obéir aux règles.   **Il ne veut jamais leur obéir.**
He never wants to obey the rules.   *He never wants to obey them.*

Indirect objects differ from direct objects in the use (either actual or implied) of *to* (**à**). The pronouns used to replace an indirect object noun are the same as the direct object pronouns except for the third person: **lui**, *for* or *to him, her, it*; **leur**, *for* or *to them*. All others, including the reflexive pronouns, are identical in direct and indirect form. The position of the indirect object pronouns is also the same as the direct: the pronoun must precede the verb, except in the case of an affirmative command. If both a direct object and indirect object precede the verb, a simple rule of thumb is to place the pronoun beginning with l closest to the verb.

Je vous les ai donnés hier.
I gave them to you yesterday.

Envoyez-la-moi aussitôt que possible.
Send it to me as soon as possible.

When both pronouns begin with l, arrange them in alphabetical order:

Je les leur ai donnés hier.
I gave them to them yesterday.

Envoyez-les-leur aussitôt que possible.
Send them to them as soon as possible.

En always follows the indirect object pronoun:

Je leur en ai donné hier.
I gave them some yesterday.

Envoyez-leur-en aussitôt que possible.
Send them some as soon as possible.

Exercices

D. *Remplacez les objets directs et indirects par des pronoms.*

EXEMPLE :   Il donne la facture à sa femme.
Il la lui donne.

1. Il dicte les lettres à sa secrétaire.
2. Nous avons expédié les marchandises au client il y a deux jours.
3. Montrez les échantillons à Monsieur Renaud, s'il vous plaît.
4. Donnez le carnet de commandes à ma secrétaire.
5. Ont-ils envoyé un chèque au fournisseur ?
6. Il ne peut pas expliquer le contrat aux clients.

7. Avez-vous lu le télégramme au patron ?
8. Elle ne veut pas présenter une facture à ses amis.

E. *Répondez aux questions suivantes d'après les indications.*

EXEMPLE :   Quand avez-vous dicté ces lettres à votre secrétaire ? *(3 days ago)*
Je les lui ai dictées il y a trois jours.

1. Quand avez-vous dicté cette correspondance au sténo-dactylo ? *(2 days ago)*
2. Quand a-t-il envoyé ce paquet à M. Lyon ? *(15 days ago)*
3. Quand ont-ils expliqué la liste des prix à ces clients ? *(last week)*
4. Quand enverra-t-il le catalogue à Madame Tufferre ? *(next week)*
5. Quand montrerez-vous les échantillons aux frères Monet ? *(next month)*
6. Quand as-tu montré l'ordinateur à Monsieur le Directeur ? *(3 days ago)*
7. Quand allez-vous vendre un micro-ordinateur à ce client ? *(tomorrow)*
8. Quand m'apportera-t-elle des renseignements ? *(four o'clock)*
9. Quand vous avons-nous donné cette liste ? *(one month ago)*
10. Quand nous avez-vous envoyé ce chèque ? *(last year)*

F. *Exprimez en français.*

1. This agency has been recommended to us by Monsieur Loeffler.
2. Please give us confirmation of it.
3. We ask you to give us your opinion.
4. You delivered to us two containers of merchandise.
5. We received your order for three microcomputers, and we wish to inform you that we sent them to you by truck two days ago.

QUESTIONS DE COMPOSITION

Jean-François Martin est un jeune homme trilingue—français, anglais et allemand—qui cherche une nouvelle situation. Il tient son poste actuel depuis deux ans et il s'en acquitte très bien. Pourtant, il aimerait trouver une situation qui lui permettrait de mieux utiliser ses talents linguistiques et directeurs.

Jean-François est né le 23 novembre, 1960, à Nice, Alpes-Maritimes. À l'âge de 19 ans, il a reçu son baccalauréat du Lycée de Nice et cette même année sa famille a déménagé à Paris. Ce changement de lieu lui a permis de faire ses études préparatoires au Lycée Louis-le-Grand à Paris. Suivant le concours d'entrée pour les Grandes Écoles (il a été reçu 52e sur 360), il s'est inscrit à E.S.S.E.C. (l'École Supérieure des Sciences Économiques et Commerciales).

Il s'intéressait toujours à la publicité et à la vente, et après avoir reçu son diplôme, il a pris son poste actuel d'annonceur dans une agence de publicité. Le travail est intéressant et pas exigeant, et son salaire mensuel brut, de 7800 francs, est adéquat pour ses besoins. Il a largement le temps de s'adonner au soccer, auquel il joue bien, et aussi d'aller au théâtre, pour lequel il se passionne ! Il regrette, pourtant, d'avoir si peu d'occasions de parler anglais ou allemand, et il aimerait plus de responsabilité. C'est alors que, ayant vu l'annonce ci-dessous dans un magazine, il y rédige une réponse.

Importante Agence de Publicité
Midi – Côte d'Azur
recherche
Chef de Publicité

* 25 – 35 a.
* la formation d'une Grande École
  de Gestion
  (H.E.C., E.S.S.E.C., E.S.C.P., ou équivalent)
* français-anglais, indispens.
* connaiss. allemand souhait.

Adresser C.V. détaillé sous réf. 097053
à Jean Quénoe, 42bis Avenue Hoche —
75008 Paris

1. Imaginez que vous êtes Jean-François Martin. Écrivez une lettre de réponse à cette offre d'emploi.
2. Composez un C.V. qui accompagnera cette lettre.
3. L'agence s'intéresse beaucoup à sa lettre. Écrivez une réponse à Jean-François qui l'invitera à venir pour l'interview.
4. Répondez vous-même à cette offre d'emploi.

EXERCICES ORAUX

1. Exercice à deux. Un étudiant se présentera comme candidat pour un poste en marketing. Il est interviewé par l'autre étudiant qui jouera le rôle du directeur du personnel.
2. Exercice à deux. Changez de rôles et répétez le premier exercice.
3. Expliquez aux autres comment rédiger un C.V.; n'oubliez pas d'indiquer les informations nécessaires.
4. Signalez au directeur du personnel comment votre facilité dans la langue française lui serait avantageuse dans le poste que vous espérez obtenir.

8 Le Marchandisage et la demande d'offre

L'ordinateur Micro-Mac a eu un grand succès à Paris récemment. Les Porter et Alain Rochard ont monté une exposition à une foire professionnelle consacrée uniquement aux ordinateurs et aux machines de traitement de texte. L'exposition Micro-Mac a été très bien reçue, surtout que la compagnie offre du matériel et du logiciel, aussi bien qu'un programme d'instruction du personnel et une garantie d'entretien.

L'agence reçoit maintenant beaucoup de demandes de dépliants et d'information dont chacune doit recevoir une réponse personnelle. C'est de cette façon qu'on crée une clientèle. Elle commence aussi à recevoir des commandes d'ordinateurs. À la foire professionnelle Eric en a déjà vendu deux. La conversation suivante se passe à la foire : Eric parle avec Monsieur Frédéric Dérain, fabricant de Lille, qui s'intéresse à son produit.

CONVERSATION : À LA FOIRE PROFESSIONNELLE

F. Dérain	…Alors, monsieur, vous avez une jolie petite machine là !
E. Porter	Merci, monsieur ! Nous en sommes très fiers. Je serais bien content de vous faire une démonstration de ses capacités.
F. Dérain	Il n'y a vraiment pas besoin. J'étais ici au début de la semaine. Votre assistant s'est bien occupé de moi !
E. Porter	Ah ! Vous devez être Monsieur Dérain, de Lille !
F. Dérain	Lui-même ! *(Ils se serrent la main. Eric apporte une chaise.)*

E. Porter	Asseyez-vous ! Monsieur Rochard m'a dit que vous vous intéressiez à notre modèle Micro III et que vous reviendriez nous parler. Est-ce qu'il vous reste des questions sur notre ordinateur ou sur notre compagnie ?
F. Dérain	Je me suis presque décidé pour le vôtre ! Il y a un ordinateur allemand là-bas, au fond de la salle—vous l'avez vu, sans doute—mais il est plus grand, et il n'y a pas beaucoup de place chez nous ! Nous sommes une vieille compagnie obligée de nous moderniser sans trop nous élargir.
E. Porter	Dans ce cas, vous avez bien choisi. Je connais le modèle allemand, il est très bon, mais il est, en effet, plus grand que notre Micro III.
F. Dérain	Votre assistant m'a dit que jusqu'au mois de décembre vous faites des conditions intéressantes pour les nouveaux clients…j'aimerais en savoir plus !
E. Porter	Jusqu'au 31 décembre nous vendons au prix de revient notre entière série Micro I, II, et III. En plus, nous offrons un escompte de 5 % aux clients qui règlent leurs comptes immédiatement sur réception et installation de l'ordinateur.
F. Dérain	L'installation ?
E. Porter	Oui. Nous livrons l'ordinateur à votre établissement, nous l'installons dans le bureau ou le studio où vous le voulez, et nous veillons à ce qu'il fonctionne sans problèmes.
F. Dérain	Dans vos dépliants vous parlez de l'instruction du personnel dans l'emploi du modèle…
E. Porter	C'est exact. Suivant l'installation, nous offrons un bref séminaire à ceux qui vont utiliser le nouvel ordinateur.
F. Dérain	De quelle durée ?
E. Porter	Ou un après-midi ou une matinée… c'est bien suffisant.
F. Dérain	Eh, bien… avec ce que vous me dites et ce que votre assistant m'a montré l'autre jour, je suis convaincu ! Parlons de dates de livraison…

Ils se retirent de la grande salle d'exposition et entrent dans un bureau privé pour mettre au point les détails de la vente.

. TEXTE À LIRE : LE MARCHANDISAGE

Avant de venir en France, Eric Porter s'est renseigné sur les procédés essentiels du marketing et de la publicité français.

Le marketing, ou le marchandisage, est le procédé par lequel les produits sont dirigés vers leurs meilleurs marchés. Les industries cherchant à s'établir en France, comme celle d'Eric Porter, sont obligées d'étudier soigneusement les techniques du marketing et de la publicité en France avant de se lancer dans les affaires françaises.

La société Micro-Mac a choisi la ville de Melun parce que la région parisienne est le plus grand marché de la France—le principal centre de distribution de produits. Plus de la moitié des affaires françaises se déroulent ici. Ailleurs, dans le nord, il y a les villes de Lille, Roubaix, et Tourcoing formant un centre commercial avec 1,2 millions d'habitants. Vers le sud se trouve Lyon, dont la région métropolitaine comprend plus de 1,5 millions d'habitants, et sur la Méditerranée il y a le grand port de Marseille. Il existe aussi des centres moins industrialisés, comme la Côte d'Azur, Bordeaux, Toulouse, et Grenoble.

Une bonne publicité est une partie essentielle du marchandisage à toute entreprise réussie. Ainsi, Eric Porter a dû se familiariser avec les média français et la publicité française. Puisqu'il cherche à s'établir dans le secteur électronique—plus particulièrement celui des ordinateurs—il est nécessaire qu'il connaisse les média qui serviront le mieux aux besoins de Micro-Mac.

Un commerçant comme Eric peut faire lui-même la réclame pour ses produits ou il peut s'adresser à une agence de publicité, comme l'Agence Havas, par exemple, qui s'en occupera. Pour le commerçant individuel et pour l'agence, il y a sept média principaux :

1. **La radio et la télévision.** Presque tous les réseaux domestiques sont nationalisés, et la publicité est strictement réglée. La réception des émissions de radio est supérieure à celle de la télévision, surtout des émissions de l'étranger.

2. **Les brochures et la publicité directe par correspondance.** Toute matière publicitaire écrite qui passe par la poste doit, par loi, être en français, et préparée par des rédacteurs français. Eric Porter ne pourra pas substituer un prospectus en anglais à un prospectus en français dans une lettre de réclame à un futur client !

3. **Les panneaux d'affichage, ou les panneaux-réclame.** Ces média sont très frappants et font beaucoup d'effet, mais leur emploi a diminué à cause des lourds impôts imposés pour chaque panneau.

4. **Les journaux.** En France, il y a moins de cent journaux à gros tirage, y compris les grands quotidiens parisiens. La plupart des journaux sont de modestes journaux de province qui se limitent rigoureusement aux nouvelles régionales. Une campagne publicitaire nationale nécessiterait des réclames dans, au moins, une vingtaine de journaux régionaux.

5. **Les magazines.** Beaucoup de magazines jouissent d'une distribution nationale. La publicité dans ces magazines est très similaire à celle dans les magazines américains.

6. **Le cinéma.** Contrairement à la coutume aux États-Unis, les cinémas français présentent à peu près un quart d'heure de publicité entre les séances.

7. **Les foires et les expositions.** Les grandes foires industrielles et professionnelles ont lieu en Europe depuis le Moyen-Âge. Elles réunissent des milliers de produits et de commerçants pour offrir aux clients tout ce qu'il y a de plus beau et de plus récent dans le monde de commerce.

De ces média de publicité, les magazines, les journaux quotidiens et profes-

On fait de la réclame partout.

sionnels, la radio et la télévision, et les foires sont les plus profitables et rapportent le plus de résultats.

La publicité a un seul but : obtenir une réaction favorable de la part d'un client possible. Quand une personne répond à une publicité—à une réclame, à une lettre, à un article dans un magazine—cette personne accomplit un acte de commerce. Si un homme à Clermont-Ferrand contacte Eric Porter par suite d'une réclame pour les ordinateurs Micro-Mac qui a paru dans son journal, le commerce est créé !

La Demande d'offre

Le commerce est défini comme une « activité consistant à acheter et à revendre des marchandises, normalement en vue de réaliser des bénéfices ». La concurrence actuelle demande qu'un commerçant soit à tout moment informé et prêt à agir ; il s'ensuit alors qu'un commerçant qui a réussi est celui qui est toujours à la recherche des marchandises qui répondent aux désirs ou aux besoins de sa clientèle.

Un commerçant français a plusieurs chemins d'accès aux nouveaux produits : les brochures et les lettres de publicité qui lui arrivent, les annonces dans les journaux et les magazines — surtout les magazines professionnels, et les foires et les expositions auxquelles il assiste régulièrement. Ses amis et d'autres commerçants aussi lui font quelquefois des recommandations. S'il s'intéresse à un produit, ou s'il désire nouer des relations avec une maison d'affaires, il commence par *une demande d'offre.*

La demande d'offre est exclusivement une demande de renseignements : une précision de qualité, une demande d'échantillons, une demande de catalogue ou de prix, des questions sur la vente, sur la livraison, etc. Il est même possible que l'intéressé envoie plusieurs lettres pareilles aux différentes maisons afin de s'informer sur des marchandises disponibles. La demande d'offre n'est jamais une commande ; elle n'impose aucune obligation au commerçant qui l'envoie.

Les demandes d'offres, comme toute lettre d'affaires, sont polies et directes, suivant une forme assez fixe :

1. Indication de la part de l'auteur de la lettre de l'origine du contact
2. Brève explication des activités commerciales de la personne qui fait la demande

3. Demande de précision sur les articles proposés
4. Conclusion par une formule convenable.

Après avoir reçu une réponse à la demande d'offre, le commerçant la compare aux autres réponses qu'il a reçues à ce sujet. Il les étudie soigneusement avant de prendre une décision.

Exemple : Demande d'offre

Tot-Togs, Inc.
622 Sheridan Road
Madison, Wisconsin 53702

Lainex, S.A.
737, rue des Cardeurs
59100 Roubaix, France

Madison, le 22 mars 198–

Messieurs,

Votre maison nous a été recommandée par Mme Jeanne Boivin de Chicago et Paris qui nous suggère de vous contacter.

Spécialisés dans la fabrication de vêtements pour enfants depuis 1923, nous cherchons à élargir notre rayon de vêtements d'hiver.

Nous serions heureux de recevoir des échantillons de vos tissus de laine et nous vous prions de nous indiquer vos meilleurs prix. Veuillez nous faire parvenir aussi vos conditions de livraison et de paiement.

Avec nos remerciements anticipés, nous vous prions d'agréer, Messieurs, nos salutations distinguées.

Robert PERRIER

Exemple : Demande d'offre

Tot-Togs, Inc.
622 Sheridan Road
Madison, WI 53702

Lainex, S.A.
737, rue des Cardeurs
59100 Roubaix, France

Madison, le 22 mars 198–

Messieurs,

Veuillez nous remettre par retour du courrier des échantillons de tissus de laine en nous indiquant les couleurs dont vous disposez. Veuillez nous indiquer aussi vos meilleurs prix. Nous nous intéressons uniquement aux tissus que vous pourriez livrer immédiatement.

Nous vous adressons, Messieurs, nos salutations.

Robert PERRIER

L'Offre

Quand Eric Porter reçoit une demande d'offre d'un commerçant qui cherche des renseignements, normalement il répond. La réponse à une demande d'offre représente *une offre*. Autrement dit, une réponse à une demande d'offre est un engagement légal — une offre — dont les conditions indiquées sont valables pendant une période de temps fixe. En France, cette période est d'un mois, à moins qu'elle ne soit autrement indiquée. Quand il s'agit des offres des pays étrangers, on suit d'habitude l'usage du pays d'origine. Si le client (le commerçant qui a envoyé la demande d'offre) veut profiter des conditions avantageuses de l'offre, il est obligé d'agir promptement. S'il dépasse la date indiquée, il est possible que le fournisseur hausse le prix ou change les conditions.

Toutes les offres ne viennent pas en réponse aux demandes d'offres. Si, par exemple, M. Porter cherche de nouveaux clients, ou s'il désire rétablir des relations commerciales interrompues, il peut envoyer des offres non-sollicitées. Dans ce cas, évidemment, les renseignements sont modifiés en nature plus générale, mais un catalogue ou des échantillons sont souvent inclus. Il donne aussi des noms de références, préférablement des clients importants et bien connus.

Une bonne lettre d'offre (c'est-à-dire : une réponse à une demande d'offre), devrait comprendre les éléments suivants :

1. Des renseignements sur la marchandise dont il s'agit
2. Des indications de la quantité et de la qualité de la marchandise
3. Mention des prix et des conditions de paiement
4. Mention de l'emballage, des délais, et du lieu de livraison.

Pour mieux persuader les clients de passer des commandes, M. Porter, comme la plupart des fournisseurs, offre un *escompte* intéressant aux clients qui règlent leurs comptes dès la réception des marchandises. Pour les commandes qui dépassent une certaine somme, il y a souvent une *remise* de 2 à 5 pour cent.

En somme : les demandes d'offre, et les offres, doivent être polies, précises, attirantes, et, surtout, honnêtes.

Exemple : Offre (réponse à une demande d'offre)

Lainex, S.A.
737, rue des Cardeurs
59100 Roubaix, France

Tot-Togs, Inc.
622 Sheridan Road
Madison, Wisconsin 53702
U.S.A.

Roubaix, le 2 avril 198–

Messieurs,

Concerne: tissus de laine

Nous avons bien reçu votre demande du 22 mars. Nous vous en remercions et nous avons le plaisir de vous envoyer, ci-joints, les échantillons et les renseignements que vous nous avez demandés.

Dans l'espoir de votre commande, nous vous prions d'agréer, Messieurs, nos salutations distinguées.

Louis LANCEUL

P.J. : Prix courants
Conditions de livraison et de paiement
Échantillons

La Lettre de vente

La lettre de vente n'est ni offre ni demande d'offre. C'est un effort de la part du commerçant de vendre de nouveaux produits à sa clientèle. Il peut, bien sûr, choisir une annonce dans un journal ou un magazine pour annoncer le produit, mais bien des petits commerçants préfèrent des lettres de vente comme moyen de publicité. Une lettre de vente, adressée à un client important, peut susciter plus de commandes parce qu'elle est plus personnelle, plus intime. Celui qui la reçoit est déjà un ami, et il connaît bien la qualité de la marchandise du commerçant.

Une lettre de vente comprend trois éléments :

1. La présentation des marchandises ; une description du produit offert, avec un mot pour suggérer que le client, comme personne de goût, doit apprécier la qualité du produit
2. Tous les détails concernant la marchandise, le prix, la quantité, la présentation
3. Un effort de susciter une commande.

Le ton doit montrer de l'enthousiasme, enthousiasme qui va persuader l'acheteur de la nécessité de passer une commande.

Si le destinataire ne compte pas encore parmi les clients réguliers, la lettre doit comprendre aussi une présentation du rédacteur. Il l'informe de ce qu'il fait et de ce qu'il vend.

Exemple : Lettre de vente

Lettre de publicité adressée au client du détaillant :

Au Bonheur du chasseur
7, allée des Pommiers
67000 Strasbourg

Monsieur Denis Brunot
35, rue de l'Horloge
76000 Rouen

Strasbourg, le 15 octobre 198–

Monsieur,

Vous êtes sportif, vous aimez la vie en plein air, et vous vous y connaissez en matériel de camping. Nous prenons alors la liberté de vous annoncer une très bonne sélection de tentes et de sacs de couchage dont nous disposons actuellement. Ce sont des articles de premier ordre que nous pouvons vous offrir à un prix très avantageux jusqu'au premier décembre.

Notre maison existe depuis 1935, consacrée au service des amateurs des sports. Nous vous invitons à nous rendre visite pendant ces beaux jours d'automne pour examiner de près cette sélection exceptionnelle.

Dans l'espoir de vous accueillir comme client, acceptez, Monsieur, nos sincères salutations.

Raoul DESMONDE

P.J. :   Liste des prix

Exemple : Lettre de vente

Lettre de publicité adressée aux commerçants :

Lainex, S.A.
737, rue des Cardeurs
59100 Roubaix

À l'Aiguille fine
Maison de Confection
11 bis, rue du Parc Chaumont
75005 Paris

Paris, le 23 septembre 198–

Messieurs,

Pensant vous intéresser, nous vous informons que nous disposons actuellement de plusieurs lots de lainages de couleurs et de qualité supérieures. Pour que vous puissiez constater vous-mêmes la qualité exceptionnelle de ces tissus, nous vous envoyons ci-joints des échantillons de chaque couleur.

Protégez votre collection de la maison *de marie claire*

Les journaux qui traînent s'abîment. Alors pour vous permettre de conserver intacte votre collection de «La Maison de Marie Claire», nous avons réalisé un écrin simple et robuste en carton entoilé vert-pré, notre couleur fétiche... Vous y stockerez bien en ordre nos idées, nos dossiers, nos adresses: prêts à être consultés. Il peut contenir 12 numéros. Commandez-les par 2 ou 3 à la fois. Si l'on vient le chercher directement au 11 bis, rue Boissy-d'Anglas, 75008 Paris, de 14 h à 18 h, il coûte 30 F. Pour le recevoir, remplissez le bon ci-dessous et retournez-le nous accompagné de 48 F, (30 F + 18 F pour frais d'envoi en recommandé pour la France). Notre reliure est disponible dès maintenant.

Je désire recevoir ..... reliure(s).
Réglement à l'ordre de la société Marie Claire Album.
☐ Chèque bancaire   en Francs Français
☐ Chèque postal
☐ Mandat-lettre
NOM .... **PRENOM** ....
ADRESSE ....
VILLE .... **PAYS** ....

Annonce et bon de commande.

Cette marchandise peut vous être cédée au prix réduit de 32 F le kg ou 28 F si la commande dépasse 50 kg. Conditions habituelles.

Notre maison existe depuis 1923, et la confiance qui nous est accordée par une nombreuse clientèle satisfaite rend témoignage à notre façon honnête et loyale de traiter nos clients et les affaires. Pour nous attirer votre confiance, nous pouvons citer parmi nos clients les maisons de couture de Chaynol et de Wirth, ainsi que plusieurs institutions religieuses.

Dans l'espoir que vous voudriez nous faire l'honneur de votre commande, soyez assurés, Messieurs, de nos sentiments les plus respectueux.

Louis LANCEUL

P.J. : Échantillons

VOCABULAIRE

à gros tirage   with a large circulation
la commande   order
compté   counted
la concurrence   competition
le délai   time allowed for delivery
la demande d'offre   request for information about a product or service
le dépliant   folder, brochure
l'emballage *(m.)*   wrapping; packing
l'escompte *(m.)*   discount given for payment upon receipt of merchandise (as for ''cash'')
l'impôt *(m.)*   tax
le marchandisage   marketing
non-sollicité   not requested
l'offre *(f.)*   formal offer for a product or service, specifying quantity, price, quality, delivery, etc.; a legal proposal that is limited to a certain period of time
les panneaux d'affichage *(m. pl.)*   billboards
le rayon   line (of merchandise); shelf or department (of a store)
la réclame   publicity
le rédacteur   writer
la remise   discount given when the order exceeds a set amount (such as 5% off if the order totals more than $1,000)
le retour du courrier   return mail
le tissu de laine   woolen material

QUESTIONS D'ÉTUDE

1. Qu'est-ce qu'on fait aux foires professionnelles ? Qui assiste à ces foires ? Où trouve-t-on des foires professionnelles aux États-Unis ?
2. Expliquez en français ce que veut dire « un escompte ». Quelle est la différence entre un escompte et une remise ? Donne-t-on des escomptes et des remises aux États-Unis ?
3. Pour vendre l'ordinateur, Eric doit promettre un service d'installation et d'instruction. Y a-t-il d'autres produits qui doivent accorder les mêmes services ? Lesquels ?
4. Quelle est la différence entre le marchandisage et la publicité ?
5. Que fait une agence de publicité ?
6. Quelles sont les média principaux utilisés en France pour la publicité ? Quels sont les avantages principaux de chacun ? Les désavantages ?
7. Si un commerçant envoie une lettre de demande, est-il obligé de passer une commande ?
8. Pourquoi doit-on mentionner dans une lettre de demande d'offre l'origine du contact ?
9. Quelles sont les quatre parties d'une lettre de demande d'offre ?
10. Est-il permis d'envoyer la même demande d'offre à plusieurs entreprises ?
11. Comment s'appelle la réponse à une demande d'offre ?
12. Quels sont les renseignements donnés dans une offre ?

13. On dit que l'offre est un document *légal*. Qu'est-ce que cela veut dire pour le rédacteur ? Le destinataire ?

14. En France, pendant combien de temps les conditions indiquées dans une offre sont-elles valables ?

15. Pourquoi est-il important d'avoir une telle période fixe ?

16. Si le fournisseur veut rétablir des relations avec un commerçant spécial, que peut-il faire ?

17. En envoyant une lettre d'offre à une maison avec laquelle on n'a pas encore de relations, pourquoi le fournisseur envoie-t-il des références ?

18. Quelles sont les qualités d'une bonne lettre d'offre ?

19. Qui écrit la lettre de vente ? À qui ?

20. Quel est le but d'une lettre de vente ?

21. Quels sont les renseignements compris dans une lettre de vente ?

22. Pensez-vous que des lettres de vente soient aussi utiles que des annonces dans un magazine ou un journal ?

EXERCICE DE VOCABULAIRE

Complétez les phrases suivantes par le mot convenable.

rayon	remise	offre	concurrence	un dépliant	vente
foire professionnelle		non-sollicitée	les panneaux d'affichage		
livraison	le délai	le marchandisage	hausser		

1. Pour décrire un produit aux commerçants, on prépare fréquemment _____.

2. Un autre nom pour une lettre de publicité est une lettre de _____.

3. Aujourd'hui la _____ joue un rôle très important dans la présentation d'un nouveau produit aux commerçants.

4. Un mois après que l'offre ait été reçue par le commerçant, le fournisseur a le droit de _____ le prix.

5. Une offre doit expliquer _____ de livraison.

6. _____ est le mot correct pour « le marketing », expression franglaise.

7. Pour faire face à la _____, le commerçant doit être toujours à la recherche de nouveaux produits.

8. Un autre nom pour les panneaux-réclame est _____.

9. Une offre qui n'est pas une réponse à une demande d'offre est _____.

10. Un commerçant qui passe une commande pour un assez grand nombre de produits reçoit fréquemment une _____.

REVISION DE GRAMMAIRE

Les Pronoms absolus (toniques)

Ce sont eux qui ont acheté cet ordinateur.
It is they who bought that computer.

Vous et moi, nous pouvons le faire.
You and I can do it.

Stressed pronouns (sometimes called *disjunctive* or *tonic* pronouns) are used for emphasis in place of the regular subject or object personal pronouns.

Subject Pronoun	*Disjunctive Pronoun*
je	moi
tu	toi
il	lui
elle	elle
on	soi
nous	nous
vous	vous
ils	eux
elles	elles

They are used in place of a subject or object personal pronoun whenever it is important to emphasize a pronoun.

1. Use a disjunctive pronoun when it is a single-word answer to a question.

À qui écrivez-vous ? Eux.
To whom are you writing? Them.

Qui a tapé cette lettre ? Moi.
Who typed this letter? I did.

2. Use a disjunctive pronoun to add emphasis to a regular subject or object pronoun.

Lui, il ne vend rien !
He doesn't sell anything!

Toi, tu peux faire n'importe quoi !
You can do anything!

3. Use a disjunctive pronoun after **que** in a comparison.

Elle est plus ambitieuse que lui.
She is more ambitious than he is.

Nous avons vendu plus de machines qu'eux.
We have sold more machines than they have.

4. Use a disjunctive pronoun after **c'est** and **ce sont**.

Ce sont elles qui l'ont fait.
It is they who did it.

C'est nous qui aurions dû avoir cette commande.
It is we who should have had that order.

Remember that **ce sont** is used only with **eux** and **elles**. **C'est** is used with all the other forms, even **nous** and **vous**. If a clause beginning with **qui** follows the pronoun, however, the verb in that clause must agree with the disjunctive pronoun.

5. Use a disjunctive pronoun after a preposition.

Le représentant passera chez nous le 15 juin.
The salesman will stop by our office June 15.

Le directeur ira avec lui à cette exposition.
The director will go with him to that exposition.

When the preposition is **à** or **de**, however, the disjunctive pronoun is used only to represent a person.

Il parle d'un commis-voyageur.
Il parle de lui.

BUT: **Il parle d'un produit spécial.**
Il en parle.

Je pense à notre nouvelle secrétaire.
Je pense à elle.

BUT: **Je pense à notre nouvelle machine à écrire.**
J'y pense.

6. Use a disjunctive pronoun when it is part of a compound subject or object.

René et moi, nous allons à Brest par avion.
René and I are going to Brest by plane.

Nous avons vu M. Rochard et lui à l'hôtel.
We saw Mr. Rochard and him at the hotel.

7. Use the disjunctive pronouns **moi** and **toi** when they are the last pronoun in an affirmative command phrase.

Envoyez-les-moi par avion.
Send them to me by plane.

Notice, however:

Envoyez-m'en par avion.
Send me some by plane.

8. Use a disjunctive pronoun with –**même**.

On doit le faire soi-même
One must do it oneself.

Je l'ai emballé moi-même.
I wrapped it myself.

Exercices

A. *Récrivez les phrases suivantes remplaçant les mots en italique par un pronom absolu.*

EXEMPLE :   Robert et *Paul* sont à Lyon.
Robert et lui sont à Lyon.

1. Nous avons parlé à Claudette et *Francine* dimanche.
2. C'est *le patron* qui insiste.
3. Parlez-vous de *ces clients* ?
4. Leur représentant est plus aimable que *M. Richard*.
5. Je crois que ce sont *les commissionnaires* qui ont tort.
6. Vous souvenez-vous de *notre ancien P.-D.G.* ?
7. Nous nous occupons de *ces enfants*.
8. Je pense souvent à *Mlle Rodin*.
9. Elle est allée avec *les autres secrétaires*.
10. S'agit-il de *la caissière* ?

B. *Exprimez en français.*

1. She will do it herself.
2. Madame Montant and I filed the correspondence.
3. They will come to our place of business tomorrow morning.
4. It is they who want it.
5. Bring them to me immediately!
6. He is interested in them (the clients).
7. He telephoned to Robert and me yesterday.
8. We wrote to M. Plenet and to her last week.

C. *Remplacez les mots en italique par un pronom.*

EXEMPLES :   Elle s'occupera de *ce client*.
Elle s'occupera de lui.

Elle s'occupera de *ces clefs*.
Elle s'en occupera.

Nous pensons à *ces clients*.
Nous pensons à eux.

Nous pensons à *cette auto*.
Nous y pensons.

1. Elle s'occupe des *immeubles*.
2. Nous avons besoin d'*une machine à écrire*.
3. Avez-vous besoin de *la secrétaire* ?
4. Il s'agit de *notre P.-D.G.*
5. Je m'intéresse à *cette exposition*.
6. Je m'intéresse à *ces messieurs*.
7. Nous parlions de *cet achat*.
8. Nous parlions de *ce directeur*.

Pronoms démonstratifs : *celui, ceux, celle, celles*

Ce client dont vous parlez est M. Morne.
That client of whom you are speaking is M. Morne.
Celui dont vous parlez est M. Morne.
The one of whom you are speaking is M. Morne.

Cette émission est trop intellectuelle.
This program is too intellectual.
Celle de l'autre chaîne est meilleure.
The one on the other channel is better.

The demonstrative pronouns often replace *noun + demonstrative adjective*:

ce client   **celui**
cette émission   **celle**

The forms of the demonstrative pronouns are:

celui (m. sing.)   *this one, that one*
ceux (m. pl.)   *these, those*
celle (f. sing.)   *this one, that one*
celles (f. pl.)   *these, those*

Exercices

D. *Récrivez les phrases suivantes en remplaçant les mots en italique par un pronom démonstratif.*

EXEMPLE :   Voyez-vous *ce bureau* dans l'autre salle ?
                   Voyez-vous celui dans l'autre salle ?

1. Il parle à *ce monsieur* qui l'a acheté.
2. Nous préférons *la laine* de l'autre maison.
3. Envoyez *les tissus* qui sont de la meilleure qualité.
4. Il a envoyé *ces demandes d'offre* à tous les fournisseurs.
5. J'aime mieux *cette machine* qui est portative.

E. *Écrivez en français.*

EXEMPLE :   Those (the merchandise) that you are looking at are mine.
Celles que vous regardez sont les miennes.

1. Those (the suits) that are the most expensive are British.
2. We wanted that one (the computer) that we saw here last week.
3. Do you like the one (the camera) on the counter?

–ci, –là

Celui-ci offre un bon escompte !
That one offers a good discount!

Acceptez-vous cette offre-ci ou celle-là ?
Are you accepting this offer or that one?

-ci and -là are often attached to demonstratives either for emphasis (as in the first example above) or to differentiate between *this* and *that*, *these* and *those*. -ci (from ici) and –là are also used to express *the latter* (-ci) and *the former* (-là).

Nous avons acheté deux machines, une IBM et une XEROX. Celle-ci (XEROX) est plus chère que celle-là (IBM).
We bought two machines, an IBM and a XEROX. The latter is more expensive than the former.

Exercices

F. *Récrivez ces phrases. Remplacez les mots en italique par un pronom démonstratif.*

EXEMPLE :   *La machine* que vous avez achetée est vieille.
Celle que vous avez achetée est vieille.

1. J'ai emprunté *ce module téléphonique* à l'agence.
2. *Cette remise-ci* est très généreuse !
3. *Ces offres-ci* sont-elles sollicitées ?
4. *Cet élément-capsule* que vous voyez ici est un développement récent.
5. Avez-vous envoyé *ce devis* à tous nos clients ?
6. *Les rayons* de ce magasin sont pleins de marchandise.

G. *Écrivez en français.*

1. He bought this computer, not that one.
2. This material is more expensive than that one.
3. Which brochure do you prefer, this one or that one?
4. Which company offers a better cash discount, our company or that one?
5. This portable microcomputer is as small as that one.
6. He accepted that offer instead of this one.

Pronoms démonstratifs : *ce, il, ils, elle, elles*

1. **Ce** as a demonstrative pronoun.

> **C'est une innovation importante.**
> *It's an important innovation.*

Ce as a demonstrative pronoun is often used with the verb **être** to describe a subject previously mentioned. It is followed by a predicate noun and its modifiers, or a pronoun.

> **M. Durand ? C'est un P.-D.G. très connu.**
> *Mr. Durand? He's a well-known P.-D.G.*
> **Cette machine ? C'est une Olivetti.**
> *This machine? It's an Olivetti.*

The verb **être** may vary in tense (present and imperfect are the tenses most often used), but it will always be in the third-person form.

> **C'est vous !**
> *It's you!*
> **C'étaient les employés qui étaient responsables.**
> *It was the employees who were responsible.*

In addition to pointing out specific people or things, **ce** also may replace an idea.

> **Vous allez acheter un ordinateur ? — C'est une bonne idée !**
> *You're going to buy a computer? — That's a good idea!*

2. **Il, ils, elle, elles**

> **Il est très important.**
> *He (or it) is very important.*
> **Elles sont au Salon Professionnel.**
> *They are at the Salon Professionel.*

Il, ils, elle, elles are used instead of **ce** when the verb **être** is followed by an adjective or adverb (or a prepositional phrase acting as an adjective or an adverb). Remember that in French, when nouns of profession, religion, or nationality follow the verb **être** and are not modified, they function as adjectives rather than nouns.

> **Ils sont français.**
> *They are French.*

Ce sont des Français très riches.
They are very rich Frenchmen.

Exercices

H. *Complétez les phrases suivantes par le pronom convenable :* **ce**, *ou* **il, ils, elle, elles.**

1. _____ est un très bon ami.
2. Le bureau ? _____ se trouve aux Champs-Élysées.
3. Cette machine ? _____ est très chère.
4. _____ est difficile de choisir la meilleure.
5. _____ est américaine, je pense.
6. _____ est une Américaine, je pense.
7. _____ est mon ordinateur favori.
8. Est-_____ Marc ?
9. _____ était une idée très intéressante.
10. _____ est homme d'affaires.

I. *Répondez aux questions suivantes en employant le pronom* **ce.**

EXEMPLE :   Qu'est-ce que c'est qu'une foire professionnelle ?
C'est une exposition où les nouveaux produits sont mis à l'étalage pour être vus par les commerçants.

1. Qu'est-ce que c'est qu'un représentant ?
2. Qu'est-ce que c'est qu'une lettre de vente ?
3. Qu'est-ce que c'est qu'une demande d'offre ?

QUESTIONS DE COMPOSITION

Réclame dans un journal

La Maison du Chic
39, Boulevard Massena, Nice
Tel. : 132.23.60

Pour le professeur occupé, pour le jeune cadre affairé, pour tous ces hommes qui apprécient la qualité d'un tissu solide et l'élégance d'une coupe, nos maîtres-tailleurs ont créé des costumes prêt-à-porter, à des prix raisonnables, dans une gamme de couleurs à la mode de cet hiver. Ce sont des vêtements indéformables, infroissables, parfaitement adaptés aux besoins des hommes mondains et actifs.

Pendant le mois de décembre jusqu'à la veille de Noël, nous aurons le plaisir d'offrir gracieusement à tous nos clients qui profitent de cette offre, une cravate pure soie, assortie à votre complet.

Votre visite recevra le meilleur accueil ; nous attendons le plaisir de vous servir du lundi au vendredi, entre 10 heures et 17 heures, ou le soir sur rendez-vous.

Réclame dans un magazine

Sunyato Portatif

Vous êtes une jeune compagnie moderne, vigoureuse, en expansion ; peut-être qu'il est temps d'envisager l'achat d'un ordinateur portatif Sunyato ! Qu'est-ce que c'est ? C'est un assistant indispensable, infatigable à la portée de la main ; c'est l'entrepôt, la chaîne de montage et votre bureau—le tout dans votre serviette. Pas beaucoup plus grand qu'une calculatrice mais avec l'intelligence d'un ordinateur, cette petite machine habile peut augmenter, toute seule, la production d'une entreprise entière.

Comment est-ce possible ? C'est grâce à un nouveau système de programmation par éléments-capsules. Ces petites capsules, qui peuvent être adaptées à tous les besoins d'une compagnie active — la facturation, l'inventaire, le personnel, les devis, etc. — permettent à l'usager de faire des affaires où qu'il se trouve. En plus, avec le module téléphonique, il est possible de transmettre des informations à l'ordinateur du bureau central et d'en recevoir par le simple moyen d'un téléphone au bord de l'autoroute !

Pour rendre le travail plus agréable, pour expédier les affaires, l'ordinateur Sunyato, compact, portatif, facile à utiliser, est prêt à vous servir.

Pour tous renseignements, veuillez nous écrire :
Sunyato
BP 900
F 75 Paris

EXERCICES ORAUX ET ÉCRITS

1. Questions à poser au sujet de toute publicité :
   a) Comment cette réclame essaie-t-elle d'attirer l'attention ?
   b) Comment essaie-t-elle d'éveiller l'intérêt ?
   c) Comment essaie-t-elle de susciter le désir d'achat ?
   d) Comment essaie-t-elle de transformer ce désir en action qui résulte en commande ?
   Discussion et analyse en classe. Ensuite, analyse écrite des deux réclames ici données (La Maison du Chic, Sunyato Portatif).
2. Écrivez aux deux maisons indiquées. Exprimez votre intérêt ; demandez des renseignements supplémentaires.
3. Vous êtes marchand de bicyclettes. Dictez sur une cassette une réclame que la secrétaire (un autre membre de la classe) va taper et transmettre au journal. Incluez dans la réclame une offre de pneus gratuits sur condition d'achat dans un temps limité indiqué.

Chapitre

9

Les Commandes et l'accusé de réception

Alain Rochard, le nouveau représentant européen de la compagnie Micro-Mac, est parti en voyage d'affaires. Les commandes de matériel et de logiciel qui arrivent à Melun attestent de son habileté dans ce domaine. Puisqu'il faut répondre à chaque commande par un « accusé de réception » avant de l'exécuter, les Porter sont très occupés.

C'est aujourd'hui lundi, sept heures du matin. La secrétaire est malade depuis trois jours et Eric est déjà au bureau où il a passé un weekend affairé à répondre aux lettres de commande et aux demandes de renseignements.

CONVERSATION : UNE COMMANDE IMPORTANTE

Eric   (*Le téléphone sonne.*) Âllo ! Micro-Mac Ordinateurs, Eric Porter à l'appareil !

Voix   Âllo ? Âllo ? Vous m'entendez ? Monsieur Porter ?

Eric   Oui, monsieur ! Je vous entends très bien ! Oui, ici Eric Porter, je vous écoute !

Voix   Alors, bien ! Ici Albert Francoeur de la Société Ordex, à Strasbourg…

Eric   Oui, monsieur !

Voix   Alors, bien… Votre lettre d'offre m'intéresse beaucoup.

Eric   Laquelle, monsieur ?

Voix   Votre lettre du mois dernier, celle qui décrit votre Micro III. Il y avait un dépliant en couleurs… cela m'intéresse beaucoup.

Eric   Je suis heureux que cela vous intéresse ! Puis-je vous donner d'autres renseignements ? Vous avez des questions à me poser ?

(*Tout en parlant, Eric trouve dans le classeur une copie de la lettre d'offre dont parle Monsieur Francoeur.*)

Voix   Alors, bien… J'aimerais savoir si vous en avez en stock et si nous pourrions en avoir livraison dans la semaine. Est-ce que cela serait possible ?

Eric   (*Surpris*) Euh… je crois que ce serait possible, monsieur. Nous en avons en stock, oui, mais ne voulez-vous pas…

Voix   Je connais déjà votre produit. J'ai un ami à Lille qui en a acheté un récemment. Quand j'y ai été la semaine passée, je suis passé le voir. Il est exactement ce qu'il nous faut.

Eric   Dans ce cas…

Voix   Alors bien ! Je vous ferai envoyer une lettre de confirmation aujourd'hui si possible. Ma secrétaire est malade depuis deux semaines… j'attends ce matin une secrétaire de l'intérim.

Eric   Ah ! Je comprends ! Je me trouve dans la même situation !

Ils se parlent encore un bon moment, et Eric prend tous les détails nécessaires. Après, il s'apprête à écrire tout de suite un accusé de réception. Il attendra aussi une lettre de confirmation de commande de la part de Monsieur Francoeur avant de livrer un Micro III à Strasbourg !

TEXTE À LIRE : LES COMMANDES

En France, il y a plusieurs moyens de passer des commandes. Les magazines et les journaux, aussi bien que les offres qu'on reçoit dans le courrier, sont souvent accompagnés de *bulletins de commande.* On n'a qu'à les remplir et les renvoyer par la poste. Des *lettres* et des *appels téléphoniques* apportent souvent des commandes des particuliers. Les vendeurs portent à tout moment leurs carnets de commandes, tandis que les grandes compagnies envoient des *bons de commandes* imprimés de leurs propres en-têtes. Une commande passée par n'importe quel moyen doit être reconnue par un *accusé de réception.*

Une commande, ou verbale ou écrite, constitue un engagement entre le client et le fournisseur engagement dans lequel tous les détails et les conditions de l'affaire doivent être énoncés. Une commande est envoyée, ou «passée», par le client (l'acheteur), et le fournisseur en accuse réception. Pour le cas où la commande est passée oralement, comme a fait Monsieur Francoeur, c'est-à-dire, directement entre deux personnes, ou par téléphone ou par télégramme, elle doit être toujours confirmée par écrit. Cette confirmation devrait rappeler toutes les indications importantes de la communication verbale.

Les commandes écrites peuvent être enregistrées sur un bon de commande, sur un bulletin de commande, ou dans une simple lettre de commande. Si la lettre

Bon de commande.

de commande fait suite à une offre précise du fournisseur ou si elle répond tout simplement à une réclame, elle doit être d'une précision absolue à l'égard de :

1. La description et la quantité des articles commandés
2. Le prix, et le mode et la date de paiement
3. Le délai de livraison
4. Toutes les conditions spéciales relatives à la commande.

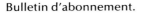

Bulletin d'abonnement.

Une commande qui est passée sur un bulletin de commande a l'avantage d'avoir déjà indiqué les instructions au sujet de l'emballage, de l'expédition, et du paiement. Le client n'a qu'à ajouter la quantité et les conditions spéciales, s'il y en a. Les commandes passées sur les bons de commande sont préférées des grandes compagnies, qui refusent de payer si la commande est enregistrée sur autre chose.

Si plusieurs commandes sont passées le même jour au même fournisseur, il faut qu'elles soient numérotées successivement afin de les identifier. Également, quand il s'agit d'un renouvellement pour le même article, il est opportun, sinon essentiel, de faire référence à la livraison précédente et d'en donner les numéros de référence du fournisseur.

En somme, une commande écrite doit :

1. Accuser la réception de l'offre, si une offre a précédé la commande
2. Préciser les détails de la commande
3. Donner des instructions sur l'expédition et la livraison
4. Donner des informations spéciales, s'il y en a
5. Finir par une formule de politesse.

Exemple : Lettre de commande

La Société Ordex de Strasbourg a reçu une lettre d'offre de la compagnie Micro-Mac, et envoie une commande pour un ordinateur, Modèle III de la série Micro.

Société Ordex
21, rue du Vieux Château
67000 Strasbourg

Monsieur Eric Porter
Micro-Mac, S.A.
17, rue de la République
77000 Melun

Strasbourg, le 15 décembre 198–

N/Réf : B 408

Monsieur,

Votre offre du 15 novembre nous est bien parvenue et nous vous en remercions. En réponse, nous avons le plaisir de vous transmettre la commande suivante :

1 ordinateur, type Micro III, à 22 500 F., livraison franco de port dans le plus bref délai, et paiement par virement sur votre compte du Crédit Lyonnais à Melun.

Veuillez nous adresser confirmation le plus tôt possible et agréer, Monsieur, nos salutations distinguées.

Société Ordex

Albert FRANCOEUR

L'Accusé de réception

Une vente commerciale est complétée seulement quand toutes les parties sont d'accord sur la chose et sur le prix. Dans ce but, Eric, le fournisseur, doit envoyer à M. Francoeur, le client, tout de suite après avoir reçu la commande, une lettre qui en accuse la réception. Cette lettre, qui s'appelle *un accusé de réception*, est envoyée à M. Francoeur avant que la commande soit expédiée, pour assurer à Eric Porter que la commande représente les vraies intentions de M. Francoeur. Si la commande ne peut pas être livrée, ou si une modification des détails était nécessaire, Eric doit notifier M. Francoeur immédiatement pour éviter toute situation désagréable.

Un accusé de réception doit :

1. Accuser la réception de la commande avec des remerciements de la part du fournisseur
2. Répéter les détails de la commande (expédition, paiement, livraison, etc.)
3. Témoigner le plaisir du fournisseur d'entrer en relations avec le client
4. Finir par une formule de politesse.

Étalage de solde.

La réception d'une commande passée oralement est accusée par une *lettre de con-firmation*. Celle-ci, comme l'accusé de réception, répète tous les détails de la commande et comprend toutes les expressions de politesse habituelles.

Exemple : Accusé de réception

Eric Porter confirme par écrit une commande qu'on lui a passée par téléphone.

Micro-Mac, S.A.
17, rue de la République
77000 Melun

Société Ordex
21, rue du Vieux Château
67000 Strasbourg

Melun, le 10 décembre 198–

À l'attention de Monsieur Albert Francoeur
N/Réf. : CT 604

Monsieur,
    Comme suite à notre conversation téléphonique du 3 décembre, nous avons le plaisir de confirmer votre commande d'un ordinateur Micro III, à 22 500 F., livraison dans la semaine, et paiement par virement à notre compte du Crédit Lyonnais à Melun.
    Nous vous remercions et vous prions d'accepter, Monsieur, nos salutations distinguées.

Micro-Mac, S.A.

Eric PORTER

Exemple : Accusé de réception

Micro-Mac, S.A.
17, rue de la République
77000 Melun

Société Ordex
21, rue du Vieux Château
67000 Strasbourg

Melun, le 20 décembre 198–

N/Réf. : CT 604

Monsieur,
    Nous vous accusons réception de votre commande du 15/12. C'est à regret que nous vous signalons que la livraison ne peut être effectuée dans le délai anticipé. Nous nous trouvons obligés de prolonger le délai d'une semaine.
    Veuillez nous confirmer votre ordre à cette nouvelle condition, et soyez sûr que nous tâcherons de vous donner toute satisfaction.
    Agréez, Monsieur, nos sentiments distingués.

Micro-Mac, S.A.

Eric PORTER

VOCABULAIRE

l'accusé *(m.)* **de réception**   letter acknowledging receipt of an order before shipment of goods

affairé   busy, hectic

le bon de commande   purchase order bearing the letterhead of the buyer

le bulletin de commande   order blank furnished by the company selling the merchandise

le délai de livraison   time allowed for delivery

le dépliant   folder, brochure (« **pliant** »)

effectué   accomplished

en stock   in stock

la lettre de confirmation   letter sent by the buyer to confirm an order placed orally

livraison franco de port   delivery to be paid by the seller

le logiciel   computer software

le matériel   computer hardware

paiement par virement   payment by transfer of funds directly to the seller's account

passer une commande   to send an order

la secrétaire de l'intérim   temporary secretary

QUESTIONS D'ÉTUDE

1. Comment peut-on passer une commande ? Identifiez plusieurs façons.
2. Expliquez les différences entre un bon de commande et un bulletin de commande. Dans quelle sorte de situation le bon de commande est-il employé ? le bulletin de commande ? Quels sont les avantages de chacun du point de vue du client ? du fournisseur ?
3. Dans une commande, comment peut-on décrire un article pour être sûr de recevoir l'article désiré ? Quels détails faut-il donner ?
4. Peut-on nommer une date précise de livraison ?
5. Pourquoi faut-il mentionner le prix ?
6. Si vous passez plusieurs ordres au même fournisseur le même jour, comment peut-on les identifier ?
7. Comment faut-il identifier une commande qui est un renouvellement d'une commande passée ?
8. Expliquez l'organisation d'une lettre de commande.
9. Que veut dire « … qui en accuse la réception » ?
10. Quel est le but d'une telle lettre ?
11. Comment un accusé de réception est-il organisé ?
12. Pourquoi faut-il mentionner un délai de livraison ?
13. Comment la Société Ordex va-t-elle payer l'ordinateur commandé à Micro-Mac ? Quel en est le prix ?
14. Qui va payer la livraison ?
15. Quelle est la date de livraison ?
16. Dans la deuxième lettre d'accusé de réception, Eric Porter regrette que la livraison ne puisse être effectuée dans le délai anticipé. Quelles sont quelques raisons possibles pour un tel prolongement ? Qu'est-ce que M. Francœur doit faire avant que la livraison soit effectuée ?

EXERCICE DE VOCABULAIRE

Choisissez le mot convenable pour compléter les phrases suivantes.

> dépliant   numéroté   un bon de commande   effectuée
> le bulletin de commande   en stock   passer une commande
> information   délai de livraison   lettre de commande
> lettre de confirmation   franco de port   paiement par virement

1. Un formulaire qui porte l'en-tête de l'acheteur est _____.
2. Un mot pour «brochure» est _____.
3. Un acheteur qui passe une commande par téléphone doit envoyer une _____ tout de suite.
4. Avant que la livraison puisse être _____, il faut envoyer à l'acheteur un accusé de réception.
5. « _____ » veut dire que le vendeur paie la livraison.
6. Le formulaire qui porte l'en-tête du vendeur est _____.
7. Un deuxième ordre passé le même jour au fournisseur doit être _____.
8. Le _____ est le temps nécessaire pour effectuer la livraison.
9. « _____ » veut dire envoyer un ordre.
10. Avoir les marchandises _____ permet une livraison immédiate.

REVISION DE GRAMMAIRE

L'Infinitif

The infinitive has many functions in French, as it does in English. Although it most often occurs as a verbal, it may also serve as a noun. Its first role is that of ''family name'' of verbs—the name by which a verb is listed in the dictionary. It frequently occurs in sentences following the primary verb of the sentence. The infinitive often replaces the imperative form in written commands. It may follow a preposition; it often takes object pronouns; it may be made negative; it expresses tense. And just as English often uses the infinitive as a noun, so the infinitive in French may occur as subject or object in a sentence.

EXEMPLES:
Il voudrait *aller* avec les autres.
He would like to go with the others.

***Écrire* chaque commande dans le carnet de commandes.**
Write each order in the order book.

Sans *téléphoner*, nous ne pouvons rien *faire*.
Without telephoning, we can't do anything.

Pouvez-vous le *taper* avant de *partir* ?
Can you type it before leaving?

Je préfère ne pas *aller*.
I prefer not to go.

Après *avoir fait* un tel effort, il n'était pas content.
After having made such an effort, he was not happy.

***Dicter* des lettres n'est pas toujours facile.**
To dictate letters is not always easy.

L'infinitif comme verbe

Il faut *avoir* une lettre de confirmation.
A letter of confirmation is necessary.

Il préfère ne pas *passer* une commande par téléphone.
He prefers not to order by telephone.

Voulez-vous l'*envoyer* par télex ?
Do you want to send it by telex?

The infinitive most often functions as a verbal. Notice that when it is negative, both **ne** and **pas** precede the infinitive. Object pronouns also precede the infinitive.

Exercices

A. *Répondez aux questions suivantes d'après les indications.*

EXEMPLE : Où va-t-il établir son agence ? (la France)
Il va établir son agence en France.

1. Où allait-il envoyer les marchandises ? (le Canada)
2. Où voulez-vous vendre ce produit ? (l'Espagne)
3. Quand pouvez-vous livrer cet ordinateur ? (le 13 avril)
4. Que désire-t-il voir ? (le modèle 300)
5. Sait-il utiliser le télex ? (oui)
6. Aime-t-elle assister aux foires professionnelles ? (oui)

B. *Exprimez en français.*

1. We cannot deliver it.
2. He prefers not to use billboards for advertising.
3. Are you going to order them?

L'infinitif comme nom

***Passer* une commande n'est pas possible.**
To send an order is not possible.
OR: *Sending an order is not possible.*

Elle déteste *classer* la correspondance.
She detests filing the correspondence.

An infinitive may function as a noun, to represent either subject or object within a sentence. **Passer** and **classer** in the examples above are often translated in English by the present participle: *sending* and *filing*. The present participle cannot be used this way in French, however.

Exercice

C. *Exprimez en français.*

1. To hesitate is a mistake.
2. She likes to dictate letters.
3. Attending your first professional fair is exciting!
4. Installing computers requires much skill.
5. He prefers to travel by plane.

L'infinitif précédé d'une préposition

Sans le *voir*, je ne veux pas l'acheter.
Without seeing it, I do not wish to buy it.

Pour *finir*, nous avons envoyé notre représentant.
To finish, we have sent our salesman.

All prepositions except **en** require the infinitive form if followed by a verb. (Use the present participle with **en**.) Note that **avant** (*before*) is always followed by **de** when it precedes an infinitive:

A*vant de passer* une commande, il a bien étudié la machine.
Before ordering, he studied the machine carefully.

Exercice

D. *Complétez les phrases suivantes.*

EXEMPLE :   Sans travailler,…
                   Sans travailler, on ne peut rien faire.

1. Pour vendre…
2. Sans vouloir le faire,…
3. Pour faire des économies,…
4. Avant de commencer,…
5. Afin de venir immédiatement,…

L'infinitif passé

Après avoir installé l'ordinateur, il est parti.
After installing the computer, he left.

Après être venue de si loin, je voulais rester.
After coming from so far, I wanted to stay.

The preposition **après** (*after*) requires a past infinitive when followed by a verb. This form consists of the infinitive of the auxiliary (**avoir** or **être**) and the past participle of the verb. Remember that verbs that require **être** as auxiliary also must show agreement between the past participle and subject.

Exercice

E. *Répondez aux questions suivantes en employant l'infinitif.*

EXEMPLE :   Quand a-t-il envoyé ce télégramme ? *(before leaving)*
Il a envoyé ce télégramme avant de partir.

1. Quand avez-vous acheté ces disques ? *(before going to the office)*
2. Quand ont-ils écrit cette lettre ? *(after receiving the merchandise)*
3. Quand recevrons-nous les marchandises ? *(after sending a check)*
4. Quand classera-t-elle ces documents ? *(before going to eat)*
5. Quand a-t-il lu ce contrat ? *(before making the appointment)*
6. Quand partira-t-elle en vacances ? *(after finishing her work)*
7. Quand verrez-vous ces clients ? *(after talking with Parker)*
8. Quand auront-ils l'argent nécessaire ? *(after writing to the minister)*

L'infinitif complément

Il voudrait *partir* demain.
He would like to leave tomorrow.

Je commence à *comprendre*.
I am beginning to understand.

Ils refusent de *payer*.
They refuse to pay.

An infinitive that is dependent on another verb (as in **il voudrait *partir***) may follow that verb directly or it may be preceded by **à** or **de**. Which structure is used depends on the verb that precedes the infinitive. Since there are no fixed rules to follow, you will need to study the lists below and have access to a dictionary.

(a) Verbs that do not require a preposition before a dependent infinitive:

aimer	*to like*	falloir	*to be necessary*
aimer mieux	*to prefer*	laisser	*to leave; to allow*
aller	*to go*	oser	*to dare*
compter	*to intend*	pouvoir	*to be able*
croire	*to believe*	préférer	*to prefer*
désirer	*to desire*	savoir	*to know*
devoir	*to owe, must*	sembler	*to seem*
entendre	*to hear*	venir	*to come*
espérer	*to hope*	voir	*to see*
faire	*to do, make*	vouloir	*to wish, want*

(b) Verbs that require **de** before a dependent infinitive:

avoir peur de	*to be afraid of*	finir de	*to finish*
cesser de	*to stop, cease*	ordonner de	*to order*
craindre de	*to fear*	oublier de	*to forget*
décider de	*to decide*	permettre de	*to permit*
défendre de	*to forbid*	prier de	*to beg, ask*
demander de	*to ask*	promettre de	*to promise*
se dépêcher de	*to hurry*	refuser de	*to refuse*
dire de	*to tell*	regretter de	*to regret*
empêcher de	*to prevent*	remercier de	*to thank*
essayer de	*to try*	tâcher de	*to try*

(c) Verbs that require **à** before a dependent infinitive:

aider à	*to help*	enseigner à	*to teach*
s'amuser à	*to amuse oneself*	s'habituer à	*to accustom oneself*
apprendre à	*to learn, teach*	hésiter à	*to hesitate*
arriver à	*to succeed*	inviter à	*to invite*
avoir à	*to have to*	recommencer à	*to begin again*
commencer à	*to begin*	réussir à	*to succeed*
consentir à	*to consent*	songer à	*to think, dream*
continuer à	*to continue*	tarder à	*to delay in*
se décider à	*to decide*	tenir à	*to value*

You will notice in studying these lists that many of the verbs that indicate emotion (**avoir peur de, défendre de, refuser de, prier de**) require **de** before a dependent infinitive. In addition, some of the most common verbs—those that are most frequently followed by an infinitive—require no preposition: **aller, vouloir, aimer, savoir, pouvoir, desirer, devoir**, etc.

Finally two of these verbs (**décider** and **demander**) will sometimes be followed by **de** and sometimes **à**, depending upon the sentence:

Il a décidé *de* commander un micro.
He decided to order a micro.

Il a décidé son ami *à* commander un micro.
He persuaded his friend to order a micro.

(Notice the difference in the meaning of the sentence.)

Nous demandons *à* rester.
We want to stay.

Nous demandons au patron *de* rester.
We want the boss to stay.

Exercices

F. *Complétez les phrases suivantes par une préposition s'il y a lieu.*

1. Il refuse absolument _____ payer cette facture.
2. Nous voulons _____ voir le bilan.
3. S'ils tardent _____ payer, envoyez une lettre tout de suite.
4. Il a continué _____ passer des commandes.
5. Savez-vous _____ faire marcher cette machine ?
6. J'essaie toujours _____ finir mon travail avant six heures.
7. Ils ont pu _____ persuader le patron.
8. Faut-il _____ payer à l'avance ?
9. Je dois _____ téléphoner à M. Richard aujourd'hui.
10. Elle continue _____ travailler malgré tout.

G. *Exprimez en français.*

1. Paul, ask your secretary to come in.
2. Mademoiselle, write to our salesman to go to Lyons.
3. Boss, persuade Louis to send that order immediately.
4. Monsieur Montand, tell him to explain.
5. Eric, when you see M. Riche, ask him to call me.
6. This machine permits you to calculate prices very quickly.
7. We permitted that company to take the machine to try it.
8. I advised the customer to look at several computers before buying.

Faire + infinitif : le sens causatif

> **Il a fait installer l'ordinateur.**
> *He had the computer installed.*
>
> **Nous ferons imprimer cet en-tête.**
> *We will have this letterhead printed.*

The verb **faire**, when followed by an infinitive, expresses an action that the subject is causing to have done (rather than doing it directly). In the examples above, **l'ordinateur** and **cet en-tête** are direct objects. If these direct object nouns are replaced by pronouns, the pronoun precedes **faire**:

> **Il *l'*a fait installer.**
> *He had it installed.*
>
> **Nous *le* ferons imprimer.**
> *We will have it printed.*

Whether the preceding direct object is masculine or feminine, however, singular or plural, the past participle **fait** will not change to agree.

Il a fait installer l'ordinateur à M. Porter.
He had Mr. Porter install the computer.

Nous ferons imprimer cet en-tête à la Maison Rochard.
We will have the Rochard Company print this letterhead.

When you state who is doing the action, this person is considered to be the indirect object.

Il le lui a fait installer.
He had him install it.

Nous le lui ferons imprimer.
We will have them (the company) print it.

Exercices

H. *Répondez aux questions suivantes d'après le modèle.*

EXEMPLE :   Votre secrétaire peut-elle écrire cette lettre ?
Oui, je la lui ferai écrire.

1. Votre secrétaire peut-elle chercher le courrier ?
2. Peut-elle ouvrir les lettres ?
3. Peut-elle prendre rendez-vous avec M. Blocard ?
4. Peut-elle taper ces lettres avant midi ?
5. Peut-elle classer ces documents ?
6. Peut-elle rédiger ces réponses ?

I. *Répondez aux questions suivantes d'après le modèle.*

EXEMPLE :   Votre secrétaire peut-elle écrire en sténo ?
Oui, je la ferai écrire en sténo.

1. Votre secrétaire peut-elle être ici ?
2. Peut-elle répondre ?
3. Peut-elle classer ?
4. Peut-elle attendre ?
5. Peut-elle finir ?

Il est + adjectif + infinitif

This construction appears frequently in business correspondence. Study the examples below.

Il sera difficile d'en trouver un autre.
It will be difficult to find another.

Il a été nécessaire de fournir ces documents.
It has been necessary to furnish these documents.

Exercice

J. *Exprimez en français.*

1. It has been necessary to raise these prices.
2. It is impossible to furnish this merchandise at this time.
3. It would be difficult to ship these by plane.
4. It will be interesting to see the results.

QUESTIONS DE COMPOSITION

Description de l'article : Petit sac à main en satin noir pure soie, brodé main en perles fines, doublé de satin blanc. Prix de gros, 40 F la pièce.

1. Vous êtes le / la propriétaire de la petite boutique *Nouveautés et Trouvailles* à Lyon. À une récente foire professionnelle à Paris, vous avez remarqué parmi les articles de fantaisie, un petit sac à main que vous voudriez avoir à temps pour la promotion des ventes de Noël. Écrivez une lettre aux fournisseurs (Ateliers Duchard, 83, rue de la Reine, 75003 Paris) décrivant l'article, et commandez-en vingt, à être livrés le 1er décembre, ou avant. Joignez à la lettre un bon de commande qui porte l'en-tête de votre boutique.
2. Vous êtes le fournisseur. Écrivez l'accusé de réception de la commande.
3. Vous êtes le fournisseur. Écrivez une deuxième lettre indiquant un délai imprévu de deux semaines qui rendra impossible la livraison avant le 10 décembre.

EXERCICE ORAL

Exercice à trois : Anne, Eric, le comptable à *l'Express*.

Anne Porter, qui est responsable de la comptabilité de l'entreprise Micro-Mac France, reçoit dans le courrier une facture pour un abonnement au magazine *l'Express*. Puisque toute commande doit être sur un bon de commande de Micro-Mac France et Anne n'en trouve pas un dans les archives, fâchée, elle demande à Eric une explication. Il ne s'en souvient pas. Elle est obligée finalement de téléphoner à *l'Express* pour vérifier l'abonnement. Elle découvre qu'il s'est abonné par bulletin de commande. Elle leur explique qu'elle sera obligée d'envoyer avec paiement un bon de commande rempli.

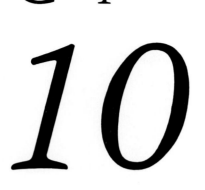

Chapitre

10

Les Banques

Eric et Anne ont hâte de se décider sur le choix d'une banque, mais ils en cherchent une qui répondra à tous leurs besoins personnels et professionnels. Ils s'étonnent de la quantité et de la variété de banques à Melun. Anne, qui s'occupe des comptes ménagers, veut une banque qui lui accordera son compte en banque personnel; Eric, qui envisage l'expansion de la compagnie, veut une banque qui s'intéresse aux affaires. Eric consulte finalement son ami Marcel Fécamp. Marcel est avocat, il est originaire de Melun, et il connaît bien la région.

CONVERSATION : À LA RECHERCHE D'UNE BANQUE

Marcel Il me semble, Eric, que ce qu'il vous faut est une banque qui vous offre les services de banque de crédit et de banque de dépôt en même temps !

Eric Et qui soit près du bureau !

Marcel Vous avez des préférences ?

Eric Ma femme cherche à avoir un compte en banque dont elle peut retirer de l'argent quand elle voudra. Elle préfère payer tout par chèque !

Marcel Vous non ?

Eric Ah, si ! Mais j'en écris bien moins qu'elle. Ce que je cherche, moi, c'est une banque où je pourrais financer de nouvelles entreprises — ou l'expansion de celle-ci.

Marcel Une banque qui vous aiderait aussi à trouver un bailleur de fonds si nécessaire ?

Eric C'est exact.

Marcel Alors, pour commencer je suggère le Crédit Lyonnais. C'est une banque qui vous plairait à tous les deux.

Eric	Comment ça ?
Marcel	Mais, parce que votre femme pourrait déposer son argent en dépôt à vue…
Eric	Qu'est-ce que c'est que ça ?
Marcel	C'est un dépôt où l'argent peut être retiré à tout moment. Chaque déposant reçoit un carnet de chèques et a le droit de…
Eric	Ah, oui, je comprends ! Ce serait idéal pour Anne, mais pour moi…
Marcel	Ah, mais pour vous aussi ! Cette banque offre des dépôts à terme, à un intérêt plus élevé pour les personnes comme vous, qui ne retirent pas souvent leur argent.
Eric	Mais pour les affaires ?
Marcel	Pour les affaires aussi je trouve cette banque bien obligeante. Mais il y a d'autres banques d'affaires si vous voulez chercher plus loin, le Paribas, par exemple, ou l'Union Parisienne…

Eric et Marcel continuent à discuter les banques et les questions financières. Anne rentre du bureau et ils sortent, tous les trois, pour aller au café et dîner ensuite chez les Fécamp.

TEXTE À LIRE : LES BANQUES

Une banque est une entreprise commerciale comme toute autre, mais c'est une entreprise dont la marchandise consiste en argent et en services financiers. La fonction essentielle d'une banque est de faciliter les échanges entre prêteurs et emprunteurs. Pour ces services, les clients paient à la banque des sommes variées et permettent à la banque d'employer des fonds pour son propre compte.

Les services rendus par les banques sont nombreux, et la prolifération des agences et des distributeurs de billets met ces services à la portée de tous. La plus grande partie de ces services se rapportent aux dépôts et aux effets de commerce.

Un dépôt est une somme d'argent déposée à une banque et sujette à des conditions spécifiques établies par cette banque. Les dépôts différents comprennent :

1. Le dépôt à vue qui peut être retiré sans préavis, mais qui comporte un intérêt très faible.

2. Le dépôt à terme qui peut être retiré seulement avec préavis spécifié, mais qui rapporte un intérêt variable plus élevé.

3. Le dépôt à échéance fixe qui ne peut être retiré qu'au futur à une date précise établie au moment du dépôt, mais qui a l'avantage d'un intérêt fixe.

Les services qui se rapportent aux effets de commerce sont également indispensables aux affaires. Citons :

1. Le bordereau des effets, qui peut être analytique ou récapitulatif

2. La réception des titres en dépôt

Intérieur de banque.

3. **L'encaissement des coupons**
4. **L'acceptation en dépôt** des bijoux, des objets d'art, des antiquités, etc.
5. **La location des coffres-forts**
6. **Le règlement des factures** de gaz, d'électricité, etc.
7. **Le versement des impôts.**

En plus des services de dépôt et d'effets de commerce, il y a des services occasionnels comme :

1. **Les comptes bancaires**
2. **Les chèques de voyage**, utilisés pour éviter la perte ou le vol d'espèces
3. **Les cartes de paiement** (une « Carte Bleue »), ordinaire ou internationale, pour titulaires de comptes en banque. Cette carte est l'équivalent de la BankAmericard aux États-Unis ou Visa
4. **L'achat ou la vente des valeurs immobilières** pour des clients
5. **Les services d'intermédiaire** entre des clients et des agents de change
6. **Le commerce de l'or, de l'argent et des diamants.**

La profession de banquier n'est pas ouverte à tout le monde. Non seulement faut-il avoir une solide préparation dans le domaine des affaires, mais il faut avoir aussi un caractère exemplaire. La profession est fermée aux condamnés pour crime de droit commun, aux faillis non réhabilités, aux gérants de sociétés en faillite, et, qu'ils soient de bon ou de mauvais caractère, aux étrangers sans permission spéciale !

CREDIT LYONNAIS BORDEREAU DE REMISE DE CHÈQUES ou DE VERSEMENT D'ESPÈCES

Bordereau de remise de chèques.

Chèque de voyage.

Carte de crédit.

Même pour ceux qui répondent aux exigences de caractère, il ne suffit pas d'ouvrir les portes et de se déclarer banquier dans sa banque ! Il faut d'abord que certaines conditions soient remplies. Premièrement, une banque doit avoir un capital minimum. Pour les banques organisées en société anonyme (S.A.), le capital minimum exigé est de 2 000 000 F (société anonyme par actions). Pour les banques organisées autrement, le capital minimum exigé est de 1 800 000 F.

Deuxièmement, une banque a des obligations précises à remplir qui dépendent du rôle de la banque :

1. La banque de dépôt est une banque qui reçoit l'argent des particuliers et le tient à leur disposition. Le déposant reçoit un carnet de chèques. Pour retirer son argent, il peut tirer un chèque sur lui-même ou à l'ordre d'un autre bénéficiaire (« le tiré »).

Les clients ne sont pas obligés de déposer ou de retirer leur argent exclusivement en forme d'espèces. Les banques acceptent des dépôts ou paient des sorties en forme de chèques ou d'effets de commerce aussi, pourvu que ceux-ci soient dûment endossés à leur ordre. Les effets de commerce les plus populaires sont la traite (ou la lettre de change) et le virement bancaire.

Les banques de dépôt les mieux connues sont nationalisées : la Banque de France, le Crédit Lyonnais, la Société Générale, et la Banque Nationale de Paris (B.N.P.).

2. La banque de crédit et d'escompte accorde des crédits à long et à moyen terme contre hypothèque. En plus de crédit, elle escompte des traites, c'est-à-dire, elle achète des traites avant l'échéance. Parmi les banques de cette catégorie il y a le Crédit Foncier et le Crédit National.

3. La banque d'affaires fournit la créance nécessaire aux entreprises déjà en existence ou qui sont en voie de création. Le développement d'une entreprise moderne nécessite des capitaux considérables et la banque d'affaires peut accorder des crédits sans limite de durée. Il faut pourtant qu'elle dispose de ses propres ca-

Banque Nationale de Paris à Paris.

pitaux ou de fonds déposés pour moins de deux ans. Ces banques jouent un rôle si important dans la vie économique qu'un commissionnaire du gouvernement est nommé à la direction de chacune des grandes banques d'affaires pour veiller aux intérêts nationaux. La Banque de Paris et des Pays-Bas (Paribas), et l'Union Parisienne sont représentatives des banques d'affaires.

4. La Banque de France est unique et ne fait pas partie d'une catégorie. Elle a été créée en 1800, par Napoleon Ier, et depuis 1803, elle détient le privilège de l'émission des billets de banque. Elle veille sur la monnaie et le crédit, et fixe le taux d'escompte. C'est aussi la banque du Trésor public, et par le contrôle qu'elle exerce sur les autres banques, elle maintient l'équilibre de la trésorerie nationale.

5. Les organismes de l'État qui contrôlent et qui assurent la liaison interprofessionnelle et les fonctions de banquier sont plus nombreux en France que dans d'autres pays occidentaux.

Un des soucis principaux du gouvernement socialiste a été de stimuler le développement de petites industries de haute-technologie. Dans ce but, il a nationalisé plusieurs banques. On s'attend à ce que ces banques fournissent du crédit à intérêt modéré aux entreprises qui en ont besoin.

L'État contrôle, nominalement, le crédit à l'agriculture, à l'exportation, à la construction, à l'industrie (pour l'équipement) et au commerce. Le Conseil National du crédit, la Commission de contrôle, et l'Association Professionnelle des banques se trouvent parmi ces organismes de l'État.

VOCABULAIRE

l'agent *(m.)* **de change**   stockbroker
le bailleur de fonds   backer; sponsor (financial)
le billet de banque   banknote
le bordereau   memorandum; account of transactions
le chèque de voyage   traveler's check
le coffre-fort   strong-box in bank, rented to clients
la créance   credit
le crédit   credit
le déposant   depositor
déposer   to deposit
dûment endossé   properly endorsed
l'échéance *(f.)*   due date
l'effet *(m.)* **de commerce**   commercial instrument (invoice, contract, etc.)
l'emprunteur *(m.)*   borrower
l'encaissement *(m.)* **des coupons**   safe-keeping of dividend warrants or of certificates of interest due
escompter   to buy a contract before the date due, keeping as profit the interest paid
les espèces *(f. pl.)*   cash
le failli non réhabilité   person with an undischarged bankruptcy
le gérant   manager
l'hypothèque *(f.)*   mortgage
le particulier   individual
le prêteur   lender
retirer   to withdraw
le taux   rate
le tiré   person to whom the check is made out or drawn
tirer un chèque   to write a check
le titre   bond; voucher; deed
le virement bancaire   bank transfer

QUESTIONS D'ÉTUDE

1. Écrivez dans une phrase complète la définition d'une banque.
2. De quoi proviennent les profits d'une banque ?
3. Qu'est-ce qui met les services des banques à la portée d'un grand nombre de personnes ?
4. Qu'est-ce qu'un dépôt ?
5. Comment s'appelle la personne qui met de l'argent dans une banque ? Comment peut-elle retirer cet argent ?
6. Quelle est la différence entre un dépôt à vue et un dépôt à échéance fixe ? Quels en sont les avantages et les désavantages?
7. Si vous vendiez des terrains ou votre maison familiale, dans quel dépôt déposeriez-vous l'argent ? Pourquoi ?
8. Quels sont les services des banques qui se rapportent aux effets de commerce ?

9. Nommez quelques services occasionnels des banques.
10. Avez-vous un coffre-fort dans une banque ? Que mettriez-vous dedans si vous en aviez ?
11. Donnez un exemple d'une banque de dépôt, d'une banque d'affaires, et d'une banque de crédit.
12. Qui a créé la Banque de France ? Quelles sont les obligations de cette banque ?
13. Y a-t-il aux États-Unis un organisme analogue à la Banque de France ? Lequel ?
14. Est-ce qu'il y a des banques aux États-Unis qui servent d'intermédiaires entre leurs clients et les agents de change ?
15. Comment est-ce que le gouvernement français veille aux intérêts nationaux dans les affaires ?

EXERCICE DE VOCABULAIRE

Complétez les phrases suivantes par le mot convenable.

bordereau des effets   agents de change   étrangers
virement bancaire   gérants   Carte Bleue   bénéficiaire
dépôt à vue   carnet de chèques   chèques de voyage
déposant   endosser

1. L'argent peut être transféré directement d'un compte bancaire à un autre au moyen d'un _____.
2. La _____ est utilisée en France comme Visa aux États-Unis.
3. Si vous voulez que votre argent soit remboursable sur demande, vous ferez un _____.
4. Le _____ est la personne nommée sur un chèque et qui reçoit l'argent.
5. Pour éviter la perte ou le vol de votre argent en voyage, il est prudent d'acheter des _____.
6. La banque règle les effets de commerce par un _____.
7. Les _____ sont ceux qui travaillent dans l'administration des affaires.
8. Celui qui met de l'argent dans une banque à dépôt est un _____.
9. Pour enjoindre au tiré de payer un chèque à une autre personne, il faut _____ le chèque.
10. Sans permis spéciaux, les _____ ne peuvent pas agir en banquiers.

EXERCICE DE TRADUCTION

Traduisez le texte suivant en bon français :

To be a French banker, one must not only have a good reputation, one must have a good background in business and math, and a solid academic record. In addition, one must have a minimum capital investment of no less than 1 800 000 francs.

If these requirements have been met, it remains to make a choice of banks: credit banks, deposit banks, or commercial and investment banks. Today's businesses require such large amounts of capital and such a variety of services that all who are interested in the banking profession should be able to find a position that interests them.

REVISION DE GRAMMAIRE

Les Articles définis

The French language, like the Romance language from which it is derived, retains the idea of gender for nouns. In addition to the obvious nouns (such as *father*, *girl*, *woman*, etc.), which suggest gender in English as well, every proper and common noun in French is either masculine or feminine. This gender is reflected also in pronouns which replace nouns and in adjectives which modify nouns. It is important that the gender be memorized, along with the meaning of the noun.

Le bureau est toujours ouvert.
The office is still open.

Les lettres ne sont pas encores prêtes.
The letters aren't ready yet.

J'ai écrit à l'hôtel.
I wrote to the hotel.

Nous avons perdu la facture.
We've lost the bill.

The definite articles in French are **le** (masculine singular), **la** (feminine singular), and **les** (plural). When the noun begins with a vowel sound, the **le** or **la** contracts to **l'**, regardless of gender.

Les Emplois de l'article défini

1. The most common use of the definite article is that illustrated in the examples above: to identify a particular office or hotel or bill. The reader or listener obviously knows *which* office, *which* hotel—that is indicated by the use of the definite article. If several nouns occur in a series, the definite article is repeated before each noun.

Il a reçu le livre et le paquet, mais le mandat-poste n'est pas encore arrivé.
He received the book and the package, but the money order has not yet arrived.

2. The definite article is used to signal that a noun is being used in the general sense.

Le travail est bon pour la santé.
Work is good for the health.

Les ordinateurs deviennent de plus en plus importants dans les affaires.
Computers become more and more important in business.

3. The definite article is used with days of the week to suggest repeated actions.

Son représentant reste au bureau le vendredi.
His salesman stays in the office on Fridays.

BUT: **Son représentant restera au bureau vendredi.**
His salesman will stay in the office on Friday (this Friday).

4. The definite article is used in dates.

Elle va venir le 4 juin.
She is going to come June 4.

Elle va venir le mercredi 4 juin 1986.
She is going to come Wednesday, June 4, 1986.

The article (always **le**) precedes the date.

5. The definite article is used with seasons unless preceded by **en**.

J'aime mieux le printemps.
I prefer springtime.

Nous irons à Marseille en été.
We will go to Marseilles in summer.

Que ferez-vous au printemps ?
What will you do in the spring?

Notice that the seasons that begin with vowel sounds (**l'été, l'automne, l'hiver**) are preceded by **en**, while **le printemps** takes **au**, to translate the idea of *in spring*, *in summer*, *in autumn*, *in winter*.

6. The definite article is used with the names of languages, except after the verb **parler** or after **en**. The names of subjects studied in school are also preceded by the definite article.

La comptabilité était très difficile.
Accounting was very difficult.

Vous parlez français, italien, et japonais ?
You speak French, Italian, and Japanese ?

L'anglais est très important dans les affaires.
English is very important in business.

Exercices

A. *In the sentences below, the definite articles are italicized. Please explain why each definite article is used: Which of the six rules above applies?*

EXEMPLE :   A-t-il trouvé *le* numéro ?
Rule 1: It refers to a specific number.

1. Avez-vous vu *les* conteneurs ?
2. Il doit les avoir *le* 3 mai.
3. *L'*allemand et *le* français sont nécessaires ici.
4. *Le* printemps est une bonne saison pour vendre *les* vêtements.
5. Nous sommes à Melun *le* lundi, *le* mardi, et *le* mercredi.
6. *Les* représentants sont nécessaires pour une telle entreprise.
7. *La* chimie est très importante si vous voulez être médecin.
8. *Les* secrétaires jouent un rôle important dans la vie d'une entreprise.

B. *Exprimez en français.*

1. Do you speak French?
2. I go to the post office every Monday.
3. They will send it March 23, 1986.
4. I liked biology very much.
5. Winter in Paris is not very pleasant.
6. The woman at the counter speaks French and Italian.
7. In summer, we sell many sunglasses.
8. Unions have become very strong here.

L'article défini devant les noms géographiques

Le Canada est plus grand que les États-Unis.
Canada is larger than the United States.

Nous avons visité la France, l'Espagne, la Suisse, le Danemark, le Portugal, et l'Italie.
We visited France, Spain, Switzerland, Denmark, Portugal, and Italy.

In learning the gender of countries, it may help to remember that most countries ending in **-e** are feminine; others are masculine (for example, **le Mexique**).

1. In French, the definite article is used with names of continents, countries, provinces, mountains, seas, etc. It is also used with names of cities when that name is modified by an adjective:

Le vieux Paris.

2. To express the idea of *to* or *in*, *from* or *of*, when the name of the country or place is masculine, **à** and **de** contract with the definite articles:

Nous allons au Mexique mardi.
We are going to Mexico Tuesday.

Ils arriveront du Mexique mardi.
They will arrive from Mexico Tuesday.

3. Before the names of feminine countries, continents, provinces, etc., the name is preceded simply by **en** (*to* or *in*) and **de** (*from* or *of*).

Nous allons en Espagne mardi.
We are going to Spain Tuesday.

Ils arriveront d'Espagne mardi.
They will arrive from Spain Tuesday.

4. Before the names of cities, use **à** or **de** (no definite article) to express *to* or *in*, *from* or *of*.

L'usine se trouve à Lyon.
The factory is located in Lyons.

Le télex vient de Marseille.
The telex comes from Marseilles.

5. With names of French departments containing several words joined by **et**, use **en** to express *to* or *in*.

Notre représentant est en Seine-et-Marne.
Our salesperson is in Seine-et-Marne.

Other departmental names require **dans** + definite article:

Notre représentant est dans la Gironde.
Our salesperson is in the Gironde.

Exercice

C. *Complétez les phrases suivantes par l'article défini, s'il y a lieu. (Attention aux contractions !)*

1. _____ Rhin forme _____ frontière entre _____ France et _____ Allemagne.
2. _____ usine où sont fabriqués _____ pneus se trouve à _____ Clermont-Ferrand.
3. Ce bureau est situé à _____ Caen _____ Normandie.
4. _____ banques à _____ États-Unis ne peuvent pas servir comme intermédiaires entre leurs clients et _____ agents de change.
5. _____ banque Crédit National peut escompter, c'est-à-dire, elle peut acheter un effet avant l'échéance.

6. _____ banques s'occupent de _____ vente et de _____ achat de billets de banque étrangers.

7. Dans une banque, on peut acheter _____ chèques de voyage.

8. Avec une Carte Bleue Internationale, vous pouvez facilement voyager en _____ Allemagne, en _____ Italie, à _____ Portugal, à _____ Luxembourg, en _____ Espagne et en _____ Angleterre.

L'Article défini devant les titres

The definite article is used with titles when you are talking about someone. In direct address, however, this article is omitted.

Le ministre Vaughn va visiter l'usine demain.
Minister Vaughn is going to visit the factory tomorrow.

A-t-il rencontré le général Maurice ?
Did he meet General Maurice?

Général Maurice, puis-je vous offrir une place ici ?
General Maurice, may I offer you a chair here?

Monsieur, madame, mademoiselle do not require the definite article.

Monsieur Porter dirige l'agence à Melun.
Mr. Porter directs the agency at Melun.

Vous n'avez pas rempli ce formulaire, Madame.
You have not filled out this form, madam.

Notice that in French, the title is often used without the name:

Bonjour, Monsieur.

Monsieur le professeur, je trouve votre article très intéressant.

Les Emplois particuliers de l'article défini

1. The definite article is used to express the idea of *per* with units of measure.

Une secrétaire qui travaille à mi-temps gagne cinq dollars de l'heure.
A secretary who works part-time earns $5 per hour.

Pour transporter des fleurs, le train est plus pratique parce qu'il roule à cent soixante kilomètres à l'heure.
To transport flowers, the train is more practical because it goes 160 kilometers per hour.

2. The definite article is generally used before the names of streets unless the preposition *in* or *on* precedes it. Then it is optional.

L'avenue des Champs-Élysées est célèbre pour ses boutiques de luxe.
Avenue Champs-Élysées is famous for its luxury shops.

Je connais très bien la rue Château-d'Eau.
I am very familiar with Château-d'Eau Street.

La banque est située sur le boulevard Floride.
The bank is located on Florida Boulevard.

La banque est située Boulevard Floride.
The bank is located on Florida Boulevard.

Il se trouve dans la rue Royale.
It's located on Royale Street.

Exercices

D. *Complétez les phrases suivantes par l'article défini, s'il y a lieu.*

1. _____ diskettes coûtent ving-cinq dollars _____ douzaine.
2. Pour travailler dans cette banque, il faut parler _____ anglais aussi bien que _____ allemand.
3. _____ intérêt est plus de 14 pour cent.
4. Cette banque offre des services spéciaux, comme _____ règlement des factures de _____ gaz et de _____ téléphone.
5. Voulez-vous écrire « quittance » sur la facture, _____ Madame ?
6. Bonjour, _____ Monsieur.
7. Son agence est dans _____ rue Toulard.
8. _____ argent est très important dans ce monde !
9. Elle apporte _____ argent à _____ banque _____ lundi matin.
10. _____ chèque qu'il nous a donné n'était pas bon.
11. _____ personne nommée sur le chèque (celui qui doit recevoir l'argent) est _____ bénéficiaire.
12. _____ Carte Bleue est comme _____ Visa à _____ États-Unis.

E. *Exprimez en français.*

1. In the absence of my secretary, I will have the correspondence typed by a typist.
2. President Mitterrand is a member of the Socialist Party.
3. We have sent samples of the product to a customer in Norway.
4. Commercial checking accounts are necessary for merchants.
5. American banks are often called "full service banks."
6. Lenders have money that others use; borrowers need this money.
7. Wages are high in big cities.
8. Contracts and invoices are two kinds of "effets de commerce."
9. This car is too fast: it goes 140 kilometers per hour.
10. He only earns 55 francs per hour.

QUESTIONS DE COMPOSITION

1. Contrastez les différents dépôts en faisant ressortir leurs avantages et leurs désavantages.
2. Supposez que vous vouliez être banquier. Quelles sont les conditions exigées ? Commentez les raisons et la valeur des ces conditions.
3. Rédigez une brève histoire de la Banque de France. Consultez au moins deux autres livres de référence.

EXERCICES ORAUX

1. Exercice à deux : Anne Porter et un employé de la banque.
   Anne Porter va à la banque pour ouvrir un compte. Elle veut un compte qui lui permettra de tirer des chèques. Elle répond aux questions de l'employé qui doit savoir les détails sur la sorte de compte qu'elle préfère. Anne insiste aussi pour que les chèques soient imprimés avec son nom et non pas le nom de son mari.
2. Comme professeur, expliquez à la classe comment remplir la feuille de dépôt.
3. Discussion générale de la classe : Comparaison des services offerts par les banques américaines et les banques françaises.

Chapitre

11

Le Règlement des comptes

Les affaires marchent bien, les Porter s'accoutument à la vie en France, et ils se sentent vraiment chez eux à Melun. Le moment est propice pour considérer l'aménagement de leur appartement. Ils commencent par l'achat d'un très joli canapé bleu clair et de deux fauteuils en velours jaune. Puisqu'ils ont l'habitude aux États-Unis d'étaler des paiements sur une période de deux ou trois mois, ils discutent avec le marchand les détails de la transaction.

CONVERSATION : UN ACHAT IMPORTANT

Eric Nous préférons étaler les paiements sur une période de trois mois, pourriez-vous nous obliger ?

Marchand Mais, bien sûr, monsieur. Nous avons bien l'habitude d'arranger des paiements pareils.

Anne Je croyais que c'était surtout aux États-Unis qu'on payait ainsi...

Marchand Peut–être autrefois, madame, mais aujourd'hui l'achat à crédit est très commun en France, surtout pour les articles de ménage.

Eric Comment préféreriez-vous qu'on fasse le paiement ?

Marchand Alors, monsieur, d'habitude notre maison préfère arranger le paiement par un billet à ordre...si vous n'y voyez pas d'inconvénient.

Eric Aucun. Mais ne voulez-vous pas que nous versions des arrhes ?

Marchand Si, monsieur. Nous suggérons la somme de dix pour cent du prix avec le reste à payer dans quatre-vingt-dix jours. Je ferai dresser le billet tout de suite.

Eric Très bien ! (*Il cherche son stylo.*) Vous acceptez les chèques personnels ?

Marchand	Certainement, monsieur, s'ils sont tirés sur une banque locale. D'ailleurs, monsieur, on vous connaît déjà dans le quartier !
Anne	Comment faut-il s'arranger pour les faire livrer à la maison ?
Marchand	Ne vous en souciez pas, madame ! Nous nous chargeons de tous les détails de livraison.
Anne	Merveilleux ! Quand est-ce que nous pourrions les avoir ?
Marchand	(*Il regarde sa montre.*) J'ai peur qu'il soit trop tard pour aujourd'hui, mais vous les aurez demain, avant midi !
Eric	(*L'air embarrassé, cherchant dans ses poches*) Je me sens très gêné…on dirait que je n'ai pas mon chéquier sur moi ce matin !
Anne	Pas de problème, mon chéri ! Comme tu le sais, j'ai toujours le mien ! Vous accepterez un de mes chèques, monsieur ?
Marchand	Ce serait un privilège, madame !

TEXTE À LIRE : LE RÈGLEMENT DES COMPTES

Si l'on réduit le règlement des comptes au plus simple, cela consiste à envoyer une facture pour des marchandises ou des services pourvus, et à en recevoir le paiement.

L'intention de la facture, ou de la note, est d'indiquer au client ce qu'il doit au fournisseur. Si le client désire savoir le prix des marchandises avant de recevoir la facture, il peut demander une *facture pro forma*. La facture pro forma n'est pas une vraie facture ; elle est simplement une indication du montant qui apparaîtra sur la facture qui suivra. La facture pro forma est souvent nécessaire pour les clients à l'étranger. S'ils sont obligés d'obtenir du crédit, ils doivent savoir à l'avance la somme qu'ils devront payer. Il est pourtant important de se rappeler que la facture pro forma n'est pas irrévocable : les prix peuvent changer entre l'envoi de la facture pro forma et la vraie facture.

La facture varie selon le client, le fournisseur, et les marchandises. Il y a, en général, deux catégories de factures : *les factures locales* et *les factures non-locales*. Les factures locales comprennent :

a. **la facture simple**
b. **la facture à condition**
c. **la facture d'ordre**

La facture simple est utilisée le plus souvent par les magasins et les boutiques. Puisque les clients de ceux-ci, généralement, ne sont pas loin du fournisseur, et puisqu'ils viennent eux-mêmes chercher les marchandises, la facture simple ne fait pas mention des conditions ni des frais de transport—uniquement une description des marchandises, la T.V.A., et le prix.

Pour obliger les clients indécis, le fournisseur peut leur donner une *facture à condition*. Cette facture est à utiliser pour le client qui ne s'est pas encore décidé

RAZEL

Christ de SACLAY. Essonne.

ENTREPRISE RAZEL Frères
Fondée en 1880
Travaux Publics et Particuliers
Société Anonyme au Capital de 28 Millions de F
R.C. Corbeil-Essonnes B 562 136 036

Boîte Postale 109 - 91403 ORSAY Cedex
Téléphone (6) 941 81 90 + Télex 692 538 F
Télégrammes RAZELFRER ORSAY

M. Mme HAIMES
50 Sutton Place South
Apt. 2C
NEW YORK, N.Y. 10022

SACLAY, le 1er Juin 1.983.

FACTURE N° 1

EXPÉDITION :   VOL ST 003 DU 05 JUIN 1.983.   DOIT
               LTA N° 023/8.841/8.444
               AFFAIRE SUIVIE PAR MICHEL DEFOULOY.
               MD/MPD

Marques et Numéros des Colis	DESIGNATION DES MARCHANDISES	Valeur
M. Mme HAIMES 50 Sutton Place South Apt. 2C NEW YORK, N.Y.10022 U.S.A. 1/1	ORIGINE FRANCE	
	EFFETS PERSONNELS DE M. Mme HAIMES (voir détail inventaire ci-joint)	6.158,00 F.F.
	VALEUR HORS TAXES DEPART	6.158,00 F.F.
	FRET ET ASSURANCE	2.500,00 F.F.
	VALEUR CAF NEW YORK	8.658,00 F.F.
	EXPORTATION DEFINITIVE.	

ENTREPRISE RAZEL FRÈRES
Société ... Millions de F.
Chri... Essonne
R. C. ... 136 036

Facture.

sur les marchandises. Elle lui permet de les apporter chez lui et d'y prendre sa décision. Si sa décision est négative, il a le droit de les renvoyer.

La facture d'ordre est réservée aux opérations entre départements d'une même entreprise. Il arrive souvent que les différents départements d'une entreprise se rendent des services. Le département qui fournit le service (le fournisseur) envoie cette facture d'ordre au département qui a reçu le service (le client).

Parmi les factures non-locales on peut nommer :

a. **la facture d'expédition**
b. **la facture d'avoir**
c. **la facture consulaire**

Le client qui exige le transport des marchandises, ou qui se trouve à une distance qui le nécessite, reçoit du vendeur une *facture d'expédition*. Cette facture doit mentionner les conditions et les frais de transport, la date de l'envoi des marchandises, et le mode de règlement de la facture.

Si le fournisseur est obligé de changer les conditions de la vente après avoir envoyé une facture, il doit envoyer immédiatement une deuxième facture qui s'appelle une *facture d'avoir*. Celle-ci est d'une couleur différente de la première et indique en détail les changements nécessaires.

Les clients à l'étranger reçoivent une facture d'expédition comme tous les autres, mais avec une différence : cette facture d'expédition doit être signée par le consul du pays de domicile du client et devient ainsi une *facture consulaire*. Ce document sert à authentifier les marchandises.

Beaucoup d'entreprises ont des clients qui achètent des marchandises régulièrement tous les huit jours ou même plus souvent. Au lieu d'envoyer une facture avec chaque envoi ou achat, le fournisseur envoie un *relevé de factures*, ou un *relevé de comptes*. Ce relevé peut être mensuel ou trimestriel, et il indique la date, le numéro, et le montant de chaque transaction qui a eu lieu pendant cette période.

Une facture valide doit être payée, la coutume et la loi y sont convenues, mais il y a autant de façons de payer que de factures ! Il est possible qu'un client se présente en personne, la facture à la main, prêt à payer en espèces, mais il est plus probable qu'il compte payer en versements étalés sur plusieurs mois ou mêmes plusieurs années. En France, comme ailleurs, le crédit — le règlement à terme — est très commun. En dépit des risques, le vendeur accorde le crédit parce que le crédit est favorable aux ventes. Inévitablement, ce système augmente le prix au client, mais le client l'accepte parce que cela lui permet d'avoir ses marchandises avant le remboursement intégral de la facture.

Il y a plusieurs méthodes de paiement qui sont généralement employées dans le règlement des comptes.

1. La lettre de change ou **la traite**, permet au tireur de demander au tiré de lui payer une certaine somme d'argent à une échéance spécifiée. Autrement dit, une lettre de change est un document commercial qui déclare qu'un fournisseur peut demander à un client de lui payer de l'argent à une date spécifiée. Cette lettre est signée par le client, ce qui constitue *l'acceptation*. Plus tard, à la date d'échéance, la lettre est présentée au client pour paiement.

　a. La traite domiciliée. Le recouvrement des lettres est souvent confié aux banques — la banque du fournisseur et la banque du client. Dans ce cas, la traite signée par le client est payable à sa propre banque au lieu d'être payable au fournisseur. Alors, la banque du client et la banque du fournisseur arrangent les affaires entre elles. Une telle lettre de change s'appelle une traite domiciliée.

　b. La traite avalisée. Si le crédit du client n'est pas bien établi, il est nécessaire que le fournisseur garantisse le bon accueil de la traite. Dans ce but, le fournisseur demande souvent que la traite soit *avalisée* : une troisième partie s'engage à payer la traite si le client (le signataire) ne la paie pas (ne l'acquitte pas). Cette troisième partie, qui s'appelle *l'avaliseur*, peut être une personne ou une société. Elle peut signer la traite avec les mots « bon d'aval », ou elle peut accorder un document promettant de payer la somme entière à la date d'échéance.

c. La traite endossée. La traite peut être négociée comme un chèque par le simple procédé de l'endosser au verso. Un fournisseur qui a lui-même une dette envers un autre fournisseur peut acquitter cette dette en payant avec une traite endossée. Il est possible même qu'une traite porte plusieurs endossements successifs. Si le tireur sait d'avance qu'il va se servir ainsi de la traite, il peut mettre le nom de cette personne sur l'acceptation.

2. Le billet à ordre ressemble de près à la traite, ou la lettre de change. Tandis que la traite est utilisée dans les transactions importantes chez les grandes entreprises, le billet à ordre est employé pour les achats moins importants — les meubles, les appareils ménagers, etc. Comme la traite, c'est un document qui engage le client à payer une somme d'argent spécifiée à une date spécifiée. Comme la traite, il peut être domicilié, avalisé, ou endossé.

Malgré toutes précautions, le système de crédit est aléatoire et il arrive souvent que le fournisseur ait besoin de son argent avant la date d'échéance de la traite ou du billet à ordre. Dans ce cas, le vendeur peut *négocier* ces effets de commerce : il donne à la banque la traite, ou le billet à ordre, et la banque lui paie l'argent *moins l'intérêt que le client aurait payé au fournisseur*. Cet escompte, que la banque garde comme paiement pour ses services, s'appelle *un agio*.

Argent français: Billets de banque et monnaie.

À part les petits achats quotidiens — le journal, un paquet de cigarettes, un petit coup au bistro, un brin de muguet le premier mai — en France, comme aux États-Unis, on paie de plus en plus souvent par chèque, soit des chèques bancaires, soit des chèques postaux. Pour minimiser les risques de vol ou de perte, le tireur peut *barrer* son chèque. Un chèque ainsi barré ne peut être touché que par une banque ou un agent de change. Si le tireur du chèque désire, il peut préciser davantage le bénéficiaire en écrivant le nom d'une banque spécifique entre les barres.

Un chèque peut être endossé au profit d'une autre personne en écrivant au verso «Payer à l'ordre de…» plus le nom de l'endossataire. De cette façon, on peut se servir des chèques comme des espèces. Évidemment, en France comme ailleurs, il faut qu'il y ait de l'argent dans le compte sur lequel le chèque est tiré ! Tirer un «chèque sans provisions» est un acte d'escroquerie.

Le dernier élément dans le règlement des comptes est *l'accusation de la réception du paiement*. Si le client paie personnellement en billets de banque (espèces), on écrit sur la facture la date, les mots « Pour acquis », et la signature de la personne qui reçoit l'argent. La facture ainsi signée constitue le reçu du paiement. Cette transaction s'appelle *l'acquit de facture*.

Un fournisseur qui reçoit un dépôt ou un don volontaire y appose sa signature, la date, et le mot « Reçu ». Pour le loyer des appartements ou des bureaux, les propriétaires doivent faire la même chose, mais ils écrivent sur la facture le mot « Quittance ».

Exemple : Lettre de réclamation

La Boutique à Bébé
89, rue des Petits Matelots
83100 Toulon

Monsieur le Directeur
Textiles Réunis
23, rue du Vieux Marché
62000 Arras

Toulon, le 17 janvier 198–

Monsieur,

Je vous accuse réception de votre envoi du 29 décembre relatif à ma commande N° 1379.

Les colis étaient en parfait état, mais en vérifiant la facture, je constate qu'on ne m'a pas accordé l'escompte de 10% qui m'est dû.

Je vous prie de me faire parvenir un avoir le plus rapidement possible. Je réglerai par chèque, comme convenu, à la fin du mois courant.

Veuillez agréer, Monsieur, mes salutations distinguées.

Michel PERRET

Chèque barré.

VOCABULAIRE

l'acceptation *(f.)*   acknowledgment by a debtor of his obligation
l'acquit *(m.)* **de facture**   indication ''paid'' (''**pour acquis**'') on an invoice paid in cash
acquitter une dette   to pay a debt
l'agio *(m.)*   the interest which a bank keeps when it buys contracts from furnishers
l'avaliseur *(m.)*   co-signer of a note; one who guarantees payment of that note
l'avoir *(m.)*   property; credit; **les avoirs**   assets
le billet à ordre   contract similar to a **lettre de change** or **traite**, except that it is used for purchases of lesser importance, such as household furnishings; a promissory note
le chèque barré   a check marked with two oblique, parallel lines on the front (**barres**), thereby specifying the place where the check may be cashed
le chèque sans provisions   a check for which there are insufficient funds in the bank account on which it is drawn
la dette   debt
dresser le billet   to make out the bill
l'endossataire *(m.)*   person or organization to whom a check is endorsed
l'endossement *(m.)*   endorsement
endosser   to endorse
étaler   to spread out
la facture   invoice or bill
la facture à condition   a special invoice indicating that merchandise may be returned to the furnisher if the client is not satisfied
la facture consulaire   an invoice used in international trade, signed by the consul of the customer's country of residence
la facture d'avoir   a different invoice sent to the client by the furnisher, indicating a change from the original amount or conditions
la facture d'expédition   an invoice containing the method and costs of transport, the date of shipment, and the method of payment

la facture d'ordre   an invoice used for interdepartmental billing within the same company

la facture pro forma   an invoice sent in advance of the regular billing and receipt of merchandise to inform the customer of the exact total

la facture simple   an invoice. Also called **la note**, or **le mémoire**

la lettre de change   a commercial document (a bill of exchange) stating that a buyer will pay a specific sum owed to a specific furnisher on a specific date in the future (also **la traite**)

la lettre de réclamation   letter of complaint

négocier   to buy or sell contracts, thereby enabling the seller to realize the money before the date due, although minus the interest otherwise due (also **escompter**)

la quittance   the indication ''paid'' for office or apartment rent

le règlement   the payment or settling of accounts

le règlement à terme   payment at a later date for goods received

le relevé de factures, or **relevé de comptes**   a statement issued to a steady customer indicating all invoices for a specific billing period

le tireur   the person who draws up a **lettre de change**; the person who writes or draws a check on an account

la traite avalisée   a note that has been co-signed

la traite domiciliée   a **lettre de change** payable to someone other than the furnisher, usually to a bank

la T.V.A. (Taxe à la valeur ajoutée)   value-added tax, similar to a sales tax

les versements *(m. pl.)* **étalés**   payments spread out over a period of time

QUESTIONS D'ÉTUDE

1. Quelle est l'intention d'une facture ?
2. Pourquoi un client demanderait-il une facture pro forma ?
3. Distinguez entre une facture simple, une facture à condition, et une facture d'ordre.
4. Définissez le « règlement à terme ».
5. Quelles informations sont mentionnées sur une facture d'expédition ?
6. Qu'est-ce qu'une facture consulaire ? À quoi sert-elle ?
7. Sous quelles conditions est-ce que le relevé de comptes est plus pratique que d'autres factures ?
8. Quels sont les deux effets de commerce d'usage répandu pour le paiement à terme ?
9. Combien de fois recevez-vous un relevé de comptes bancaires ?
10. Comment est-ce qu'une traite domiciliée diffère d'une lettre de change ?
11. Si le crédit d'un client n'est pas bien établi, comment le fournisseur peut-il s'assurer du paiement d'une traite ?
12. Quelle est la signification des mots « bon d'aval » ?
13. Comment une lettre de change et un billet à ordre diffèrent-ils ? Comment se ressemblent-ils ?
14. Qu'est-ce que c'est qu'une acceptation ?
15. Que perd le vendeur en négociant une traite ?
16. Pourquoi barre-t-on un chèque ?

17. Qui est « l'endossataire » ?
18. Sous quelles conditions une banque reçoit-elle un agio ?
19. Quel est le dernier élément dans le règlement des comptes ?
20. Distinguez entre un acquit, un reçu, et une quittance.

EXERCICE DE VOCABULAIRE

Complétez les phrases suivantes par l'un des mots convenables suivants :

chèque barré   facture d'ordre   lettre de change   agio
effet de commerce   relevé   facture pro forma   escompte
facture à expédition   billet à ordre   négocier   montant
endossataire   tireur   traite domiciliée   acceptation
avaliseur   facture à condition

1. Une traite, comme une lettre de change, est un _____.
2. Une _____ est envoyée à l'avance à un client pour qu'il sache le montant précis pour lequel il faudra obtenir le crédit.
3. Un fournisseur peut _____ une lettre de change s'il a besoin de son argent avant la date d'échéance.
4. Un _____ sert à minimiser les risques de vol ou de perte.
5. Le recouvrement d'une _____ est arrangé entre les banques elles-mêmes.
6. L'_____ s'engage à payer une traite si le client ne l'acquitte pas.
7. Un _____ mensuel ou trimestriel est envoyé aux clients réguliers qui achètent souvent des marchandises.
8. Un client qui reçoit une _____ du fournisseur a le droit de lui renvoyer les marchandises.
9. Une banque qui négocie une traite reçoit un _____ comme paiement pour ses services.
10. La personne à laquelle un chèque endossé est payable est l'_____.

EXERCICES DE TRADUCTION

A. **Français-anglais :** *Traduisez la lettre suivante en bon anglais.*

Monsieur,

Veuillez trouver, ci-joint, un double de la facture dont l'original vous a été envoyé le 6 décembre, 1985, et en plus un extrait de votre compte où apparaît un solde débiteur de 1600,25 F (seize cents francs, vingt-cinq centimes).

Nous sommes troublés par le non-paiement de cette dette puisque vous avez toujours montré la plus grande sincérité envers le règlement de vos obligations.

Nous vous serions, alors, très reconnaissants de bien vouloir régulariser votre position dans le plus court délai.

Nous vous prions d'agréer, Monsieur, avec nos remerciements, l'assurance de nos meilleurs sentiments.

B. Anglais-français : *Traduisez le paragraphe suivant en bon français.*

The settling of purchases or sales on the installment plan or on account can be made by two types of negotiable instruments: bills of exchange, or drafts, and promissory notes. In both cases, a specific sum of money is due at a specific future date of payment. However, if the person to whom the money is owed needs the money before the date due, the draft or promissory note can be negotiated at a bank.

REVISION DE GRAMMAIRE

Les Adverbes

> **Il a parlé franchement de ses dettes.**
> *He spoke frankly of his debts.*
>
> **Il a parlé brièvement sur le processus.**
> *He spoke briefly about the process.*

In the statements above, **franchement** and **brièvement** are adverbs modifying the verb **a parlé**. Although adverbs may also describe adjectives or other adverbs, most adverbs tell something about the verb: how, where, when. Note that, unlike adjectives, adverbs are invariable—they do not change to reflect gender or number.

La Formation des adverbes

Regular adverbs are formed from the feminine singular form of the adjective + **–ment**:

Adjective:	final (m.), finale (f.)
Adverb:	finalement
Adjective:	sérieux (m.), sérieuse (f.)
Adverb:	sérieusement
Adjective:	attentif (m.), attentive (f.)
Adverb:	attentivement

La Position

Except for adverbs such as **heureusement** and **finalement** which may seem to modify an entire idea rather than just the verb, regular adverbs follow directly after the complete verb.

Exercice

A. *Écrivez l'adverbe qui correspond à l'adjectif suivant.*

EXEMPLE :   long→**longuement**

1. complet	6. extrême
2. facile	7. naturel
3. doux	8. heureux
4. franc	9. rapide
5. parfait	10. frais

Adverbes de manière

Ils discutaient le problème très sérieusement.
They were discussing the problem very seriously.

Adverbs that modify verbs usually correspond to an adjective with a similar meaning.

Adjective		*Adverb*	
final	*final*	finalement	*finally*
sérieux	*serious*	sérieusement	*seriously*

NOTE: Adverbs identical to the masculine singular adjective:

bas	*low*	court	*short*
chaud	*warm*	fort	*loudly, strongly*
cher	*expensively*	haut	*loudly*
clair	*clearly*	juste	*exactly*

Exercice

B. *Complétez ces phrases par un adverbe convenable.*

EXEMPLE :   Il appuie trop _____ sur le bouton.
        Il appuie trop fort sur le bouton.

1. Ils parlaient très _____.
2. Je n'aime pas cette machine. Elle travaille trop _____.
3. Nous voudrions un super-ordinateur, mais il coûte trop _____.
4. Le client pensait très _____ à cet achat.
5. La sortie d'imprimante montrait _____ la difficulté.
6. Non, monsieur, ce relevé montre _____ vos achats d'octobre.
7. A-t-il signé le contrat ? Oui, _____ il l'a signé.
8. Ils ont écouté la présentation du représentant très _____.

Adverbes de manière en *–amment* et *–emment*

> **Il vous attend patiemment à l'aéroport.**
> *He's waiting patiently for you at the airport.*

> **Évidemment vous ne voulez pas avaliser cette traite.**
> *Evidently you don't want to co-sign this note.*

Adverbs formed from adjectives that end in **–ent** or **–ant** in the masculine singular have a special form.

Adjective		Adverb	
constant (m.)	*constant*	constamment	*constantly*
fréquent (m.)	*frequent*	fréquemment	*frequently*

Notice, however, these two important exceptions:

lent (m.)	*slow*	lentement	*slowly*
présent (m.)	*present*	présentement	*presently*

Exercice

C. *Complétez les phrases suivantes par l'adverbe qui correspond à l'adjectif entre parenthèses.*

EXEMPLE :   (fréquent)   Il passe par Lyon _____.
                              Il passe par Lyon fréquemment.

1. (patient) Notre client écoutait _____ à la présentation.
2. (constant) Il voyage _____.
3. (lent) La poste va trop _____ ; utilisez le télex.
4. (présent) Le relevé arrivera _____ avec toutes les transactions.
5. (courant) Notre agent de change parle _____ quatre langues.
6. (prudent) Je crois que la gestion a agi très _____.
7. (puissant) Il a montré _____ les bénéfices d'une telle banque.
8. (évident) _____, la facture consulaire ne suffit pas.

Adverbes de manière en *-ément*

> **Il a enregistré *précisément* le montant.**
> *He entered the total very precisely.*

> **J'ai expliqué *confusément* la situation.**
> *I explained the situation confusingly.*

A small group of adverbs add **–ément** (instead of **–ment**) to the feminine form of the adjective. Since many of these adverbs are used frequently in business, these must be learned.

Adjective (m.)	Adverb	
aveugle	aveuglément	*blindly*
commode	commodément	*conveniently*
commun	communément	*commonly*
confus	confusément	*confusingly*
énorme	énormément	*enormously*
exquis	exquisément	*exquisitely*
importun	importunément	*importunely*
opportun	opportunément	*opportunely*
obscur	obscurément	*obscurely*
précis	précisément	*precisely*
profond	profondément	*profoundly*
uniforme	uniformément	*uniformly*

Exercices

D. *Récrivez les phrases suivantes en remplaçant les mots en italique par l'adverbe qui correspond.*

EXEMPLE : Le conférencier a développé *d'une manière profonde* les problèmes qui se présentaient.

Le conférencier a développé *profondément* les problèmes qui se présentaient.

1. Les représentants sont distribués *d'une façon uniforme* partout dans le pays.
2. Ils ont saisi l'occasion *d'une manière opportune.*
3. Quand elle voyage, elle s'habille *d'une manière exquise.*
4. Je le ferai *de façon conforme* à vos instructions.
5. Il a vu l'avion *d'une façon obscure* dans la nuit.

E. *Introduisez les adverbes indiqués dans les phrases suivantes.*

1. (personnellement) Nous avons veillé à l'emballage de l'envoi.
2. (soigneusement) Il a noté tous les détails de la lettre de change.
3. (vivement) Nous regrettons de ne pas pouvoir expédier les marchandises avant le 15 février.
4. (sincèrement) Nous vous remercions de votre commande.
5. (précédemment) Ce sont les conditions convenues.
6. (rigoureusement) La qualité ne correspond pas à celle du dernier envoi.
7. (immédiatement) Nous enverrons un chèque barré.
8. (considérablement) Le taux d'intérêt a monté.
9. (probablement) Si la qualité de ce produit nous donne satisfaction, nous passerons une commande plus importante.
10. (aisément) Il l'a payé avant l'échéance.

Adverbes de temps et de lieu

Leur commande est arrivée hier.
Their order arrived yesterday.

Aujourd'hui, nous irons à Londres.
Today, we will go to London.

L'envoi est ici.
The shipment is here.

ailleurs	*elsewhere*	là, là-bas	*there, over there*
aujourd'hui	*today*	partout	*everywhere*
autrefois	*formerly*	tard	*late*
demain	*tomorrow*	tôt	*early*
hier	*yesterday*	toujours	*always, still*
ici	*here*		

Adverbs of time and place generally follow immediately after the verb. When the verb is in the *passé composé*, the adverb follows the past participle. **Autrefois, aujourd'hui**, **demain**, and **hier**, however, may occur at the beginning or at the end of the sentence.

Exercice

F. *Répondez aux questions suivantes d'après l'exemple.*

EXEMPLE :   Quand verrez-vous Monsieur Porter ? *(tomorrow)*
Je le verrai demain.

1. Quand enverront-ils cet envoi ? *(tomorrow)*
2. L'échéance est-elle passée ? *(yesterday)*
3. La T.V.A. se trouve-t-elle seulement en France ? *(everywhere)*
4. Le fournisseur tient-il toujours son billet à ordre ? *(still)*
5. Où ont-ils trouvé le paquet ? *(over there)*
6. Vous voulez payer cette dette ? Mais l'échéance est le mois prochain ! *(early)*

Adverbes de quantité

Ont-ils assez d'argent ?
Do they have enough money?

Nous avons trop de succursales.
We have too many branches.

assez	*enough*
beaucoup	*much, many*
bien	*many*
plus	*more*
trop	*too much, too many*

Adverbs of quantity are generally followed by **de** + a noun. **Bien, la plupart,** and **la majorité**, however, are followed by the partitive (**de** + definite article).

> **Bien des clients préfèrent ce modèle-ci.**
> *Many clients prefer this model.*

Exercice

G. *Exprimez en français.*

1. We have too much work.
2. They haven't enough salespeople.
3. Many workers live in Clermont-Ferrand.
4. I have more than ten packages to wrap.
5. Many clients prefer to telephone their orders.

Adverbes irréguliers

The most frequently used adverbs of all, however, show little resemblance to their corresponding adjective.

Adjective (m.)	*Adverb*	
bon	bien	*well*
mauvais	mal	*badly*
meilleur	mieux	*better*
petit	peu	*little*
moindre	moins	*less*

Peut–être

> **Il viendra *peut-être* jeudi.**
> ***Peut-être qu*'il viendra jeudi.**
> ***Peut-être* viendra-t-il jeudi.**   *Perhaps he will come on Thursday.*

When the adverb **peut-être** occurs at the beginning of a sentence, it requires either the inversion of the subject-verb or the insertion of **que**.

Exercice

H. *Exprimez en français.*

1. Perhaps the customers would prefer to pay later.
2. For very important orders, it is normally the *lettre de change* that is used within the country.
3. The two documents of commerce employed the most frequently for charge sales are the *lettre de change* and the *billet à ordre*.
4. Finally, a *lettre de change*, like a check, can be endorsed.
5. Please send it as rapidly as possible.

6. Thank you very much for your request for information. (Use *remercier* and *vivement*.)
7. Our prices have increased slightly.
8. This shipment will probably arrive August 3.

QUESTIONS DE COMPOSITION

1. Mis en face de la possibilité d'une vente importante à un client dont le crédit est incertain, le propriétaire d'une entreprise modeste doit décider d'un plan d'action. Comment va-t-il s'assurer de la vente de ses marchandises et de son paiement ?
2. Monsieur Dupont achète trois tracteurs à Monsieur Martin. Monsieur Dupont paie au moyen de billet à ordre et la date d'échéance est fixée au 10 juillet. Par suite des circonstances, Monsieur Martin a besoin de son argent le 15 avril. Que peut-il faire ?
3. Un fournisseur a envoyé une commande de pneus à un client. Il a aussi envoyé, le même jour, une facture d'expédition. Deux semaines plus tard, n'ayant pas de nouvelles du client, il se voit obligé de lui écrire et de lui demander le paiement. Imaginez que vous êtes ce fournisseur. Écrivez une lettre au client dans laquelle vous lui expliquez la situation. Souvenez-vous toujours de l'importance de la politesse ! Ensuite, rédigez la réponse du client.

EXERCICES ORAUX

1. Exercice à deux : Mme Devreux et client fâché.
   M. Studler de Strasbourg téléphone à Micro-Mac pour se plaindre du montant sur la facture qu'il vient de recevoir. Mme Devreux explique que sa commande n'a pas été reçue dans les limites fixes de l'offre et qu'on lui a envoyé un accusé de réception signalant le nouveau prix. Elle essaie de calmer ce client qui est vraiment fâché !
2. Exercice à deux : Mme Devreux et M. Studler.
   M. Studler n'a pas encore envoyé le paiement pour le logiciel qu'il a reçu deux mois auparavant. Mme Devreux téléphone pour se renseigner sur les raisons de ce délai. M. Studler jure que le chèque a été posté le vendredi passé.
3. Exercice à deux : Anne Porter et M. Studler.
   Le chèque de M. Studler a été reçu et dûment déposé à la banque des Porter. Malheureusement, la banque informe les Porter que ce chèque a été tiré sans provisions. Anne, comme comptable, est responsable de la résolution du problème. Elle téléphone à M. Studler !

Chapitre

12

Les Transports

Plusieurs commandes ont été reçues et prises en charge. Les Porter arrangent maintenant le transport des marchandises. Plusieurs méthodes de transport seront nécessaires parce que les marchandises varient d'un petit paquet de diskettes en plastique à un grand ordinateur, très cher—le modèle Macro 510. En plus, quelque-unes des commandes sont «urgentes», ce qui nécessitera de la manutention spéciale.

Les clients aussi sont dispersés : il y en a un à Melun même, à deux pas des Porter, et il y en a d'autres très loin, à Naples, par exemple. Par conséquent, quelques marchandises seront expédiées par camion, d'autres par train, ou encore par bateau, ou par avion—ou même par une combinaison de ces méthodes.

Il se trouve, justement, qu'Eric lui-même est obligé d'accompagner deux petits ordinateurs à Grenoble pour veiller à leur installation. Il cherche avec la secrétaire le meilleur moyen d'y arriver.

CONVERSATION : EN ROUTE !

E. Porter	Moi, vous savez, j'ai l'habitude d'aller partout ou en auto ou en avion.
Mme Devreux	Ah, l'avion ! Bien sûr, c'est commode — mais c'est très cher !
E. Porter	S'il faisait beau, j'aimerais prendre la voiture — j'aime beaucoup conduire, et il y a de très jolis endroits par là… des vues superbes !
Mme Devreux	Vous avez raison, c'est formidable, mais Grenoble est à 600 kilomètres, et il faudrait compter presque deux jours de route. Vous seriez totalement éreinté avant de commencer vos visites.
E. Porter	Vous croyez ? Mais, regardez la carte — il y a d'excellentes routes… *(Ils regardent la carte ensemble.)*

Mme Devreux	Sur la carte, oui, mais n'oubliez pas la circulation, le temps variable, les routes en réparation…
E. Porter	Mais, c'est très direct…regardez : je prends le A6 ici, je descends directement à Beaune, non, à Chalon, puis…
Mme Devreux	Mais, Monsieur Porter — regardez donc l'horaire des trains — c'est si pratique, le train — propre, confortable, des repas de haute cuisine…
E. Porter	… et des heures et des heures et des correspondances ennuyeuses…
Mme Devreux	Mais non ! Mais non ! Écoutez, vous aviez l'intention de monter à Paris le jour avant de partir pour Grenoble, n'est-ce pas ?
E. Porter	Oui, pour consulter l'agence publicitaire.
Mme Devreux	Alors, au lieu de rentrer ici, vous prendrez le T.G.V. de Paris, vous serez à Lyon en deux heures quarante minutes, vous changerez une fois seulement, à Lyon, et de Lyon à Grenoble, c'est l'affaire d'une heure. C'est la simplicité même !
E. Porter	(*Avec un soupir de regret*) Vous avez raison, j'en suis sûr. C'est que, moi, je n'y aurais pas pensé parce que les trains chez nous, vous savez…
Mme Devreux	Vous avez pris la bonne décision, Monsieur Porter ! Je téléphonerai tout de suite pour vous retenir une place.
E. Porter	(*Un dernier regard sur la carte routière*) Merci !

TEXTE À LIRE : LES TRANSPORTS

Les petites industries, les grandes entreprises, et le particulier utilisent les mêmes méthodes de transport : l'avion, le bateau, le chemin de fer, et le camion. Comme aux États-Unis, ces méthodes sont réglées par l'État et il y a, en plus, une grande entreprise nationalisée : la S.N.C.F. (Société nationale des chemins de fer français).

La personne ou la compagnie chargée de transporter des marchandises du fournisseur au client s'appelle *le transporteur*. Le transporteur a deux obligations :

1. La livraison des marchandises en bon état
2. La livraison des marchandises à la date prévue.

Les frais de livraison peuvent être payés ou à l'avance (« port payé »), ou à la livraison (« port dû »). Ils peuvent être payés de différentes façons aussi :

1. Si le client paie le prix des marchandises et l'expéditeur assume tous les risques et tous les frais de transport (y compris les droits de douane) du point de départ au lieu de livraison, on dit que la vente est F.O.B. (« franco de bord »).
2. Si le client paie tous les frais, plus le prix de vente, on l'appelle une vente C.F. (« coût-fret ») ou une vente C.A.F. (« coût-assurance-fret »).

3. Quand le client paie le prix de vente et le fournisseur assume les frais de transport, d'emballage, et de livraison, la vente s'appelle une vente *franco de port et d'emballage*.

4. Dans le transport maritime, quand le client paie le prix de vente et de transport, et l'assurance du point d'embarquement, la vente s'appelle une vente F.A.S. (« franco quai »).

Évidemment, une vente F.O.B. est plus intéressante pour le client, tandis que le fournisseur préfère les ventes où il a moins de frais et de responsabilité.

Les entreprises importantes ont leur propre personnel qui exécute tous les détails de transport — l'emballage, l'assurance, le chargement et le déchargement des marchandises, etc. Les maisons moins grandes se confient aux soins d'un *consignateur*, qui s'en occupe professionnellement.

Péniche sur la Seine à Paris.

En France, le transport par bateau occupe une place de grande importance. On s'en sert surtout pour le transport des marchandises lourdes ou de quantité qui n'ont pas besoin d'expédition rapide, comme le bois, le charbon, ou les grandes machines industrielles ou agricoles.

À l'intérieur de la France on trouve le transport fluvial. C'est un système de canaux et de fleuves interliés qui forment un grand réseau de voies d'eau navigables et gratuites. Ici vont et viennent constamment des chalands et des péniches, chargés aux plats-bords, et poussés ou tirés par des remorqueurs.

À l'extérieur, il y a trois catégories de transport maritime, c'est-à-dire, de transport de mer :

1. Les envois de courtes distances, de port à port le long des côtes : *la navigation côtière.*
2. Les envois de distance moyenne, l'Angleterre, l'Afrique du Nord, la Scandinavie, etc. : *le cabotage.*
3. Les envois de longue distance, dans les eaux internationales, nécessitant souvent des cargos spéciaux comme des pétroliers ou des minéraliers : *voyage au long cours.*

L'armateur, la personne qui possède un bateau, établit les prix et les conditions de transport. Il énonce ces conditions à ses clients dans un document de transport qui s'appelle *un connaissement*, ou une *lettre de voiture*. Un connaissement est un effet de commerce et il est négociable pour la valeur des marchandises notées dessus. Pour les envois en pleine mer, ou maritime, le document de transport s'appelle aussi un *connaissement* ou une *charte-partie*. Comme mesure de sécurité, on se sert de plus en plus aujourd'hui de conteneurs pour le transport maritime.

Les envois par bateau à l'intérieur sont livrés d'après les termes établis à l'avance entre le client et le fournisseur. Les envois internationaux, pourtant, sont mis en dépôt dans un magasin d'État jusqu'à ce que l'acheteur paie les frais de douane.

Pour le transport des marchandises dans la France métropolitaine, la majorité des entreprises utilisent le train. En France, puisque le train est un monopole de l'État, on lui accorde des privilèges dans la concurrence commerciale ; il est subventionné par le gouvernement et peut faire, donc, des prix très avantageux aux marchands. Par exemple : les envois de plus de cinquante kilomètres sont moins chers, par kilomètre, que les envois de courtes distances. Des marchandises de toutes sortes sont acceptées par train et le contrat de transport est, alors, très important. Ce contrat, ou *récépissé*, qui accompagne l'envoi s'appelle une *lettre de voiture internationale* si l'envoi est destiné à l'exportation.

Le fournisseur qui envoie des marchandises par train peut choisir entre trois vitesses de transport :

1. le régime ordinaire, ou le régime à petite vitesse, par le train de marchandises, pour les produits non périssables et dont la livraison n'est pas urgente
2. le régime accéléré, ou grande vitesse, par le train de passagers, pour les marchandises dont la livraison plus rapide est désirée

Le T.G.V.—train à grande vitesse.

3. le régime express, le plus rapide, par le train rapide ou express et les camions de livraison, pour les produits périssables ou d'urgence, comme les fleurs, les animaux, ou les médicaments.

De ces trois régimes de transport, le régime ordinaire est le moins cher et le régime express est le plus cher. Le choix de régime est déterminé par la nature des marchandises et les besoins du client.

Malgré les avantages économiques du transport ferroviaire, il y a de nombreux fournisseurs qui choisissent le service individualisé du transport par camion. Ils évitent ainsi les délais souvent occasionnés par les chargements et les déchargements nécessaires en chemin de fer.

Il y a une variété de camions adaptés aux marchandises différentes. Les camions frigorifiques, par exemple, pour les viandes ou les produits laitiers ou congelés ; les camions-citerne, pour les liquides, comme le lait ou le pétrole ; les poids lourds, comme les semi-remorques, pour les grandes quantités et les longues distances.

Quelques grandes entreprises ont leurs propres flottes de camions, mais pour la plupart, les fournisseurs s'arrangent avec les camionneurs pour l'envoi de leurs produits. Comme toutes les méthodes de transport, le camionnage est réglé et surveillé par l'État. Le camionneur doit être toujours muni d'une carte grise où est indiqué le tonnage de ses véhicules et les limites de sa zone de transport ; s'il

Le Douanier au travail.

dépasse une frontière, pour passer la douane il doit avoir un carnet des Transport Internationaux Routiers (T.I.R.). Il faut aussi qu'il y ait une lettre de voiture qui accompagne l'envoi, comme dans les autres méthodes de transport. Cette lettre est un contrat signé entre le camionneur et le marchand, qui prouve les termes et les conditions du transport.

Le transport aérien est le plus souvent par ligne régulière ; un commerçant envoie un petit paquet à un client qui en a un besoin immédiat. Aussi envoie-t-on à l'étranger les articles périssables comme les fleurs, les articles de mode — même le bon pain français, tout frais et croustillant ! La compagnie Air France est la compagnie aérienne la plus importante en France. Puisque c'est une compagnie subventionnée par l'État, elle fonctionne à perte et peut offrir, comme la S.N.C.F., des tarifs intéressants aux marchands.

Pareil aux autres systèmes de transport, le transport aérien est strictement réglé et demande certains documents des usagers :

1. **une lettre de transport aérien,** à neuf exemplaires, pour les marchandises destinées à l'étranger
2. **une déclaration d'expédition,** remplie et signée par l'expéditeur
3. **un manifeste,** ou liste détaillée du chargement de l'avion.

Quand la méthode de transport est choisie, il incombe au fournisseur d'en informer le client. Il envoie au client, ou l'acheteur, trois documents :

1. **l'avis de livraison** (ou avis d'expédition). Cet avis constate que la commande a été acceptée et que la marchandise a été expédiée. Les avis de livraison com-

prennent souvent des renseignements secondaires, comme des échantillons, l'avis du passage d'un représentant, l'avis d'une hausse de prix ou de changements dans les conditions d'expédition, etc.

2. le bon de livraison contient une liste des marchandises dans l'envoi, et permet à l'acheteur de vérifier le contenu. Le livreur de l'envoi donne le bon de livraison au client au moment de la livraison.

3. le bon de réception sert de preuve de livraison.

Si l'acheteur accepte les marchandises dans l'envoi, il signe le bon de réception. Ce bon signé est ensuite rendu au fournisseur par le livreur. De ces trois avis, le bon de livraison et le bon de réception sont exigés par la loi pour la protection et du fournisseur et du client.

Exemple : Avis d'expédition

Renseignements :

M. Porter, fournisseur d'ordinateurs, de Micro-Mac France, avise son client, François DeLille à Grenoble, de l'expédition de sa commande. L'envoi consiste en un ordinateur Mac II, en deux caisses, assuré par la Compagnie Assurop, destiné à être livré le 3 août. Malheureusement, une hausse des prix d'emballage nécessite une augmentation de tarif de 2%. Pièces jointes: facture, police d'assurance.

Micro-Mac, S.A.
17, rue de la République
77000 Melun

Monsieur François DeLille
11, rue des Francs-Tireurs
38000 Grenoble

Melun, le 27 juillet 1985

Monsieur,

Nous vous informons que nous avons expédié ce jour l'ordinateur Mac II, qui fait l'objet de votre ordre N° 1006 du 9 juillet.

L'expédition des deux caisses est aussurée par la Compagnie Assurop, et vous trouverez ci-joint un double de la police d'assurance. Les caisses seront rendues à Grenoble F.O.B., le 3 août.

En raison d'une hausse du prix d'emballage, nous regrettons d'être dans l'obligation d'augmenter le tarif actuel de 2%.

Nous vous remercions de votre commande et vous prions d'agréer, Monsieur, nos sentiments distingués.

Eric PORTER

P.J. : facture
        police d'assurance

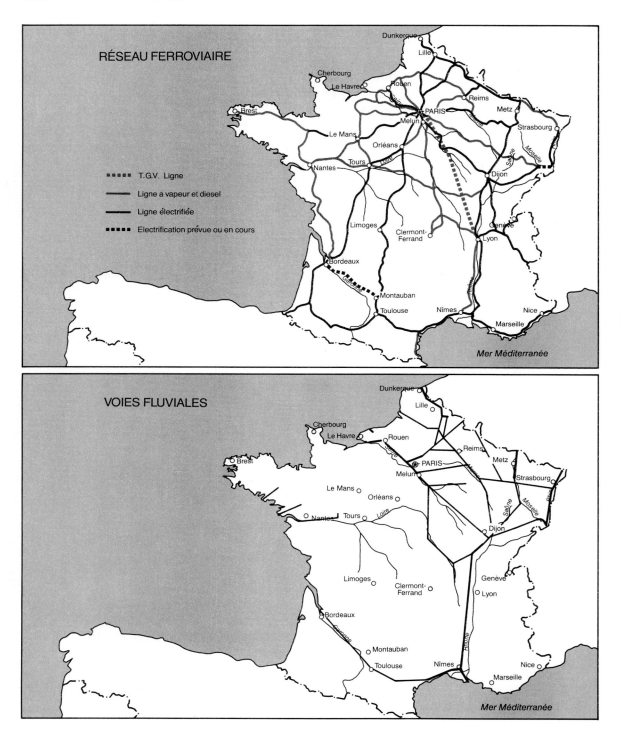

RÉSEAU FERROVIAIRE

Dunkerque
Lille
Cherbourg
Le Havre
Rouen
Reims
Metz
Brest
PARIS
Melun
Strasbourg
Le Mans
Orléans
Nantes
Tours
Loire
Dijon

▪▪▪▪▪ T.G.V. Ligne
───── Ligne a vapeur et diesel
━━━━━ Ligne électrifiée
■■■■■ Electrification prévue ou en cours

Limoges
Clermont-Ferrand
Genève
Lyon
Bordeaux
Montauban
Toulouse
Nîmes
Nice
Marseille

Mer Méditerranée

VOIES FLUVIALES

Dunkerque
Lille
Cherbourg
Le Havre
Rouen
Reims
Metz
Brest
PARIS
Melun
Strasbourg
Le Mans
Orléans
Nantes
Tours
Loire
Dijon
Saône
Moselle

Limoges
Clermont-Ferrand
Genève
Lyon
Bordeaux
Rhône
Montauban
Toulouse
Nîmes
Nice
Marseille

Mer Méditerranée

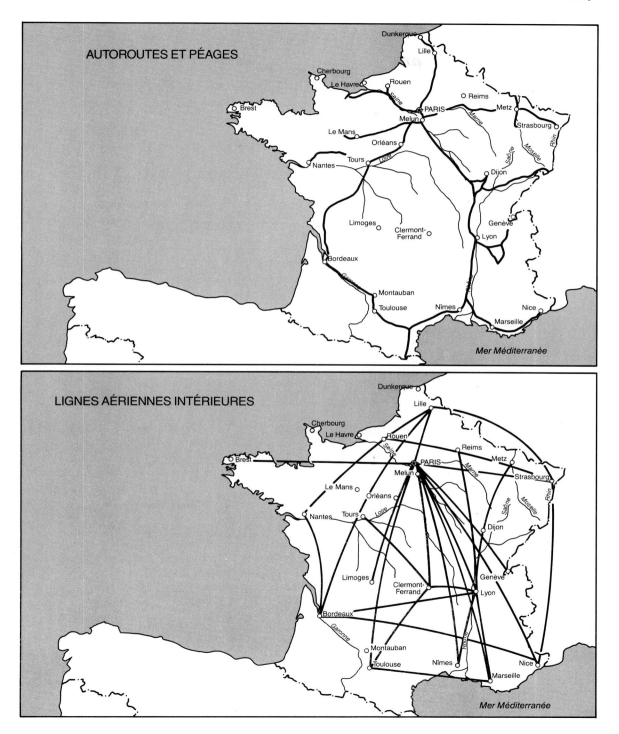

AUTOROUTES ET PÉAGES

LIGNES AÉRIENNES INTÉRIEURES

VOCABULAIRE

à perte   at a loss

l'armateur *(m.)*   ship owner

l'assurance *(f.)*   insurance; **la police d'assurance**   insurance policy

l'avis *(m.)* **de livraison**   document informing the customer that goods ordered have been shipped

le bon de livraison   document listing goods contained in a shipment; a packing list

le bon de réception   receipt signed by the customer, indicating that shipment has been received and is satisfactory

C.A.F. (Coût-Assurance-Fret)   customer must pay costs (customs, etc.), insurance, and shipping

C.F. (Coût-Fret)   customer pays costs (customs, etc.) and shipping charges

le cabotage   coastal trade

le camion   truck

le camion-citerne   tank truck

le camion frigorifique   refrigerated truck

le camionnage   trucking

le camionneur   truck driver; trucking contractor

la carte grise   official registration card for trucks

le chaland   barge

le chargement   loading

le consignateur   shipper; commercial handler of merchandise delivery, including packaging, insurance, and transportation (freight forwarder)

le conteneur   container used for shipping

le coût   cost

le déchargement   unloading

la douane   customs

F.A.S. (« franco quai »)   international term for "free alongside ship." Seller pays costs of shipping as far as the ship, client assumes cost of transport from dock to destination.

F.O.B.   international term for "free on board" indicating the seller assumes all costs of delivery to the client (sometimes **f.à b.**)

ferroviaire   pertaining to railroads

la flotte   fleet

franco de port   free on board; no charge for shipping ("F.O.B.")

le fret   freight

la lettre de voiture   shipping document used in transporting merchandise, consisting of a contract between the supplier or seller and the buyer of the merchandise. Different transportation systems have different names for this contract:

    a. le connaissement   bill of lading, for interior domestic water transport

    b. la charte-partie   for exterior domestic or international sea transport

    c. le récépissé   for interior train transport

    d. la lettre de voiture internationale   for international train transport

    e. la lettre de voiture   domestic and international truck transport

    f. la lettre de transport aérien   international air transport

    g. la déclaration d'expédition   domestic air transport

le magasin d'État   government warehouse where international shipments are kept until claimed by customer

le manifeste   a detailed list of all merchandise being carried on a plane

le minéralier   ore boat

la péniche   barge or canal boat

le pétrolier   tanker for carrying petroleum; oil tanker

les poids *(m.)* **lourds**   trucks for extremely heavy materials

le remorqueur   tugboat

le semi-remorque   semi-truck

la Société nationale des chemins de fer français (S.N.C.F.)   the French national railway, owned and operated by the government

subventionné   subsidized

le transporteur   agent who arranges only transportation of merchandise

la vitesse   speed; for trains, **petite vitesse**, **grande vitesse**, and **express**

QUESTIONS D'ÉTUDE

1. Que fait une entreprise pour envoyer des marchandises aux clients ?
2. Qu'est-ce qu'un consignateur ? Y a-t-il des consignateurs aux États-Unis ? Est-ce que tous les fournisseurs les utilisent ?
3. Que veut dire S.N.C.F. ? T.I.R. ? F.A.S. ? C.F. ? F.O.B. ?
4. Qu'est-ce qui détermine la méthode de transport ?
5. Quelle sorte de marchandise est expédiée par train ?
6. Comment s'appellent les documents de transport des chemins de fer ?
7. Comment choisit-on la meilleure vitesse ?
8. Quels sont les avantages du transport par camion ? Y a-t-il des désavantages ? Lesquels ?
9. Distinguez entre « port payé » et « port dû ».
10. Quelles sont les obligations du transporteur ?
11. Quelles sont les informations sur la carte grise ?
12. Comment s'appellent les documents de transport des camionneurs ?
13. Nommez quelques camions employés dans le transport des marchandises.
14. Le transport aérien est idéal pour quelles marchandises ?
15. Qu'est-ce qui permet à Air France et à la S.N.C.F. d'opérer parfois à perte ?
16. Contrastez le transport fluvial et le transport ferroviaire en France.
17. Existe-t-il aux États-Unis des systèmes de transport fluvial ?
18. Où est-ce qu'on utilise des péniches aux États-Unis ?
19. Comment s'appellent les documents de transport à l'eau ?
20. Quelle est la différence entre un minéralier et un pétrolier ?
21. Quel est le nom du document de transport par mer ?
22. Qu'est-ce qui arrive aux marchandises livrées à un port international ?
23. À quoi sert un avis de livraison ?
24. Comment est-ce qu'un bon de livraison diffère d'un bon de réception ? Pourquoi ces deux documents sont-ils importants ?

EXERCICE DE VOCABULAIRE

Complétez les phrases suivantes par le mot convenable :

un connaissement   F.O.B.   semi-remorques   péniches
bon de livraison   récépissé   camion-citerne   douane
consignateur   lettre de voiture   C.A.F.   express   livreur
magasin d'État   bon de réception   avis de livraison

1. Avant d'accepter un envoi, l'acheteur le vérifie pour établir qu'il est conforme au _____ .
2. Tout envoi déstiné à un pays étranger doit passer par la _____.
3. Les marchandises destinées à un pays étranger sont mises dans un _____.
4. Le _____ s'occupe de tous les détails se rapportant au transport des marchandises pour un autre.
5. Aux États-Unis comme en France, on voit des _____ sur les grands fleuves.
6. L' _____ permet quelquefois au marchand de transmettre au client des renseignements secondaires.
7. Le document de transport par chemin de fer est le _____.
8. Une charte-partie est une _____ dans le transport maritime.
9. Pour maintenir les frais au minimum, l'acheteur préfère une vente _____.
10. Un _____ est utilisé pour transporter le lait.
11. Le grand nombre de _____ en France est responsable de l'encombrement des routes.
12. Le bon de réception signé est rendu au _____ qui le rend, à son tour, au fournisseur.

REVISION DE GRAMMAIRE

Les Participes présents

Le relevé de comptes est un document *portant* toutes les factures pour une période de temps fixe.
The "relevé de comptes" is a document listing all the invoices for a fixed period of time.

Les articles *faisant* l'objet de votre commande N° 37 ont été expédiés ce jour par avion.
The articles which were the object of your order #37 were sent today by airmail.

Although not used as much in French as in English, the present participle is frequently used in French business correspondence. **Portant** and **faisant** in the statements above are examples of the present participle.

Formation

nous port/ons	**portant**	*carrying, listing*
nous fais/ons	**faisant**	*making*
nous finiss/ons	**finissant**	*finishing*

Regardless of conjugation, all present participles are formed from the first-person plural of the present tense. To this stem is added –**ant**. The only exceptions are **être**, **avoir**, and **savoir**.

être	**étant**	*being*
avoir	**ayant**	*having*
savoir	**sachant**	*knowing*

L'emploi du participe présent

Like the present participle in English, this form is a verbal and cannot stand alone as the principal verb in a sentence. It is most often used to begin a participial phrase (an adjective phrase) or as an adjective modifying a noun. We frequently replace a relative clause with a participial phrase to shorten a sentence and make it more compact.

The action expressed by the present participle occurs at the same time as that of the principal verb—whether past, present, or future.

> **Ne *voulant* pas participer, il a refusé l'offre.**
> *Not wanting to participate, he refused the offer.*

> **Ne *voulant* pas participer, il refusera l'offre.**
> *Not wanting to participate, he will refuse the offer.*

> **Le P.-D.G., *qui possède beaucoup de pouvoir*, a consenti.**
> *The P.-D.G., who possesses a lot of power, has consented.*

> **Le P.-D.G., *possédant* beaucoup de pouvoir, a consenti.**
> *The P.-D.G., possessing a lot of power, has consented.*

Exercice

A. *Écrivez les participes présents des verbes suivants.*

1. fabriquer
2. envoyer
3. transmettre
4. satisfaire
5. trouver
6. exiger
7. rendre
8. employer
9. indiquer
10. remplir

En + le participe présent

> *En remplissant* le manifeste, il a fait une erreur.
> *In filling out the shipping document, he made an error.*

> *En employant* un camion frigorifique pour le transport de ses fruits, il garantit la fraîcheur.
> *By using a refrigerated truck to transport his fruit, he guarantees freshness.*

> *En arrivant*, il a présenté le bon de réception au client pour vérification.
> *Upon arrival, he presented the receipt to the customer for verification.*

The idea of ''by means of'' or ''upon'' is expressed by **en** + the present participle. **Tout en** + the present participle emphasizes the idea of two actions occurring at the same time, and is often translated by *while*.

> *Tout en augmentant* sa capacité de production, l'entreprise faisait des recherches pour s'assurer un plus grand marché dans le monde.
> *While increasing its production capacity, the company was doing research to assure itself a larger market in the world.*

Commencer and **finir**, however, are never used with en: to translate the idea of ''by beginning'' or ''by finishing,'' use **par** + the infinitive.

Exercices

B. *Exprimez en anglais.*

1. Voici un tableau montrant l'utilisation des ressources.
2. Répondant aux questions des clients, elle les a assurés de la sécurité de son produit.
3. Votre investissement va contribuer à la création d'une quantité d'emplois tout en vous rapportant un intérêt élevé.
4. Comme fournisseur important ayant de nombreux clients, vous avez besoin de votre propre service expéditeur.
5. En utilisant des conteneurs pour l'expédition des marchandises, vous courez moins le risque de perdre vos bénéfices par vol.
6. Il a commencé par expliquer leurs services.

C. *Exprimez en français les mots entre parenthèses.*

1. *(indicating)* Elle a envoyé une lettre, _____ que la marchandise a été expédiée.
2. *(Arriving)* _____ à sa destination internationale, la marchandise est mise dans un magasin d'État.
3. *(While looking for)* _____ son adresse, il a trouvé le nom d'un consignateur responsable.
4. *(by signing this contract)* Vous vous obligez à une grande responsabilité _____.

5. *(belonging)* Air France est une compagnie _____ au gouvernement.
6. *(Not being able to work)* _____ la nuit, les enfants de moins de dix-huit ans sont limités dans leurs possibilités d'emplois.

D. *Replace the relative clauses in the sentences below by participial phrases.*

EXEMPLE : Le régime «express», qui est le plus rapide, apporte directement la marchandise à sa destination.
Le régime «express», étant le plus rapide, apporte directement la marchandise à sa destination.

1. Le chemin de fer, qui transporte environ 40% de toutes les marchandises, est moins cher sur les courtes distances.
2. Nous avons reçu une commande qui vient d'une entreprise à Caen.
3. C'est un fournisseur important qui a de nombreux clients.
4. Monsieur Duchamps est un transporteur qui s'occupe de l'envoi des marchandises.
5. Le manifeste est une liste qui récapitule tout le chargement de l'avion.
6. Nous avons reçu le bon de livraison, qui contient une liste des marchandises dans l'envoi.
7. Les chalands, qui parcourent les canaux et les fleuves, sont importants pour le transport des produits lourds comme le charbon.
8. Une facture *pro forma*, qui donne le montant exact des marchandises, est nécessaire pour obtenir les crédits essentiels pour un achat fait à l'étranger.

Voici, Voilà, Il y a, Depuis

Le Temps présent

Voici deux ans qu'il travaille ici. ⎫
Il y a deux ans qu'il travaille ici. ⎬ *He has been working here*
Il travaille ici depuis deux ans. ⎭ *for two years.*

The present perfect continuous action is expressed in French by the present tense + **voici... que, voilà... que, il y a... que,** or **depuis.** All of these describe an action that began in the past but is still occurring. Note that **une heure** means both *one hour* or *one o'clock*. Use **depuis une heure** for *since one o'clock*, and **voici, voilà,** and **il y a** to express *one hour*.

Exercices

E. *Complétez les phrases suivantes par l'équivalent français des mots entre parenthèses.*

EXEMPLE : *(For two years)* _____ nous nous abonnons à ce journal.
Voici deux ans que nous nous abonnons à ce journal.

(In the example, **voilà** or **il y a** would be just as correct as **voici**.)

1. *(For six months)* _____ je reçois ce journal.
2. *(For three weeks)* _____ elle attend sa réponse.
3. *(For nine years)* _____ ils travaillent pour cette maison.
4. *(For four days)* Ils sont à Paris _____.
5. *(For twenty minutes)* _____ ils discutent le prix.
6. *(For ten days)* La marchandise est en route _____.

F. *Répondez aux questions suivantes d'après l'exemple.*

EXEMPLE :   Depuis quand est-il à Toulouse ? (15 jours)
Il y a quinze jours qu'il est à Toulouse.

1. Depuis quand ont-ils cet ordinateur ? (3 mois)
2. Depuis quand cherche-t-elle un autre emploi ? (6 semaines)
3. Depuis quand attendez-vous cet envoi ? (10 jours)
4. Depuis quand vous servez-vous de ce transporteur ? (6 ans)
5. Depuis quand fournit-il ces diskettes à l'entreprise ? (2 ans)

Passé composé

Il y a deux ans que j'ai fait sa connaissance.
I met him two years ago.

Je n'ai pas vu leur représentant depuis trois mois.
I haven't seen their sales representative for three months.

Actions that were completed in the past are expressed by the *passé composé* + **voici… que, voilà… que, il y a… que,** or **depuis.**

Imparfait

Past perfect progressive actions are expressed in French by the *imparfait* + **voici… que, voilà… que, il y a… que,** or **depuis.** Often the action described began in the past and continued until it was interrupted.

Il y avait treize ans qu'il travaillait ici quand il a été congédié.
He had been working here for thirteen years when he was fired.

L'usine fabriquait ces pneus depuis vingt ans quand on l'a vendue.
The factory had been making these tires for twenty years when it was sold.

Exercices

G. *Exprimez en anglais.*

1. Voilà deux ans qu'il travaillait dans notre bureau quand il a reçu votre offre.
2. Elle loue cette espace depuis trois mois.

3. Il avait cette commande dans son carnet depuis cinq jours quand il l'a envoyée au bureau.
4. Il y avait trois jours que la lettre était sur le bureau quand elle l'a ouverte.
5. Voici un mois que nous n'avons pas vendu un micro.
6. Il y a quinze jours que vous attendez.

H. *Répondez aux questions suivantes d'après l'exemple.*

EXEMPLE :   Depuis quand classe-t-elle ? (depuis vingt minutes)
Elle classe depuis vingt minutes

1. Depuis quand reçois-tu ce journal ? (depuis six mois)
2. Depuis quand achètent-ils ce produit ici ? (il y a un an)
3. Depuis quand êtes-vous commis-voyageur pour cette entreprise ? (voici trois mois)
4. Depuis quand attendait-il ce licenciement ? (il y a longtemps)
5. Depuis quand a-t-elle vendu ce produit ? (il y a quatre mois)

I. *Exprimez en français.*

1. He had been reading for an hour when he fell asleep.
2. The merchandise arrived a week ago.
3. I haven't sold anything for a long time.
4. She has been waiting for you for twenty minutes.
5. The factory was destroyed in a fire three weeks ago.
6. The shipment was in the warehouse for a year when he learned about it.

QUESTIONS DE COMPOSITION

1. Écrivez un avis d'expédition dans lequel Eric Porter avise un client de Bordeaux de l'expédition de sa commande d'un grand ordinateur, Mac III. L'expédition des trois caisses est assurée et les caisses seront rendues à Bordeaux le 10 septembre. À cause d'une récente grève de camionneurs, il y aura un délai de livraison de trois semaines.
2. Le transporteur est payé avant tout autre créancier, en cas de faillite de l'expéditeur. Croyez-vous que ce privilège soit justifié ? Pourquoi ?
3. Comparez les transports fluviaux et maritimes en France et aux États-Unis.

EXERCICES ORAUX

1. Exercice à deux : Client et secrétaire.
   Un client téléphone au bureau de Micro-Mac. Il vient de recevoir un envoi, mais au lieu d'être « port payé » il est « port dû ». La secrétaire trouve l'ori-

ginal de la commande et, en effet, le client a raison ! Elle offre des excuses, etc.

2. Exercice individuel : Secrétaire.

Madame Devreux, au téléphone, explique à un client, qui vient d'acheter un Mac II, les différentes méthodes de transport à sa disposition.

Office Simulation

Throughout this course, you have been reading about the Porters and their new business in France. With Eric and Anne, you got acquainted with the business institutions of France and the techniques and practices that are necessary for those who work with them. It is time, now, for more extensive role-playing that will give you an opportunity to review these practices.

Office simulation is role-playing, and for this exercise, we ask that all students of the class form groups of three: the three people essential to any business venture, **le directeur, la (le) secrétaire,** et **le représentant**. The first week, one person of each group will be the employer, another the secretary, and the third will be the salesperson. The assignments given here for each person cover many of the aspects of business studied in this course. It is important that the three people work together: The employer dictates (either directly or on cassette tape) the letters specified and the secretary first writes them down and then types a formal, finished letter for presentation to the employer for proofreading and signature. When necessary, the secretary must look up postal codes from the list given in the appendix. When the employer requests the salesperson to check on a particular shipment, the salesperson is expected to respond directly to that request. When all three people have completed their assigned tasks, they exchange roles and begin again. This means that a new employer designs a new letterhead, a new secretary prepares a new bank deposit, a new salesperson sends a new telegram. In this way, all three review and practice all aspects of the office work. **Amusez-vous bien** !

DIRECTEUR

1. As director of a new business, you are eager to have your own distinctive letterhead, which will appear not only on your business stationery but also on your office forms: invoices, purchase orders, etc. Design a letterhead that includes all the information required by the French government as well as a logo.

2. In order to inform retail merchants in your area about the product you are selling, compose and dictate a sales letter. Be sure to state the price, any special reasons for purchase at this time, and reasons why the addressee might be interested in the product. Don't forget to include all necessary mailing information (your street address, postal code, etc.).

3. One of your customers made a large purchase on credit, promising to pay in full 30 days after delivery. This account is now overdue. Dictate a letter to M. Julien Javert at #12 bis, rue des Écoles, Moulins (department of Allier), requesting that he pay this overdue account immediately.

4. Meyer et Fils, S.A., in Toulon recently purchased a new machine from your company. A letter in this morning's mail complains, however, that the machine is not functioning properly. Dictate a response that will reassure the customer.

5. Prepare an advertisement for area newspapers. You are looking for a sales rep who is ambitious and aggressive and also knowledgeable about machines. An *ingénieur de vente* would be ideal, since he could also service the machines if necessary. The position will involve traveling.

6. An important publishing company, Éditions Hervé Briard, 6, rue des Saints-Martyres, Montpellier, is interested in purchasing a computer for its billing department. Dictate a response giving all the necessary information.

7. The interviews for the sales representative position which you advertised are now completed and you have made your choice. Dictate a letter informing the best-qualified candidate of his or her acceptance.

8. Établissements Frédéric Rigault, 3, rue LeClerc, Toulon, have telephoned, asking that you send them information on your policy concerning installation, maintenance, and operating instruction for purchasers of computers. Dictate a response.

9. You have received a telex informing you that a shipment of computers has arrived from the Minneapolis office and is waiting in the government warehouse at Marseilles. Send a telegram to your salesperson, telling him to go to Marseilles immediately, take care of the customs requirements, and arrange for shipment of the computers to Melun. It is urgent that this be done just as soon as possible, since you have a customer waiting in Bordeaux.

10. Because of the shipment you have just received, you now decide to have a sale and get rid of last year's models. Prepare an advertisement for the news-

papers announcing a sale—30% off—on all microcomputers sold within the next 30 days.

11. Dictate a letter to M. Rémy Gros, 71, avenue Hoche, Bordeaux, informing him of the arrival of the computer that he ordered. Indicate the shipping methods, by train and by truck, and the anticipated time of arrival in Bordeaux.

12. Établissement Bouchard, 59, rue de l'Horloge, Caen, has written complaining that the shipment promised for the preceding week has not yet arrived. Write a conciliatory letter explaining that the members of the truckers union are on strike (*en grève*) and that you are attempting to make arrangements to ship the merchandise by train.

SECRÉTAIRE

1. As secretary, your first obligation is to take care of the work that your employer gives you. Thus, it will be necessary to arrange your work around the letters dictated to you. When these letters are ready, present them for signature.

2. Using the rough draft prepared by your employer, see that the new letterhead is ready for the printer. Write a short note to accompany the order, explaining to the printer how much stationery you will need, when you want it, and how it should be delivered.

3. Prepare a memorandum to the director, outlining travel arrangements for a proposed visit to Lyons. Suggest reasons for traveling by train rather than by car.

4. Type the advertisement that your employer has prepared for a sales representative. Attach to it a brief memo asking that the invoice be sent to your office in Melun.

5. Make an appointment, by letter, with the two leading candidates for the position of sales representative for an interview.

6. Send a letter or telegram informing your new sales representative of a client, Entreprises Canadiennes, 19, boulevard de Provence, Clermont-Ferrand, who wishes to discuss a possible purchase. They have requested a visit before October 2.

7. Fill out a deposit slip for the Crédit Lyonnais bank. You wish to deposit 6150 ff. in checks and 2350 ff. in cash.

8. Make reservations for your employer and the sales representative at the Hôtel Continental in Brussels for the week of the trade fair. Give specific dates, and arrival and departure times. Reserve two single rooms with bath.

9. Write a brief note reminding the sales representative to send in the report for the previous week's activities.

REPRÉSENTANT

1. You have just seen the request for an *ingénieur de vente* that appeared in the magazine *Le Monde des Ordinateurs*. Write a letter applying for the job. Be sure to include a detailed curriculum vitae.

2. Your letter has brought a response and you have been invited to come to Melun for an interview. Write a letter to L'Hôtel du Parc, 15, Place de la Gendarmerie, Melun, for a hotel reservation for the one night you expect to be in Melun for the interview.

3. Write a letter acknowledging receipt of the interview appointment. Confirm the date and the time of the appointment.

4. The interview went well, and you have just received word of the decision. Write a letter acknowledging your acceptance and expressing your appreciation. Indicate that you plan to be in Melun a week before the indicated starting date in order to arrange housing and attend to any necessary details.

5. Write a letter to *Entreprises Canadiennes*, informing them of your intention to visit them on September 22.

6. Send a telegram to the home office, informing them of your plans to visit Clermont-Ferrand.

7. Write a letter to your employer, confirming receipt of the notice of the shipment. Notify the boss that you have been to Marseilles, and that you have arranged with the transport agent for delivery of the computers to Melun. You are enclosing the necessary transport documents.

8. Write a follow-up letter to a rental client whom you have visited recently, urging him to purchase his equipment before next month's price increase.

9. Write to the director from Brussels, where you are answering a maintenance request. Mention a trade fair that will be held there in six weeks. Suggest that you think it would be practical for both of you to attend this fair.

10. Write a form letter for distribution to businesses, introducing yourself as the new sales representative in the Lyons area. Indicate that you are looking forward to visiting each of them personally in the near future.

11. Prepare your report for the office in Melun, noting your past week's activities and progress. Outline your proposed activities for the week to come.

Appendices

Numéros de code des départements français
Code Numbers of French Departments

01 Ain
02 Aisne
03 Allier
04 Alpes (Basses-)
05 Alpes (Hautes-)
06 Alpes-Maritimes
07 Ardèche
08 Ardennes
09 Ariège
10 Aube
11 Aude
12 Aveyron
13 Bouches-du-Rhône
14 Calvados
15 Cantal
16 Charente
17 Charente-Maritime
18 Cher
19 Corrèze
20 Corse
21 Côte-d'Or
22 Côtes-du-Nord
23 Creuse
24 Dordogne
25 Doubs
26 Drôme

27 Eure
28 Eure-et-Loir
29N Nord-Finistère
29S Sud-Finistère
30 Gard
31 Garonne (Haute-)
32 Gers
33 Gironde
34 Hérault
35 Ille-et-Vilaine
36 Indre
37 Indre-et-Loire
38 Isère
39 Jura
40 Landes
41 Loir-et-Cher
42 Loire
43 Loire (Haute-)
44 Loire-Atlantique
45 Loiret
46 Lot
47 Lot-et-Garonne
48 Lozère
49 Maine-et-Loire
50 Manche
51 Marne

52 Marne (Haute-)
53 Mayenne
54 Meurthe-et-Moselle
55 Meuse
56 Morbihan
57 Moselle
58 Nièvre
59 Nord
60 Oise
61 Orne
62 Pas-de-Calais
63 Puy-de-Dôme
64 Pyrénées (Basses-)
65 Pyrénées (Hautes-)
66 Pyrénées-Orientales
67 Rhin (Bas-)
68 Rhin (Haut-)
69 Rhône
70 Saône (Haut-)
71 Saône-et-Loire
72 Sarthe
73 Savoie
74 Savoie (Haute-)
75 Paris (Ville de)
76 Seine-Maritime
77 Seine-et-Marne

78 Yvelines	84 Vaucluse	90 Belfort (Territ.)
79 Sèvres (Deux-)	85 Vendée	91 Essonne
80 Somme	86 Vienne	92 Hauts-de-Seine
81 Tarn	87 Vienne (Haute-)	93 Seine-St-Denis
82 Tarn-et-Garonne	88 Vosges	94 Val-de-Marne
83 Var	89 Yonne	95 Val-d'Oise

Numéros postaux des villes de France
French Postal Codes

80100 Abbeville	36000 Châteauroux	44000 Nantes
47000 Agen	50100 Cherbourg	11100 Narbonne
13100 Aix-en-Provence	63100 Clermont-Ferrand	58000 Nevers
20000 Ajaccio	68000 Colmar	06000 Nice
61000 Alençon	60200 Compiègne	30000 Nîmes
80000 Amiens	14800 Deauville	79000 Niort
49000 Angers	76200 Dieppe	45000 Orléans
16000 Angoulême	21000 Dijon	94310 Orly
74000 Annecy	59500 Douai	75001 Paris
06600 Antibes	59140 Dunkerque	64000 Pau
33120 Arcachon	88000 Épinal	24000 Périgueux
13200 Arles	74500 Évian	66000 Perpignan
62000 Arras	27000 Évreux	86000 Poitiers
15000 Aurillac	38000 Grenoble	07000 Privas
89000 Auxerre	06160 Juan-les-Pins	29000 Quimper
84000 Avignon	44500 La Baule	51100 Reims
60000 Beauvais	02000 Laon	35000 Rennes
90000 Belfort	17000 La Rochelle	17300 Rochefort
25000 Besançon	53000 Laval	59100 Roubaix
64200 Biarritz	93350 Le Bourget	76000 Rouen
41000 Blois	76600 Le Havre	17200 Royan
33000 Bordeaux	72000 Le Mans	22000 Saint-Brieuc
62200 Boulogne/mer	43000 Le Puy	42000 Saint-Étienne
01000 Bourg-en-Bresse	59000 Lille	50000 Saint-Lô
18000 Bourges	87000 Limoges	35400 Saint-Malo
29200 Brest	14100 Lisieux	44600 Saint-Nazaire
14000 Caen	65100 Lourdes	08200 Sedan
46000 Cahors	69001 Lyon	67000 Strasbourg
62100 Calais	71000 Mâcon	83100 Toulon
59400 Cambrai	13001 Marseille	31000 Toulouse
06400 Cannes	77000 Melun	59200 Tourcoing
11000 Carcassonne	57000 Metz	37000 Tours
51000 Châlons/Marne	40000 Mont-de-Marsan	10000 Troyes
73000 Chambéry	34000 Montpellier	59300 Valenciennes
74400 Chamonix	03000 Moulins	56000 Vannes
08000 Charlesville-Mézières	68100 Mulhouse	78000 Versailles
28000 Chartres	54000 Nancy	03200 Vichy

Poids et mesures

Poids

100 grammes	3.52 oz.	Approx. 1/4 lb.
500 grammes	17.63 oz.	Approx. 1 lb.
1.000 grammes (1 kilo)	35.27 oz.	Approx. 2 lbs.

Mesures

1 cm (centimètre)	.3937 in.	Approx. 1/2 in.
1 m. (mètre)	39.37 in.	Approx. 1 yd. and 3 in.
1 km. (kilomètre)	.6213 mi.	Approx. 5/8 mi.
1 l. (litre)		Approx. 1 3/4 pts.

Températures

FAHRENHEIT	CENTIGRADE
212	100
194	90
176	80
140	60
104	40
98.6	37
68	20
32	0
14	− 10
− 4	− 20

Conjugaison des verbes

INFINITIF, PARTICIPES			LES TEMPS SIMPLES			
					SUBJONCTIF	
	PRÉSENT	IMPARFAIT	FUTUR	CONDITIONNEL	PRÉSENT	IMPARFAIT
1. **aller**	vais	allais	irai	irais	aille	allasse
to go	vas	allais	iras	irais	ailles	allasses
	va	allait	ira	irait	aille	allât
allant	allons	allions	irons	irions	allions	allassions
allé	allez	alliez	irez	iriez	alliez	allassiez
	vont	allaient	iront	iraient	aillent	allassent
2. **asseoir**	assieds	asseyais	assiérai	assiérais	asseye	assisse
(s'asseoir)	assieds	asseyais	assiéras	assiérais	asseyes	assisses
to sit	assied	asseyait	assiéra	assiérait	asseye	assît
asseyant	asseyons	asseyions	assiérons	assiérions	asseyions	assissions
assis	asseyez	asseyiez	assiérez	assiériez	asseyiez	assissiez
	asseyent	asseyaient	assiéront	assiéraient	asseyent	assissent
asseoir	assois	assoyais	assoirai	assoirais	assoie	
(alternate)	assois	assoyais	assoiras	assoirais	assoies	
	assoit	assoyait	assoira	assoirait	assoie	
assoyant	assoyons	assoyions	assoirons	assoirions	assoyions	
	assoyez	assoyiez	assoirez	assoiriez	assoyiez	
	assoient	assoyaient	assoiront	assoiraient	assoient	
3. **avoir**	ai	avais	aurai	aurais	aie	eusse
to have	as	avais	auras	aurais	aies	eusses
	a	avait	aura	aurait	ait	eût
ayant	avons	avions	aurons	aurions	ayons	eussions
eu	avez	aviez	aurez	auriez	ayez	eussiez
	ont	avaient	auront	auraient	aient	eussent
4. **battre**	bats	battais	battrai	battrais	batte	battisse
to beat	bats	battais	battras	battrais	battes	battisses
	bat	battait	battra	battrait	batte	battît
battant	battons	battions	battrons	battrions	battions	battissions
battu	battez	battiez	battrez	battriez	battiez	battissiez
	battent	battaient	battront	battraient	battent	battissent

	LES TEMPS COMPOSÉS	PASSÉ SIMPLE	PASSÉ ANTÉRIEUR
	LES TEMPS LITTÉRAIRES		

LES TEMPS COMPOSÉS	PASSÉ SIMPLE	PASSÉ ANTÉRIEUR
Passé composé: je suis allé	allai	fus allé
Futur antérieur: je serai allé	allas	fus allé
Conditionnel passé: je serais allé	alla	fut allé
Plus-que-parfait: j'étais allé	allâmes	fûmes allés
Passé surcomposé: j'ai été allé	allâtes	fûtes allés
Subjonctif passé: je sois allé	allèrent	furent allés
Subjonctif plus-que-parfait: je fusse allé		
Passé composé: je me suis assis	assis	fus assis
Futur antérieur: je me serai assis	assis	fus assis
Conditionnel passé: je me serais assis	assit	fut assis
Plus-que-parfait: je m'étais assis	assîmes	fûmes assis
Passé surcomposé: ———————	assîtes	fûtes assis
Subjonctif passé: je me sois assis	assirent	furent assis
Subjonctif plus-que-parfait: je me fusse assis		
Passé composé: j'ai eu	eus	eus eu
Futur antérieur: j'aurai eu	eus	eus eu
Conditionnel passé: j'aurais eu	eut	eut eu
Plus-que-parfait: j'avais eu	eûmes	eûmes eu
Passé surcomposé: j'ai eu eu	eûtes	eûtes eu
Subjonctif passé: j'aie eu	eurent	eurent eu
Subjonctif plus-que-parfait: j'eusse eu		
Passé composé: j'ai battu	battis	eus battu
Futur antérieur: j'aurai battu	battis	eus battu
Conditionnel passé: j'aurais battu	battit	eut battu
Plus-que-parfait: j'avais battu	battîmes	eûmes battu
Passé surcomposé: j'ai eu battu	battîtes	eûtes battu
Subjonctif passé: j'aie battu	battirent	eurent battu
Subjonctif plus-que-parfait: j'eusse battu		

INFINITIF, PARTICIPES			LES TEMPS SIMPLES			
					SUBJONCTIF	
	PRÉSENT	IMPARFAIT	FUTUR	CONDITIONNEL	PRÉSENT	IMPARFAIT
5. boire	bois	buvais	boirai	boirais	boive	busse
to drink	bois	buvais	boiras	boirais	boives	busses
	boit	buvait	boira	boirait	boive	bût
buvant	buvons	buvions	boirons	boirions	buvions	bussions
bu	buvez	buviez	boirez	boiriez	buviez	bussiez
	boivent	buvaient	boiront	boiraient	boivent	bussent
6. conduire	conduis	conduisais	conduirai	conduirais	conduise	conduisisse
to drive	conduis	conduisais	conduiras	conduirais	conduises	conduisisses
	conduit	conduisait	conduira	conduirait	conduise	conduisît
conduisant	conduisons	conduisions	conduirons	conduirions	conduisions	conduisissions
conduit	conduisez	conduisiez	conduirez	conduiriez	conduisiez	conduisissiez
	conduisent	conduisaient	conduiront	conduiraient	conduisent	conduisissent
7. connaître	connais	connaissais	connaîtrai	connaîtrais	connaisse	connusse
to know	connais	connaissais	connaîtras	connaîtrais	connaisses	connusses
	connaît	connaissait	connaîtra	connaîtrait	connaisse	connût
connaissant	connaissons	connaissions	connaîtrons	connaîtrions	connaissions	connussions
connu	connaissez	connaissiez	connaîtrez	connaîtriez	connaissiez	connussiez
	connaissent	connaissaient	connaîtront	connaîtraient	connaissent	connussent
8. courir	cours	courais	courrai	courrais	coure	courusse
to run	cours	courais	courras	courrais	coures	courusses
	court	courait	courra	courrait	coure	courût
courant	courons	courions	courrons	courrions	courions	courussions
couru	courez	couriez	courrez	courriez	couriez	courussiez
	courent	couraient	courront	courraient	courent	courussent
9. craindre	crains	craignais	craindrai	craindrais	craigne	craignisse
to fear	crains	craignais	craindras	craindrais	craignes	craignisses
	craint	craignait	craindra	craindrait	craigne	craignît
craignant	craignons	craignions	craindrons	craindrions	craignions	craignissions
craint	craignez	craigniez	craindrez	craindriez	craigniez	craignissiez
	craignent	craignaient	craindront	craindraient	craignent	craignissent
10. croire	crois	croyais	croirai	croirais	croie	crusse
to believe	crois	croyais	croiras	croirais	croies	crusses
	croit	croyait	croira	croirait	croie	crût
croyant	croyons	croyions	croirons	croirions	croyions	crussions
cru	croyez	croyiez	croirez	croiriez	croyiez	crussiez
	croient	croyaient	croiront	croiraient	croient	crussent

LES TEMPS COMPOSÉS	LES TEMPS LITTÉRAIRES	
	PASSÉ SIMPLE	PASSÉ ANTÉRIEUR
Passé composé: j'ai bu	bus	eus bu
Futur antérieur: j'aurai bu	bus	eus bu
Conditionnel passé: j'aurais bu	but	eut bu
Plus-que-parfait: j'avais bu	bûmes	eûmes bu
Passé surcomposé: j'ai eu bu	bûtes	eûtes bu
Subjonctif passé: j'aie bu	burent	eurent bu
Subjonctif plus-que-parfait: j'eusse bu		
Passé composé: j'ai conduit	conduisis	eus conduit
Futur antérieur: j'aurai conduit	conduisis	eus conduit
Conditionnel passé: j'aurais conduit	conduisit	eut conduit
Plus-que-parfait: j'avais conduit	conduisîmes	eûmes conduit
Passé surcomposé: j'ai eu conduit	conduisîtes	eûtes conduit
Subjonctif passé: j'aie conduit	conduisirent	eurent conduit
Subjonctif plus-que-parfait: j'eusse conduit		
Passé composé: j'ai connu	connus	eus connu
Futur antérieur: j'aurai connu	connus	eus connu
Conditionnel passé: j'aurais connu	connut	eut connu
Plus-que-parfait: j'avais connu	connûmes	eûmes connu
Passé surcomposé: j'ai eu connu	connûtes	eûtes connu
Subjonctif passé: j'aie connu	connurent	eurent connu
Subjonctif plus-que-parfait: j'eusse connu		
Passé composé: j'ai couru	courus	eus couru
Futur antérieur: j'aurai couru	courus	eus couru
Conditionnel passé: j'aurais couru	courut	eut couru
Plus-que-parfait: j'avais couru	courûmes	eûmes couru
Passé surcomposé: j'ai eu couru	courûtes	eûtes couru
Subjonctif passé: j'aie couru	coururent	eurent couru
Subjonctif plus-que-parfait: j'eusse couru		
Passé composé: j'ai craint	craignis	eus craint
Futur antérieur: j'aurai craint	craignis	eus craint
Conditionnel passé: j'aurais craint	craignit	eut craint
Plus-que-parfait: j'avais craint	craignîmes	eûmes craint
Passé surcomposé: j'ai eu craint	craignîtes	eûtes craint
Subjonctif passé: j'aie craint	craignirent	eurent craint
Subjonctif plus-que-parfait: j'eusse craint		
Passé composé: j'ai cru	crus	eus cru
Futur antérieur: j'aurai cru	crus	eus cru
Conditionnel passé: j'aurais cru	crut	eut cru
Plus-que-parfait: j'avais cru	crûmes	eûmes cru
Passé surcomposé: j'ai eu cru	crûtes	eûtes cru
Subjonctif passé: j'aie cru	crurent	eurent cru
Subjonctif plus-que-parfait: j'eusse cru		

INFINITIF, PARTICIPES	LES TEMPS SIMPLES					
					SUBJONCTIF	
	PRÉSENT	IMPARFAIT	FUTUR	CONDITIONNEL	PRÉSENT	IMPARFAIT
11. **devoir**	dois	devais	devrai	devrais	doive	dusse
to owe,	dois	devais	devras	devrais	doives	dusses
have to	doit	devait	devra	devrait	doive	dût
devant	devons	devions	devrons	devrions	devions	dussions
dû, due	devez	deviez	devrez	devriez	deviez	dussiez
	doivent	devaient	devront	devraient	doivent	dussent
12. **dire**	dis	disais	dirai	dirais	dise	disse
to say, tell	dis	disais	diras	dirais	dises	disses
	dit	disait	dira	dirait	dise	dît
disant	disons	disions	dirons	dirions	disions	dissions
dit	dites	disiez	direz	diriez	disiez	dissiez
	disent	disaient	diront	diraient	disent	dissent
13. **écrire**	écris	écrivais	écrirai	écrirais	écrive	écrivisse
to write	écris	écrivais	écriras	écrirais	écrives	écrivisses
	écrit	écrivait	écrira	écrirait	écrive	écrivît
écrivant	écrivons	écrivions	écrirons	écririons	écrivions	écrivissions
écrit	écrivez	écriviez	écrirez	écririez	écriviez	écrivissiez
	écrivent	écrivaient	écriront	écriraient	écrivent	écrivissent
14. **envoyer**	envoie	envoyais	enverrai	enverrais	envoie	envoyasse
to send	envoies	envoyais	enverras	enverrais	envoies	envoyasses
	envoie	envoyait	enverra	enverrait	envoie	envoyât
envoyant	envoyons	envoyions	enverrons	enverrions	envoyions	envoyassions
envoyé	envoyez	envoyiez	enverrez	enverriez	envoyiez	envoyassiez
	envoient	envoyaient	enverront	enverraient	envoient	envoyassent
15. **essayer**	essaie	essayais	essaierai	essaierais	essaie	essayasse
to try	essaies	essayais	essaieras	essaierais	essaies	essayasses
	essaie	essayait	essaiera	essaierait	essaie	essayât
essayant	essayons	essayions	essaierons	essaierions	essayions	essayassions
essayé	essayez	essayiez	essaierez	essaieriez	essayiez	essayassiez
	essaient	essayaient	essaieront	essaieraient	essaient	essayassent
essayer	essaye	essayais	essayerai	essayerais	essaye	essayasse
(alternate	essayes	essayais	essayeras	essayerais	essayes	essayasses
forms)	essaye	essayait	essayera	essayerait	essaye	essayât
	essayons	essayions	essayerons	essayerions	essayions	essayassions
	essayez	essayiez	essayerez	essayeriez	essayiez	essayassiez
	essayent	essayaient	essayeront	essayeraient	essayent	essayassent

LES TEMPS COMPOSÉS	LES TEMPS LITTÉRAIRES	
	PASSÉ SIMPLE	PASSÉ ANTÉRIEUR
Passé composé: j'ai dû	dus	eus dû
Futur antérieur: j'aurai dû	dus	eus dû
Conditionnel passé: j'aurais dû	dut	eut dû
Plus-que-parfait: j'avais dû	dûmes	eûmes dû
Passé surcomposé: j'ai eu dû	dûtes	eûtes dû
Subjonctif passé: j'aie dû	durent	eurent dû
Subjonctif plus-que-parfait: j'eusse dû		
Passé composé: j'ai dit	dis	eus dit
Futur antérieur: j'aurai dit	dis	eus dit
Conditionnel passé: j'aurais dit	dit	eut dit
Plus-que-parfait: j'avais dit	dîmes	eûmes dit
Passé surcomposé: j'ai eu dit	dîtes	eûtes dit
Subjonctif passé: j'aie dit	dirent	eurent dit
Subjonctif plus-que-parfait: j'eusse dit		
Passé composé: j'ai écrit	écrivis	eus écrit
Futur antérieur: j'aurai écrit	écrivis	eus écrit
Conditionnel passé: j'aurais écrit	écrivit	eut écrit
Plus-que-parfait: j'avais écrit	écrivîmes	eûmes écrit
Passé surcomposé: j'ai eu écrit	écrivîtes	eûtes écrit
Subjonctif passé: j'aie écrit	écrivirent	eurent écrit
Subjonctif plus-que-parfait: j'eusse écrit		
Passé composé: j'ai envoyé	envoyai	eus envoyé
Futur antérieur: j'aurai envoyé	envoyas	eus envoyé
Conditionnel passé: j'aurais envoyé	envoya	eut envoyé
Plus-que-parfait: j'avais envoyé	envoyâmes	eûmes envoyé
Passé surcomposé: j'ai eu envoyé	envoyâtes	eûtes envoyé
Subjonctif passé: j'aie envoyé	envoyèrent	eurent envoyé
Subjonctif plus-que-parfait: j'eusse envoyé		
Passé composé: j'ai essayé	essayai	eus essayé
Futur antérieur: j'aurai essayé	essayas	eus essayé
Conditionnel passé: j'aurais essayé	essaya	eut essayé
Plus-que-parfait: j'avais essayé	essayâmes	eûmes essayé
Passé surcomposé: j'ai eu essayé	essayâtes	eûtes essayé
Subjonctif passé: j'aie essayé	essayèrent	eurent essayé
Subjonctif plus-que-parfait: j'eusse essayé		

INFINITIF, PARTICIPES	LES TEMPS SIMPLES					
					SUBJONCTIF	
	PRÉSENT	IMPARFAIT	FUTUR	CONDITIONNEL	PRÉSENT	IMPARFAIT
16. être	suis	étais	serai	serais	sois	fusse
to be	es	étais	seras	serais	sois	fusses
	est	était	sera	serait	soit	fût
étant	sommes	étions	serons	serions	soyons	fussions
été	êtes	étiez	serez	seriez	soyez	fussiez
	sont	étaient	seront	seraient	soient	fussent
17. faire	fais	faisais	ferai	ferais	fasse	fisse
to do, make	fais	faisais	feras	ferais	fasses	fisses
	fait	faisait	fera	ferait	fasse	fît
faisant	faisons	faisions	ferons	ferions	fassions	fissions
fait	faites	faisiez	ferez	feriez	fassiez	fissiez
	font	faisaient	feront	feraient	fassent	fissent
18. falloir	il faut	fallait	faudra	faudrait	faille	fallût
to be necessary						
fallu						
19. finir	finis	finissais	finirai	finirais	finisse	finisse
to finish	finis	finissais	finiras	finirais	finisses	finisses
	finit	finissait	finira	finirait	finisse	finît
finissant	finissons	finissions	finirons	finirions	finissions	finissions
fini	finissez	finissiez	finirez	finiriez	finissiez	finissiez
	finissent	finissaient	finiront	finiraient	finissent	finissent
20. fuir	fuis	fuyais	fuirai	fuirais	fuie	fuisse
to flee	fuis	fuyais	fuiras	fuirais	fuies	fuisses
	fuit	fuyait	fuira	fuirait	fuie	fuît
fuyant	fuyons	fuyions	fuirons	fuirions	fuyions	fuissions
fui	fuyez	fuyiez	fuirez	fuiriez	fuyiez	fuissiez
	fuient	fuyaient	fuiront	fuiraient	fuient	fuissent
21. lire	lis	lisais	lirai	lirais	lise	lusse
to read	lis	lisais	liras	lirais	lises	lusses
	lit	lisait	lira	lirait	lise	lût
lisant	lisons	lisions	lirons	lirions	lisions	lussions
lu	lisez	lisiez	lirez	liriez	lisiez	lussiez
	lisent	lisaient	liront	liraient	lisent	lussent

LES TEMPS COMPOSÉS	LES TEMPS LITTÉRAIRES	
	PASSÉ SIMPLE	PASSÉ ANTÉRIEUR
Passé composé: j'ai été	fus	eus été
Futur antérieur: j'aurai été	fus	eus été
Conditionnel passé: j'aurais été	fut	eut été
Plus-que-parfait: j'avais été	fûmes	eûmes été
Passé surcomposé: j'ai eu été	fûtes	eûtes été
Subjonctif passé: j'aie été	furent	eurent été
Subjonctif plus-que-parfait: j'eusse été		
Passé composé: j'ai fait	fis	eus fait
Futur antérieur: j'aurai fait	fis	eus fait
Conditionnel passé: j'aurais fait	fit	eut fait
Plus-que-parfait: j'avais fait	fîmes	eûmes fait
Passé surcomposé: j'ai eu fait	fîtes	eûtes fait
Subjonctif passé: j'aie fait	firent	eurent fait
Subjonctif plus-que-parfait: j'eusse fait		
Passé composé: il a fallu	fallut	eut fallu
Passé composé: j'ai fini	finis	eus fini
Futur antérieur: j'aurai fini	finis	eus fini
Conditionnel passé: j'aurais fini	finit	eut fini
Plus-que-parfait: j'avais fini	finîmes	eûmes fini
Passé surcomposé: j'ai eu fini	finîtes	eûtes fini
Subjonctif passé: j'aie fini	finirent	eurent fini
Subjonctif plus-que-parfait: j'eusse fini		
Passé composé: j'ai fui	fuis	eus fui
Futur antérieur: j'aurai fui	fuis	eus fui
Conditionnel passé: j'aurais fui	fuit	eut fui
Plus-que-parfait: j'avais fui	fuîmes	eûmes fui
Passé surcomposé: j'ai eu fui	fuîtes	eûtes fui
Subjonctif passé: j'aie fui	fuirent	eurent fui
Subjonctif plus-que-parfait: j'eusse fui		
Passé composé: j'ai lu	lus	eus lu
Futur antérieur: j'aurai lu	lus	eus lu
Conditionnel passé: j'aurais lu	lut	eut lu
Plus-que-parfait: j'avais lu	lûmes	eûmes lu
Passé surcomposé: j'ai eu lu	lûtes	eûtes lu
Subjonctif passé: j'aie lu	lurent	eurent lu
Subjonctif plus-que-parfait: j'eusse lu		

INFINITIF, PARTICIPES		LES TEMPS SIMPLES				
					SUBJONCTIF	
	PRÉSENT	IMPARFAIT	FUTUR	CONDITIONNEL	PRÉSENT	IMPARFAIT
22. **mettre**	mets	mettais	mettrai	mettrais	mette	misse
to put	mets	mettais	mettras	mettrais	mettes	misses
	met	mettait	mettra	mettrait	mette	mît
mettant	mettons	mettions	mettrons	mettrions	mettions	missions
mis	mettez	mettiez	mettrez	mettriez	mettiez	missiez
	mettent	mettaient	mettront	mettraient	mettent	missent
23. **mourir**	meurs	mourais	mourrai	mourrais	meure	mourusse
to die	meurs	mourais	mourras	mourrais	meures	mourusses
	meurt	mourait	mourra	mourrait	meure	mourût
mourant	mourons	mourions	mourrons	mourrions	mourions	mourussions
mort	mourez	mouriez	mourrez	mourriez	mouriez	mourussiez
	meurent	mouraient	mourront	mourraient	meurent	mourussent
24. **naître**	nais	naissais	naîtrai	naîtrais	naisse	naquisse
to be born	nais	naissais	naîtras	naîtrais	naisses	naquisses
	naît	naissait	naîtra	naîtrait	naisse	naquît
naissant	naissons	naissions	naîtrons	naîtrions	naissions	naquissions
né	naissez	naissiez	naîtrez	naîtriez	naissiez	naquissiez
	naissent	naissaient	naîtront	naîtraient	naissent	naquissent
25. **ouvrir**	ouvre	ouvrais	ouvrirai	ouvrirais	ouvre	ouvrisse
to open	ouvres	ouvrais	ouvriras	ouvrirais	ouvres	ouvrisses
	ouvre	ouvrait	ouvrira	ouvrirait	ouvre	ouvrît
ouvrant	ouvrons	ouvrions	ouvrirons	ouvririons	ouvrions	ouvrissions
ouvert	ouvrez	ouvriez	ouvrirez	ouvririez	ouvriez	ouvrissiez
	ouvrent	ouvraient	ouvriront	ouvriraient	ouvrent	ouvrissent
26. **parler**	parle	parlais	parlerai	parlerais	parle	parlasse
to speak	parles	parlais	parleras	parlerais	parles	parlasses
	parle	parlait	parlera	parlerait	parle	parlât
parlant	parlons	parlions	parlerons	parlerions	parlions	parlassions
parlé	parlez	parliez	parlerez	parleriez	parliez	parlassiez
	parlent	parlaient	parleront	parleraient	parlent	parlassent

LES TEMPS COMPOSÉS	LES TEMPS LITTÉRAIRES	
	PASSÉ SIMPLE	PASSÉ ANTÉRIEUR
Passé composé: j'ai mis	mis	eus mis
Futur antérieur: j'aurai mis	mis	eus mis
Conditionnel passé: j'aurais mis	mit	eut mis
Plus-que-parfait: j'avais mis	mîmes	eûmes mis
Passé surcomposé: j'ai eu mis	mîtes	eûtes mis
Subjonctif passé: j'aie mis	mirent	eurent mis
Subjonctif plus-que-parfait: j'eusse mis		
Passé composé: je suis mort	mourus	fus mort
Futur antérieur: je serai mort	mourus	fus mort
Conditionnel passé: je serais mort	mourut	fut mort
Plus-que-parfait: j'étais mort	mourûmes	fûmes morts
Passé surcomposé: j'ai été mort	mourûtes	fûtes morts
Subjonctif passé: je sois mort	moururent	furent morts
Subjonctif plus-que-parfait: je fusse mort		
Passé composé: je suis né	naquis	fus né
Futur antérieur: je serai né	naquis	fus né
Conditionnel passé: je serais né	naquit	fut né
Plus-que-parfait: j'étais né	naquîmes	fûmes nés
Passé surcomposé: j'ai été né	naquîtes	fûtes nés
Subjonctif passé: je sois né	naquirent	furent nés
Subjonctif plus-que-parfait: je fusse né		
Passé composé: j'ai ouvert	ouvris	eus ouvert
Futur antérieur: j'aurai ouvert	ouvris	eus ouvert
Conditionnel passé: j'aurais ouvert	ouvrit	eut ouvert
Plus-que-parfait: j'avais ouvert	ouvrîmes	eûmes ouvert
Passé surcomposé: j'ai eu ouvert	ouvrîtes	eûtes ouvert
Subjonctif passé: j'aie ouvert	ouvrirent	eurent ouvert
Subjonctif plus-que-parfait: j'eusse ouvert		
Passé composé: j'ai parlé	parlai	eus parlé
Futur antérieur: j'aurai parlé	parlas	eus parlé
Conditionnel passé: j'aurais parlé	parla	eut parlé
Plus-que-parfait: j'avais parlé	parlâmes	eûmes parlé
Passé surcomposé: j'ai eu parlé	parlâtes	eûtes parlé
Subjonctif passé: j'aie parlé	parlèrent	eurent parlé
Subjonctif plus-que-parfait: j'eusse parlé		

INFINITIF, PARTICIPES	LES TEMPS SIMPLES					
					SUBJONCTIF	
	PRÉSENT	IMPARFAIT	FUTUR	CONDITIONNEL	PRÉSENT	IMPARFAIT
27. **peindre**	peins	peignais	peindrai	peindrais	peigne	peignisse
to paint	peins	peignais	peindras	peindrais	peignes	peignisses
	peint	peignait	peindra	peindrait	peigne	peignît
peignant	peignons	peignions	peindrons	peindrions	peignions	peignissions
peint	peignez	peigniez	peindrez	peindriez	peigniez	peignissiez
	peignent	peignaient	peindront	peindraient	peignent	peignissent
28. **plaire**	plais	plaisais	plairai	plairais	plaise	plusse
to please	plais	plaisais	plairas	plairais	plaises	plusses
	plaît	plaisait	plaira	plairait	plaise	plût
plaisant	plaisons	plaisions	plairons	plairions	plaisions	plussions
plu	plaisez	plaisiez	plairez	plairiez	plaisiez	plussiez
	plaisent	plaisaient	plairont	plairaient	plaisent	plussent
29. **pleuvoir**	il pleut	pleuvait	pleuvra	pleuvrait	pleuve	plût
to rain						
pleuvant						
plu						
30. **pouvoir**	peux	pouvais	pourrai	pourrais	puisse	pusse
to be able	peux	pouvais	pourras	pourrais	puisses	pusses
	peut	pouvait	pourra	pourrait	puisse	pût
pouvant	pouvons	pouvions	pourrons	pourrions	puissions	pussions
pu	pouvez	pouviez	pourrez	pourriez	puissiez	pussiez
	peuvent	pouvaient	pourront	pourraient	puissent	pussent
31. **prendre**	prends	prenais	prendrai	prendrais	prenne	prisse
to take	prends	prenais	prendras	prendrais	prennes	prisses
	prend	prenait	prendra	prendrait	prenne	prît
prenant	prenons	prenions	prendrons	prendrions	prenions	prissions
pris	prenez	preniez	prendrez	prendriez	preniez	prissiez
	prennent	prenaient	prendront	prendraient	prennent	prissent
32. **répondre**	réponds	répondais	répondrai	répondrais	réponde	répondisse
to answer	réponds	répondais	répondras	répondrais	répondes	répondisses
	répond	répondait	répondra	répondrait	réponde	répondît
répondant	répondons	répondions	répondrons	répondrions	répondions	répondissions
répondu	répondez	répondiez	répondrez	répondriez	répondiez	répondissiez
	répondent	répondaient	répondront	répondraient	répondent	répondissent

LES TEMPS COMPOSÉS	LES TEMPS LITTÉRAIRES	
	PASSÉ SIMPLE	PASSÉ ANTÉRIEUR
Passé composé: j'ai peint	peignis	eus peint
Futur antérieur: j'aurai peint	peignis	eus peint
Conditionnel passé: j'aurais peint	peignit	eut peint
Plus-que-parfait: j'avais peint	peignîmes	eûmes peint
Passé surcomposé: j'ai eu peint	peignîtes	eûtes peint
Subjonctif passé: j'aie peint	peignirent	eurent peint
Subjonctif plus-que-parfait: j'eusse peint		
Passé composé: j'ai plu	plus	eus plu
Futur antérieur: j'aurai plu	plus	eus plu
Conditionnel passé: j'aurais plu	plut	eut plu
Plus-que-parfait: j'avais plu	plûmes	eûmes plu
Passé surcomposé: j'ai eu plu	plûtes	eûtes plu
Subjonctif passé: j'aie plu	plurent	eurent plu
Subjonctif plus-que-parfait: j'eusse plu		
Passé composé: il a plu	plut	eut plu
Futur antérieur: il aura plu		
Conditionnel passé: il aurait plu		
Plus-que-parfait: il avait plu		
Passé composé: j'ai pu	pus	eus pu
Futur antérieur: j'aurai pu	pus	eus pu
Conditionnel passé: j'aurais pu	put	eut pu
Plus-que-parfait: j'avais pu	pûmes	eûmes pu
Passé surcomposé: j'ai eu pu	pûtes	eûtes pu
Subjonctif passé: j'aie pu	purent	eurent pu
Subjonctif plus-que-parfait: j'eusse pu		
Passé composé: j'ai pris	pris	eus pris
Futur antérieur: j'aurai pris	pris	eus pris
Conditionnel passé: j'aurais pris	prit	eut pris
Plus-que-parfait: j'avais pris	prîmes	eûmes pris
Passé surcomposé: j'ai eu pris	prîtes	eûtes pris
Subjonctif passé: j'aie pris	prirent	eurent pris
Subjonctif plus-que-parfait: j'eusse pris		
Passé composé: j'ai répondu	répondis	eus répondu
Futur antérieur: j'aurai répondu	répondis	eus répondu
Conditionnel passé: j'aurais répondu	répondit	eut répondu
Plus-que-parfait: j'avais répondu	répondîmes	eûmes répondu
Passé surcomposé: j'ai eu répondu	répondîtes	eûtes répondu
Subjonctif passé: j'aie répondu	répondirent	eurent répondu
Subjonctif plus-que-parfait: j'eusse répondu		

INFINITIF, PARTICIPES	LES TEMPS SIMPLES					
					SUBJONCTIF	
	PRÉSENT	IMPARFAIT	FUTUR	CONDITIONNEL	PRÉSENT	IMPARFAIT
33. **rire**	ris	riais	rirai	rirais	rie	risse
to laugh	ris	riais	riras	rirais	ries	risses
	rit	riait	rira	rirait	rie	rît
riant	rions	riions	rirons	ririons	riions	rissions
ri	riez	riiez	rirez	ririez	riiez	rissiez
	rient	riaient	riront	riraient	rient	rissent
34. **savoir**	sais	savais	saurai	saurais	sache	susse
to know,	sais	savais	sauras	saurais	saches	susses
know how to	sait	savait	saura	saurait	sache	sût
	savons	savions	saurons	saurions	sachions	sussions
sachant	savez	saviez	saurez	sauriez	sachiez	sussiez
su	savent	savaient	sauront	sauraient	sachent	sussent
35. **sortir**	sors	sortais	sortirai	sortirais	sorte	sortisse
to go out	sors	sortais	sortiras	sortirais	sortes	sortisses
	sort	sortait	sortira	sortirait	sorte	sortît
sortant	sortons	sortions	sortirons	sortirions	sortions	sortissions
sorti	sortez	sortiez	sortirez	sortiriez	sortiez	sortissiez
	sortent	sortaient	sortiront	sortiraient	sortent	sortissent
36. **suivre**	suis	suivais	suivrai	suivrais	suive	suivisse
to follow	suis	suivais	suivras	suivrais	suives	suivisses
	suit	suivait	suivra	suivrait	suive	suivît
suivant	suivons	suivions	suivrons	suivrions	suivions	suivissions
suivi	suivez	suiviez	suivrez	suivriez	suiviez	suivissiez
	suivent	suivaient	suivront	suivraient	suivent	suivissent
37. **tenir**	tiens	tenais	tiendrai	tiendrais	tienne	tinsse
to hold	tiens	tenais	tiendras	tiendrais	tiennes	tinsses
	tient	tenait	tiendra	tiendrait	tienne	tînt
tenant	tenons	tenions	tiendrons	tiendrions	tenions	tinssions
tenu	tenez	teniez	tiendrez	tiendriez	teniez	tinssiez
	tiennent	tenaient	tiendront	tiendraient	tiennent	tinssent

LES TEMPS COMPOSÉS	LES TEMPS LITTÉRAIRES	
	PASSÉ SIMPLE	PASSÉ ANTÉRIEUR
Passé composé: j'ai ri	ris	eus ri
Futur antérieur: j'aurai ri	ris	eus ri
Conditionnel passé: j'aurais ri	rit	eut ri
Plus-que-parfait: j'avais ri	rîmes	eûmes ri
Passé surcomposé: j'ai eu ri	rîtes	eûtes ri
Subjonctif passé: j'aie ri	rirent	eurent ri
Subjonctif plus-que-parfait: j'eusse ri		
Passé composé: j'ai su	sus	eus su
Futur antérieur: j'aurai su	sus	eus su
Conditionnel passé: j'aurais su	sut	eut su
Plus-que-parfait: j'avais su	sûmes	eûmes su
Passé surcomposé: j'ai eu su	sûtes	eûtes su
Subjonctif passé: j'aie su	surent	eurent su
Subjonctif plus-que-parfait: j'eusse su		
Passé composé: je suis sorti	sortis	fus sorti
Futur antérieur: je serai sorti	sortis	fus sorti
Conditionnel passé: je serais sorti	sortit	fut sorti
Plus-que-parfait: j'étais sorti	sortîmes	fûmes sortis
Passé surcomposé: j'ai été sorti	sortîtes	fûtes sortis
Subjonctif passé: je sois sorti	sortirent	furent sortis
Subjonctif plus-que-parfait: je fusse sorti		
Passé composé: j'ai suivi	suivis	eus suivi
Futur antérieur: j'aurai suivi	suivis	eus suivi
Conditionnel passé: j'aurais suivi	suivit	eut suivi
Plus-que-parfait: j'avais suivi	suivîmes	eûmes suivi
Passé surcomposé: j'ai eu suivi	suivîtes	eûtes suivi
Subjonctif passé: j'aie suivi	suivirent	eurent suivi
Subjonctif plus-que-parfait: j'eusse suivi		
Passé composé: j'ai tenu	tins	eus tenu
Futur antérieur: j'aurai tenu	tins	eus tenu
Conditionnel passé: j'aurais tenu	tint	eut tenu
Plus-que-parfait: j'avais tenu	tînmes	eûmes tenu
Passé surcomposé: j'ai eu tenu	tîntes	eûtes tenu
Subjonctif passé: j'aie tenu	tinrent	eurent tenu
Subjonctif plus-que-parfait: j'eusse tenu		

INFINITIF, PARTICIPES			LES TEMPS SIMPLES			
					SUBJONCTIF	
	PRÉSENT	IMPARFAIT	FUTUR	CONDITIONNEL	PRÉSENT	IMPARFAIT
38. vaincre	vaincs	vainquais	vaincrai	vaincrais	vainque	vainquisse
to conquer	vaincs	vainquais	vaincras	vaincrais	vainques	vainquisses
	vainc	vainquait	vaincra	vaincrait	vainque	vainquît
vainquant	vainquons	vainquions	vaincrons	vaincrions	vainquions	vainquissions
vaincu	vainquez	vainquiez	vaincrez	vaincriez	vainquiez	vainquissiez
	vainquent	vainquaient	vaincront	vaincraient	vainquent	vainquissent
39. valoir	vaux	valais	vaudrai	vaudrais	vaille	valusse
to be worth	vaux	valais	vaudras	vaudrais	vailles	valusses
	vaut	valait	vaudra	vaudrait	vaille	valût
valant	valons	valions	vaudrons	vaudrions	valions	valussions
valu	valez	valiez	vaudrez	vaudriez	valiez	valussiez
	valent	valaient	vaudront	vaudraient	vaillent	valussent
40. venir	viens	venais	viendrai	viendrais	vienne	vinsse
to come	viens	venais	viendras	viendrais	viennes	vinsses
	vient	venait	viendra	viendrait	vienne	vînt
venant	venons	venions	viendrons	viendrions	venions	vinssions
venu	venez	veniez	viendrez	viendriez	veniez	vinssiez
	viennent	venaient	viendront	viendraient	viennent	vinssent
41. vivre	vis	vivais	vivrai	vivrais	vive	vécusse
to live	vis	vivais	vivras	vivrais	vives	vécusses
	vit	vivait	vivra	vivrait	vive	vécût
vivant	vivons	vivions	vivrons	vivrions	vivions	vécussions
vécu	vivez	viviez	vivrez	vivriez	viviez	vécussiez
	vivent	vivaient	vivront	vivraient	vivent	vécussent
42. voir	vois	voyais	verrai	verrais	voie	visse
to see	vois	voyais	verras	verrais	voies	visses
	voit	voyait	verra	verrait	voie	vît
voyant	voyons	voyions	verrons	verrions	voyions	vissions
vu	voyez	voyiez	verrez	verriez	voyiez	vissiez
	voient	voyaient	verront	verraient	voient	vissent

LES TEMPS COMPOSÉS		LES TEMPS LITTÉRAIRES	
		PASSÉ SIMPLE	PASSÉ ANTÉRIEUR
Passé composé: j'ai vaincu		vainquis	eus vaincu
Futur antérieur: j'aurai vaincu		vainquis	eus vaincu
Conditionnel passé: j'aurais vaincu		vainquit	eut vaincu
Plus-que-parfait: j'avais vaincu		vainquîmes	eûmes vaincu
Passé surcomposé: j'ai eu vaincu		vainquîtes	eûtes vaincu
Subjonctif passé: j'aie vaincu		vainquirent	eurent vaincu
Subjonctif plus-que-parfait: j'eusse vaincu			
Passé composé: j'ai valu		valus	eus valu
Futur antérieur: j'aurai valu		valus	eus valu
Conditionnel passé: j'aurais valu		valut	eut valu
Plus-que-parfait: j'avais valu		valûmes	eûmes valu
Passé surcomposé: j'ai eu valu		valûtes	eûtes valu
Subjonctif passé: j'aie valu		valurent	eurent valu
Subjonctif plus-que-parfait: j'eusse valu			
Passé composé: je suis venu		vins	fus venu
Futur antérieur: je serai venu		vins	fus venu
Conditionnel passé: je serais venu		vint	fut venu
Plus-que-parfait: j'étais venu		vînmes	fûmes venus
Passé surcomposé: j'ai été venu		vîntes	fûtes venus
Subjonctif passé: je sois venu		vinrent	furent venus
Subjonctif plus-que-parfait: je fusse venu			
Passé composé: j'ai vécu		vécus	eus vécu
Futur antérieur: j'aurai vécu		vécus	eus vécu
Conditionnel passé: j'aurais vécu		vécut	eut vécu
Plus-que-parfait: j'avais vécu		vécûmes	eûmes vécu
Passé surcomposé: j'ai eu vécu		vécûtes	eûtes vécu
Subjonctif passé: j'aie vécu		vécurent	eurent vécu
Subjonctif plus-que-parfait: j'eusse vécu			
Passé composé: j'ai vu		vis	eus vu
Futur antérieur: j'aurai vu		vis	eus vu
Conditionnel passé: j'aurais vu		vit	eut vu
Plus-que-parfait: j'avais vu		vîmes	eûmes vu
Passé surcomposé: j'ai eu vu		vîtes	eûtes vu
Subjonctif passé: j'aie vu		virent	eurent vu
Subjonctif plus-que-parfait: j'eusse vu			

INFINITIF, PARTICIPES	LES TEMPS SIMPLES					
					SUBJONCTIF	
	PRÉSENT	IMPARFAIT	FUTUR	CONDITIONNEL	PRÉSENT	IMPARFAIT
43. **vouloir**	veux	voulais	voudrai	voudrais	veuille	voulusse
to want,	veux	voulais	voudràs	voudrais	veuilles	voulusses
wish	veut	voulait	voudra	voudrait	veuille	voulût
	voulons	voulions	voudrons	voudrions	voulions	voulussions
voulant	voulez	vouliez	voudrez	voudriez	vouliez	voulussiez
voulu	veulent	voulaient	voudront	voudraient	veuillent	voulussent

LES TEMPS COMPOSÉS	LES TEMPS LITTÉRAIRES	
	PASSÉ SIMPLE	PASSÉ ANTÉRIEUR
Passé composé: j'ai voulu	voulus	eus voulu
Futur antérieur: j'aurai voulu	voulus	eus voulu
Conditionnel passé: j'aurais voulu	voulut	eut voulu
Plus-que-parfait: j'avais voulu	voulûmes	eûmes voulu
Passé surcomposé: j'ai eu voulu	voulûtes	eûtes voulu
Subjonctif passé: j'aie voulu	voulurent	eurent voulu
Subjonctif plus-que-parfait: j'eusse voulu		

FRENCH-ENGLISH VOCABULARY

The number within parentheses refers to the chapter where the word is discussed.

A

abonnement *(m.)*   subscription (5)

s'abonner   to subscribe (5)

abrégé   abbreviated (5)

acceptation *(f.)*   acknowledgment by debtor of obligation (11)

accueil *(m.)*   honoring of bills; **faire bon accueil**   to pay or meet a bill (11)

accusé de réception *(m.)*   letter acknowledging receipt of order (9)

acharné   intense (4)

achat *(m.)*   purchase (1)

acier *(m.)*   steel (1)

acquit de facture *(m.)*   indication ''paid'' (11)

actions *(f. pl.)*   shares; stocks (1)

actuel   current (7)

administration *(f.)*   administration (2)

affairé   busy (9)

affaires *(f. pl.)*   business (1)

affecter   to put into effect

agence *(f.)*   agency; branch (1)

agence publicitaire *(f.)*   advertising agency (3)

agenda du bureau *(m.)*   desk calendar (3)

agent commercial *(m.)*   independent salesperson (4)

agent de change *(m.)*   stockbroker (10)

agio *(m.)*   interest bank earns in buying contracts (11)

agrafe *(f.)*   staple (3)

agrafeuse *(f.)*   stapler (3)

alimentaire   having to do with food or foodstuffs (1)

alinéa *(m.)*   indentation for paragraph (5)

allocation familiale *(f.)*   money paid monthly to family for children (2)

ambiance *(f.)*   atmosphere, mood (3)

améliorer   to improve (2)

annonce *(f.)*   advertisement (7)

annuaire *(m.)*   telephone directory (6)

antidérapant   non-skid (5)

appareil téléphonique *(m.)*   telephone (6)

appuyer   to push (6)

archives *(f. pl.)*   records (2)

arrhes *(f. pl.)*   deposit (5)

assurance *(f.)*   insurance (2)

atelier *(m.)*   studio, workshop (1)

attestation *(f.)*   recommendation (7)

au verso   on the back (5)

aux bons soins de   in care of (5)

aval *(m.)*   guarantee by co-signing (11)

avaliseur *(m.)*   co-signer of note (11)

avis *(m.)*   notice, opinion; **avis d'appel**   request to return a call (6); **avis de livraison**   notice that goods have been shipped (12)

B

bailleur de fonds *(m.)*   backer, sponsor (10)

bénéfice *(m.)*   profit (1)

bilan *(m.)*   balance sheet (4); **bilan déposé**   insolvent, bankrupt (4)

billet *(m.)*   note; **billet à ordre**   contract used for time-payment purchases (11); **billet de banque**   cash, paper money (10)

bloc de sténographie *(m.)*   shorthand notebook (3)

bon *(m.)*   order, ticket; **bon de commande**   purchase order (9); **bon de livraison**   packing list (12); **bon de réception**   receipt of shipment (12)

bordereau *(m.)*   memorandum (10)

boutique *(f.)*   shop, store (1)

brevet *(m.)*   patent (4)

bulletin de commande *(m.)*   order blank (9)

bureau *(m.)*   office; desk (3)

C

CCP (Centre de chèques postaux) *(m.)*   postal center that has checking accounts (5)

c.c.p. (compte courant postal) *(m.)*   postal checking account (5)

cabine téléphonique *(f.)*   telephone booth (6)

cadre *(m.)*   executive trainee (2)

caisse d'épargne *(f.)*   savings bank (6)

camion *(m.)*   truck (7)

capital *(m.)*   capital, funds (4)

carnet de commandes *(m.)*   salesperson's order book (4)

carte *(f.)*   card, map; **carte de commerçant** *(f.)*   permit from government to work as merchant (1); **carte grise**   registration card for trucks (12)

catalogue *(m.)*   list, catalog (5)

CEDEX (Courrier d'entreprise à distribution exceptionnelle) *(m.)*   commercial post office box service

centrale nucléaire *(f.)* nuclear power station (1)

centre *(m.)* center; **centre commercial** shopping center, mall (1); **Centre de cheques postaux** postal center for checking account (5); **centre serveur** central computer system of the *P et T* (6)

chaîne d'assemblage *(f.)* assembly line (2)

chaise réglable *(f.)* adjustable chair (3)

charbon *(m.)* coal (2)

chargement *(m.)* loading (12)

charte *(f.)* charter (1)

charte-partie *(f.)* exterior domestic or international sea transport document (12)

chaudronnerie *(f.)* metal works (4)

chef *(m.)* boss (3)

chèque *(m.)* check; **chèque barré** check marked with two lines for security (11); **chèque de voyage** traveler's check (10); **chèque sans provisions** check without sufficient funds (11)

chercheur *(m.)* research worker (2)

chômage *(m.)* unemployment (2); **en chômage** unemployed (4)

chômeur *(m.)* unemployed person (4)

ci-joint enclosed (5)

ciseaux *(m. pl.)* scissors (3)

classer to file (letters, etc.) (3)

classeur vertical *(m.)* file cabinet (3)

clavier *(m.)* keyboard (3)

coffre-fort *(m.)* strong-box in bank (10)

colis *(m.)* package (5)

colle *(f.)* glue (5)

coller to glue, to stick together (3)

combiné *(m.)* telephone receiver (6)

commande *(f.)* order (4)

commerçant *(m.)* merchant (1)

commis-voyageur *(m.)* traveling salesman (4)

commissionnaire *(m.)* one who receives a commission (4)

communication interurbaine *(f.)* long-distance telephone call (6)

composer le numéro to dial the number (6)

comptabilité *(f.)* accountancy (1)

compte *(m.)* account (6); **compte courant postal** postal checking account (5); **comptes ménagers** *(m. pl.)* household accounts (10)

compté counted (8)

compte-joint *(m.)* joint checking account (6)

concentration *(f.)* integration (1)

concession *(f.)* concession, exclusive right to sell a product (1)

concours *(m.)* competition (7)

concurrence *(f.)* competitors, competition (8)

conditionnement *(m.)* packaging of merchandise (2)

conférencier *(m.)* lecturer (2)

congé *(m.)* leave, released time, holiday (2); **prendre congé** to take time, to leave (1)

congédier to fire an employee (4)

connaissement *(m.)* bill of lading (12)

consignateur *(m.)* shipper (12)

consommateur *(m.)* consumer (1)

contrat *(m.)* contract (3)

contrôle *(m.)* control; **contrôle des stocks** *(m.)* inventory (2)

convoquer to invite, to bring together (7)

corbeille *(f.)* basket; **corbeille à papier** wastebasket (3)

coron *(m.)* company housing

for employees (2)

corps *(m.)* body (5)

correspondance *(f.)* correspondence (2)

corvée *(f.)* unpleasant job (4)

coup de téléphone *(m.)* telephone call (6)

coupon international de réponse *(m.)* coupon redeemable for postage (5)

courrier *(m.)* mail (3)

courtier *(m.)* one who brings together buyers and sellers (4)

coût *(m.)* cost (6)

crassier *(m.)* slag heap (2)

créance *(f.)* credit (10)

créancier *(m.)* creditor (10)

crédit *(m.)* credit (10); **banque de crédit** *(f.)* credit bank (10)

curriculum vitae *(m.)* formal statement of personal data (7)

D

dactylographe *(m. ou f.)* typist (2)

débouché *(m.)* outlet, store (1)

décennie *(f.)* decade (2)

déchargement *(m.)* unloading (12)

décrocher to take the telephone receiver off the hook (6)

dédié *(m.)* dedicated person (4)

dédommager to compensate for (2)

délai *(m.)* time allowed for delivery (8)

demande *(f.)* request; **demande d'emploi** application for a job, "work wanted" (7); **demande d'offre** *(f.)* letter requesting information (9)

démarche *(f.)* step, effort, approach (4)

démarrer to start, to set in motion (4)

denrée *(f.)* produce, articles of food (1)

se déplacer   to leave one's residence or job (7)

dépliant *(m.)*   folder, brochure (8)

déposant *(m.)*   depositor (10)

déposer   to deposit (10)

dépôt *(m.)*   deposit (6); **banque de dépôt** *(f.)*   deposit bank (10)

destinataire *(m.)*   addressee (5)

détaillant *(m.)*   retail merchant (1)

détente *(f.)*   easing, expansion (1)

dette *(f.)*   debt (11)

devis *(m.)*   estimate of price (8)

diapositive *(f.)*   photographic slide (8)

directeur *(m.)*   director (5)

direction *(f.)*   administration (5)

dirigisme *(m.)*   state control of business (2)

diskette *(f.)*   diskette, floppy disk used in micro-computer

disponibilité *(f.)*   availability (7)

dossier *(m.)*   file, file folder (3)

douane *(f.)*   customs (12)

E

échange *(m.)*   exchange (10)

échantillon *(m.)*   sample (5)

échéance *(f.)*   due date (10)

économie *(f.)*   saving (4)

effectué   accomplished (9)

effet de commerce *(m.)*   commercial instrument (invoice, contract, etc.) (10)

électronique *(f.)*   information service of Minitel (6)

élément-capsule *(m.)*   chip used in computers (8)

emballage *(m.)*   wrapping, packing (8)

emballer   to wrap, to pack (6)

embaucher   to launch (1); to hire (4)

emploi *(m.)*   job (4); **emploi périmé**   obsolete job (4)

employé *(m.)*   employee (2)

employeur *(m.)*   employer (2)

emprunteur *(m.)*   borrower (10)

en-tête *(m.)*   letterhead (3)

encaissement des coupons *(m.)*   safe-keeping of dividend warrants, etc. (10)

endossataire *(m.)*   person to whom a check is endorsed (11)

endossé   endorsed (10); **dûment endossé**   properly endorsed (10)

s'enquérir   to make inquiries (1)

entrée en matières *(f.)*   beginning, introduction (7)

entrepôt *(m.)*   warehouse (1)

entrepreneur *(m.)*   one who establishes a business

entreprise *(f.)*   firm, company (1)

entretien *(m.)*   interview, talk (7)

envisager   to consider possibilities (1)

envoi *(m.)*   package (4); packaging, shipping; shipment (12)

épargnant *(m.)*   one who saves money (6)

épeler   to spell (6)

escompte *(m.)*   discount for cash (8)

escompter   to buy a contract (10)

espèces *(f. pl.)*   cash (10)

étape *(f.)*   stage of a journey or of progress (1)

étaler   to spread out (11)

état *(m.)*   state or condition; political unit (2)

étiquetage *(m.)*   labeling (1)

exigeant   demanding (7)

expédier   to send (5)

expéditeur *(m.)*   sender (5)

expédition *(f.)*   mailing (2), carrying out, expediting (5)

F

fabrication *(f.)*   manufacture of a product (1)

fabrique *(f.)*   factory (2)

facturation *(f.)*   billing (2)

facture *(f.)*   bill for money owing (6); **facture à condition**   invoice for merchandise that may be returned (11); **facture consulaire**   invoice signed by consul for international trade (11); **facture d'avoir**   invoice indicating change (11); **facture d'ordre**   invoice for interdepartmental billing (11); **facture simple**   ordinary invoice (11)

failli non réhabilité *(m.)*   person with undischarged bankruptcy (10)

faillite *(f.)*   bankruptcy (10); **en faillite**   to be bankrupt (10)

fastueux   ostentatious, showy (3)

ferroviaire   pertaining to railroads (12)

filiale *(f.)*   branch store (1)

foire *(f.)*   fair (1); **foire agricole**   agricultural fair (1); **foire professionelle**   commercial fair (8)

fonds *(m. pl.)*   funds (1)

formation *(f.)*   professional education (7)

formule finale *(f.)*   complimentary closing of letter (5)

fournisseur *(m.)*   supplier (5)

foyer *(m.)*   home (6)

franchisage *(m.)*   franchising (1)

franco de port   delivery paid by seller, "free on board" (9); **franco de bord**   *same meaning*

franco quai   free alongside ship (12)

fret *(m.)*   freight (12)

G

gérance *(f.)*   administration (2)

gérant *(m.)*   manager (10)

gestion *(f.)*   management (4)

glissière *(f.)*   coin window in pay phone (6)

grève *(f.)*   strike (12)

gros large; **à gros tirage** with a wide circulation (8)
grossiste *(m.)* wholesaler (1)
guichet *(m.)* window over a service counter (6)

H

habileté *(f.)* competency (7)
hausse *(f.)* increase (1)
hebdomadaire weekly (6)
horloge parlante *(f.)* time given by telephone (6)
housse *(f.)* cover (3)
hypermarché *(m.)* large supermarket (1)
hypothèque *(f.)* mortgage (10)

I

immatriculation *(f.)* registration, enrollment
impôt *(m.)* tax levied by government (6)
imprimerie *(f.)* printer (3)
imprimés *(m. pl.)* printed materials (6)
indemnité de chômage *(m.)* unemployment compensation (4)
industrie pneumatique *(f.)* tire industry (2)
informatique *(f.)* data, information processing (6)

L

lancer to launch (4)
lettre *(f.)* letter; **lettre de change** bill of exchange, document promising payment (11); **lettre de confirmation** letter confirming order placed orally (9); **lettre de réclamation** letter of complaint (11); **lettre de voiture** shipping document (12)

libre service *(m.)* self-service (1)
licenciement *(m.)* laying-off of employees (4)
livraison *(f.)* delivery (5); **livraison franco de port** delivery to be paid by seller (9)
livrer to deliver (5)
logiciel *(m.)* software for computer (5)
louer to rent (2)

M

machine *(f.)* machine (3); **machine à calculer** calculating machine (3); **machine à dicter** dictating machine (3); **machine à écrire** typewriter (3); **machine à polycopier** copy machine (3); **machine de traitement de texte** word processor (3)
magasin *(m.)* department store (1); **magasin d'État** government warehouse for international shipments (12); **magasin populaire** inexpensive department store, dime store (1)
magazine *(m.)* illustrated magazine (7)
main-d'oeuvre *(f.)* work force (2)
maison *(f.)* firm, company; **maison mère** parent company (1)
mandat-poste *(m.)* postal money order (6)
mandataire *(m. ou f.)* proxy representative (4)
manutention *(f.)* handling (12)
marchand *(m.)* merchant (1); **marchand des quatre-saisons** pushcart merchant (1)
marchandisage *(m.)* marketing (7), "**le marketing**" *also acceptable*
marchandise *(f.)* merchandise (1)
marché *(m.)* market (1)

marge *(f.)* margin (5)
marque *(f.)* trademark, brand name (1)
matériel *(m.)* equipment, furnishings, including computer hardware (3)
mettre to put (3); **mettre en relation avec qqn** to put in touch with someone (3); **mettre un terme à qqch** to put an end to something (4)
micro-ordinateur *(m.)* microcomputer (7)
Minitel *(m.)* personal computer terminal rented from the *P et T* (6)
module téléphonique *(m.)* telephone modem for connecting computers (8)
monophasé single-phased electrical current (1)
monopole *(m.)* monopoly (6)
montage financier *(m.)* financial mounting (4)
montant *(m.)* total (5)
monter une société to establish a company (4)

N

naissant beginning, newborn (3)
négocier to sell or buy contracts (11)
non-sollicité not requested (8)
normalisation *(f.)* standardization (1)
numéro d'appel particulier *(m.)* individual telephone number (6)
numéroté numbered (5)

O

offre *(f.)* formal, legal offer containing price, etc. (5); **offre d'emploi** offer of employment, "help wanted" (7)

offrir ferme   to guarantee price and conditions stated (8)
ordinateur *(m.)*   computer (1)
ordre *(m.)*   order (9)
outil *(m.)*   tool (4)

P

P et T *(f. pl.)*   combined postal, telegraph, and telephone system of France (5)
P.-D.G. (Président-Directeur Général) *(m. ou f.)*   president, chairman of the board (2)
paiement *(m.)*   payment (2); **paiement différé**   deferred payment (2); **paiement par virement**   payment by transfer of funds directly to the seller's account (5)
paiements échelonnés *(m. pl.)*   payments spread out over a period of time (2)
panneaux d'affichage *(m.)*   billboards (8)
papier *(m.)*   paper (3); **papier à lettre** *(m.)*   stationery (3); **papier carbone**   carbon paper (3); **papier pelure**   thin copy paper, "onion skin" (3)
particuliers *(m. pl)*   individuals (10)
parvenir   to arrive, to come (8)
passer une commande   to place an order (5)
Pays Noir *(m.)*   coal-mining region of France (2)
perte *(f.)*   loss (12)
pièces de monnaie *(f. pl.)*   coins (6)
pièces jointes *(f. pl.)*   papers attached or enclosed, enclosures (5)
placier *(m.)*   salesperson who works out from office (4)
planification *(f.)*   formal planning (business, government) (2)
pneumatique *(m.)*   message sent by compressed air, "petit bleu" (6)
poignée de main *(f.)*   handshake (3)
portatif   portable (8)
portée *(f.)*   reach (4)
portefeuille *(m.)*   portfolio, wallet (6); **portefeuille de valeurs mobilières**   portfolio of transferable securities, stocks, shares (6)
poste *(f.)*   mail service (3); **poste restante**   general delivery (6)
poste *(m.)*   position, job (7)
pouce *(m.)*   inch (5)
poussé   extensive (2)
préavis *(m.)*   advance notice (6); **avec préavis**   person-to-person call (6)
prétention *(f.)*   expectation of salary (7)
prêteur *(m.)*   lender (10)
prévision *(f.)*   forecast (1)
prévisions météorologiques *(f. pl.)*   weather forecasts (6)
prier   to ask, to beg (7)
prière de faire suivre   "please forward" (6)
prix *(m.)*   price, cost; **prix de détail**   retail price (1); **prix de gros**   wholesale price (1); **prix de revient**   net cost (8); **prix d'usine**   factory price (1)
procédés *(m. pl.)*   processes (1)
producteur *(m.)*   producer (1)
produit *(m)*   product (1)
prospère   prosperous (4)
publicité *(f.)*   publicity (7)

Q

quittance *(f.)*   indication "paid" on rent receipts (11)

R

raison sociale *(f.)*   heading of a letter (5)
rang *(m.)*   rank, position (2)
rayon *(m.)*   shelf or department of a store (8); **à un rayon de** within a radius of (7)
réception *(f.)*   receiving (6)
réceptionniste *(m. ou f.)*   receptionist (4)
réclame *(f.)*   advertising, publicity (9)
recouvrement *(m.)*   recovery of a debt (6)
rédacteur, rédactrice *(n. ou f.)*   editor (7)
rédiger   to compose (3)
référence *(f.)*   "referring to" (5)
Registre de commerce *(m.)*   official registry of French businesses (1)
règlement *(m.)*   payment or settling of accounts (11); **règlement à terme**   payment at later time (11)
relevé *(m.)*   statement showing transactions (3)
remise *(f.)*   discount given for large order (8)
rendement *(m.)*   income, return (1)
rendez-vous *(m.)*   appointment, date (3)
réseau *(m.)*   network (1)
retirer   to withdraw (10)
retour du courrier *(m.)*   return mail
retrait *(m.)*   indentation (5)
retraite *(f.)*   retirement (2)
réveil le matin *(m.)*   wake-up call (6)
roseraie *(f.)*   rose garden (2)
rubrique *(f.)*   subject of a letter (5)

S

S.N.C.F.(Société nationale des chemins de fer français) *(f.)*   French national railways (12)
salaire mensuel brut *(m.)*   gross monthly salary (7)
salarié *(m.)*   salaried employee (2)
salon professionel *(m.)*   professional exposition (4)

« scotch » *(m.)* transparent tape (3)

secrétaire *(m. ou f.)* secretary; **secrétaire de l'intérim** temporary secretary (5)

service de ramassage *(m.)* transportation of workers (2)

services commerciaux *(m. pl.)* service departments (billing, mailing, etc.) (2)

siège social *(m.)* headquarters (5)

silo *(m.)* silo for preserving fodder (1)

situation *(f.)* job (7)

société anonyme (S.A.) *(f.)* corporation (1)

solde débiteur *(m.)* overdraft; balance owing (11)

solliciter to request (7)

sondage *(m.)* survey, poll (6)

sortie d'imprimante *(f.)* printout

souhaitable desirable (7)

souscription *(f.)* underwriting (4)

stabilisateur, stabilisatrice stabilizing (2)

stage *(m.)* term of study, training course (7)

statut *(m.)* statute (1)

stock *(m.)* stock, supply (9); **en stock** to have in stock (9)

stylo à bille *(m.)* ballpoint pen (3)

subventionné subsidized (12)

succursale *(f.)* branch store retaining some autonomy (1)

supermarché *(m.)* supermarket (1)

suscription *(f.)* salutation of a letter (5)

syndicat *(m.)* labor union (2)

T

T.V.A. *voir* taxe

tablette *(f.)* desk arm that pulls out (3)

tailler to sharpen (3)

taper to type (3)

tarif *(m.)* cost (5)

taux *(m.)* rate (10)

taxe *(f.)* telephone bill, fixed price (6); **taxe à la valeur ajoutée (T.V.A.)** value-added tax (similar to sales tax) (4)

téléphone interne *(m.)* house telephone (3)

téléphoniste *(m. ou f.)* telephone operator (3)

Télétel *(m.)* computer leased to businesses by the *P et T* (3)

Télex *(m.)* telex machine; **télex** telex message (6)

temps partagé *(m.)* shared time on computer (6); **à temps partagé** on a shared time basis (6)

timbre *(m.)* stamp (3)

tiré *(m.)* drawee, person to whom check is drawn (10)

tirer un chèque to write a check (10)

tireur *(m.)* person writing a check or bill of exchange (11)

tiroir *(m.)* drawer (of a desk, etc.) (3)

tissu *(m.)* cloth (8); **tissu de laine** woolen material (8)

titre *(m.)* bond, voucher, deed (10)

tonalité *(f.)* dial tone (of a telephone) (6)

traire to milk (4)

traite *(f.)* draft, bill (6); promissory note, *lettre de change* (10); **traite domiciliée** bill of exchange payable to someone other than the furnisher (11)

transporteur *(m.)* agent who arranges transport of merchandise (12)

travail *(m.)* work (2)

travailleur *(m.)* worker (2)

trayeuse mécanique *(f.)* milking machine (4)

triage *(m.)* sorting (6)

trier to sort (3)

triphasé three-phase electrical current (1)

trombone *(m.)* paper clip (3)

U

urbain urban (2)

usager *(m.)* user (8)

usine *(f.)* factory (1)

V

valable of value (5)

valeurs mobilières *(f. pl.)* transferable securities (6)

vedette *(f.)* name and address of addressee of letter (5)

verso *(m.)* back, reverse side (5)

vente *(f.)* sale (1)

vérifier to check, examine, audit (2)

verser to pay, to deposit (2); **verser un paiement** to make a payment (2)

virement *(m.)* payment (6); **virement bancaire** bank transfer (10)

viser to aim for (4)

voies d'eau *(f.)* waterways (12)

ENGLISH-FRENCH VOCABULARY

A

abbreviated abrégé
accomplished effectué
accountancy la comptabilité
addressee le destinataire
administration la gérance, l'administration *(f.)*
advertisement l'annonce *(f.)*
advertising la réclame, la publicité
appointment le rendez-vous
arrive parvenir
ask demander, prier
assembly line la chaîne d'assemblage, la chaîne de montage
auction la vente aux enchères
availability la disponibilité

B

balance sheet le bilan
ballpoint pen le stylo à bille, « le bic »
bankrupt failli, bilan déposé
bill la facture
bill of exchange la lettre de change, la traite
billing la facturation
body le corps
borrower l'emprunteur *(m.)*
boss le chef, le patron
branch store la filiale, la succursale
brochure la brochure, le dépliant
business permit la carte de commerçant
busy affairé, pressé
buy a contract escompter un contrat

C

calculating machine la machine à calculer

carbon paper le papier carbone
cash les espèces *(f. pl.)*, les billets de banque
cash sale la vente au comptant
charter la charte
check le chèque
check without sufficient funds le chèque sans provisions
chief executive officer le Président-Directeur General (P.-D.G.)
chip (of computer) l'élément-capsule *(m.)*
coal le charbon
co-signer l'avaliseur *(m.)*
coins les pièces de monnaie *(f. pl.)*
company l'entreprise, la maison, la société, la compagnie
compensate for dédommager
competency l'habileté *(f.)*
competition le concours
competitors la concurrence
computer l'ordinateur *(m.)*; **personal computer** micro-ordinateur; **computer system** le centre serveur
concession la concession
consumer le consommateur
contract le contrat
copy machine la machine à polycopier
copy paper (for letters) le papier pelure
corporation la société anonyme (S.A.)
correspondence la correspondance
cost le tarif, le coût
cover (for typewriter, etc.) la housse
credit la créance, le crédit
credit sale la vente à crédit, la vente à terme
current actuel
customs la douane

D

deferred payment le paiement différé
deferred payments les paiements échelonnés
deliver livrer
delivery time le délai
demanding exigeant
department store le magasin
depositor le déposant
desired souhaitable
dial the number composer le numéro
dial tone la tonalité
dictaphone la machine à dicter
dime store le magasin populaire
discount (a contract) escompter; **discount for bulk purchases** la remise; **sell at a discount** vendre au rabais
diskette la diskette
draft la traite
drawee le tiré
drawer (of desk, etc.) le tiroir
due date l'échéance *(f.)*

E

editor le rédacteur, la rédactrice
employee l'employé *(m.)*
employer l'employeur *(m.)*
enclosed ci-joint; **documents enclosed** les pièces jointes (P.J.) *(f. pl.)*
endorse endosser
establish a company monter une société
estimate of cost le devis
expectation of salary la prétention
exposition (commercial) le salon professionel, la foire professionnelle

F

factory l'usine *(f.)*, la fabrique
factory price le prix d'usine
file classer; **file cabinet** le classeur vertical; **file folder** le dossier
fire (an employee) congédier
folder (brochure) le dépliant
food les denrées, les produits alimentaires, les comestibles
forward (a letter) « Prière de faire suivre »
forwarding agent le transporteur, l'agent expéditeur *(m.)*
franchising le franchisage
freight le fret
funds les fonds *(m. pl.)*

G

general delivery (post office) la poste restante
glue coller
gross monthly salary le salaire mensuel brut

H

hardware (computer) le matériel
heading (of letter) la raison sociale
headquarters le siège sociale
hire embaucher
holiday le congé

I

in stock en stock
income le rendement
increase la hausse; **to increase** augmenter, hausser
industrial industriel, industrielle
industry l'industrie *(f.)*

interview l'entretien *(m.)*, l'entrevue *(f.)*
inventory le contrôle des stocks
invite convoquer
invoice la facture simple, la note, le mémoire *(lesson 11)*; **to invoice** facturer

J

joint checking account le compte-joint

K

keyboard le clavier

L

labor force la main-d'œuvre
launch (a company, etc.) lancer
lay off (employees) licencier, renvoyer temporairement; **lay-off** le licenciement
lender le prêteur
letter of complaint la lettre de réclamation
letterhead l'en-tête *(m.)*; **printed letterhead** l'en-tête normalisé
loading (of trucks, etc.) le chargement
long-distance telephone call la communication interurbaine

M

magazine le magazine, la revue, le périodique
mail le courrier
mail service la poste
mailing l'expédition *(f.)*
mall le centre commercial
management la gestion
manager le gérant
manufacture la fabrication

margin la marge
marketing le marchandisage, « le marketing »
memorandum le bordereau
merchandise la marchandise
merchant le commerçant
metal works la chaudronnerie
microcomputer le micro-ordinateur
milk (cows, etc.) traire
milking machine la trayeuse mécanique
modem le module téléphonique
money order (postal) le mandat-poste
monopoly le monopole

N

network le réseau
nuclear power station la centrale nucléaire
number (telephone) le numéro d'appel particulier
numbered numéroté

O

obsolete job l'emploi périmé *(m.)*
offer l'offre *(f.)*; **to offer** offrir
office le bureau
order la commande; **order blank** le bulletin de commande; **order book** le carnet de commandes; **to order** passer une commande
outlet le débouché

P

package le colis; le paquet
packaging le conditionnement
packing list le bon de livraison

paper clip le trombone
patent le brevet
pay in verser
payment le virement, le règlement
person-to-person telephone call avec préavis
pin l'épingle *(f.)*
planning la planification
portable portatif, portative
price le prix
printed materials les imprimés *(m. pl.)*
producer le producteur
product le produit
profit le bénéfice, le profit
promissory note la traite
prosperous prospère
purchase l'achat *(m.)*; **to purchase** faire un achat, acheter, acquérir
purchase order le bon de commande
push appuyer
pushcart merchant le marchand des quatre-saisons
put an end to mettre un terme à qqch

R

reasonable raisonnable, modéré
receipt of shipment le bon de réception
receiver (of telephone) le combiné
recommendation l'attestation *(f.)*
recovery (of debts, etc.) le recouvrement
reference la référence
regarding vis-à-vis
Registry of Commerce le Registre de commerce
rent louer
request solliciter
request for information la demande d'offre

retail price le prix de détail
retailer le détaillant
retirement la retraite

S

salaried person le salarié
salary le salaire
sale la vente; **bargain sale** la vente au rabais; **clearance sale** la solde de marchandises; **sale price** le prix de solde; **sales department** le service des ventes; **sales slip** le ticket de caisse; **for sale** à vendre; **on sale** en vente
sale on approval la vente à l'essai
sale with deferred payment la vente à tempérament
salesperson le représentant *(see Chapitre 4 for complete list)*
salutation (of letter) la suscription, le titre de civilité *(old)*
sample l'échantillon *(m.)*
savings bank la caisse d'épargne
scissors les ciseaux *(m. pl.)*
securities les valeurs mobilières *(f. pl.)*
service departments les services commerciaux *(m. pl.)*
sharpen tailler
shelf le rayon
shipper le consignateur
shipping document la lettre de voiture *(see Chapitre 12 for complete list)*
shop la boutique
shopping center l'hypermarché *(m.)*, le centre commercial
shorthand notebook le bloc de sténographie
silo le silo
software le logiciel, « le software »
sort trier
sorting le triage

sponsor (financial) le bailleur de fonds
spread out, display étaler
stamp le timbre
standardization la normalisation
start démarrer
statement le relevé
stationery le papier à lettre
stockbroker l'agent de change *(m.)*
strong-box le coffre-fort
subscribe s'abonner
subscription l'abonnement *(m.)*
subsidized subventionné
supermarket le supermarché
supplier le fournisseur

T

tape (transparent mending tape) le « scotch »
tax l'impôt *(m.)*; **income tax** l'impôt sur le revenu; **value-added tax** la taxe à la valeur ajoutée (T.V.A.)
telephone bill la taxe
telephone book l'annuaire *(m.)*
telephone booth la cabine téléphonique
telephone number le numéro d'appel particulier
telephone operator le téléphoniste
time payment le règlement à terme
time-sharing à temps partagé
tire industry l'industrie pneumatique *(f.)*
total le montant
trademark la marque
training la formation
training course le stage
transport agent le transporteur
traveler's check le chèque de voyage
traveling salesperson le commis-voyageur

truck le camion *(see Chapitre 12 for complete list)*
type taper
typewriter la machine à écrire
typist le, la dactylographe

U

underwriting la souscription
unemployment le chômage;
  unemployment compensation l'indemnité de chômage
union le syndicat
unloading le déchargement
urban urbain
use l'emploi *(m.)*, l'usage *(m.);*

directions for use le mode d'emploi; **in use** en usage; **to use** employer, utiliser; **to make use of** se servir de qqch, employer, utiliser
user l'usager *(m.)*

V

value-added tax (T.V.A.) la taxe à la valeur ajoutée

W

warehouse le magasin d'État

(government), l'entrepôt *(m.)*, le magasin
wastebasket la corbeille à papier
weather forecasts les prévisions météorologiques *(f. pl.)*
weekly hebdomadaire
wholesale price le prix de gros
wholesaler le grossiste
wool la laine
word processor la machine de traitement de texte
work le travail
worker le travailleur, la travailleuse, l'ouvrier, l'ouvrière
write a check tirer un chèque

PHOTO CREDITS

Index